蘇我氏の古代学

飛鳥の渡来人

坂 靖――著

新泉社

はじめに

蘇我氏については、多くの書物が出版されている。とくに二〇一五年から一六年にかけて新書などで出版が相次いだ。また、明日香村の都塚《みやこづか》古墳や小山田《こやまだ》古墳の発掘調査で、その被葬者として蘇我氏の名前があがって新聞の一面を飾り、現地説明会に多くの人びとが押し寄せるなど、近年、その関心が高まっている。

私が勤務していた奈良県立橿原考古学研究所附属博物館では、二〇一六年の秋季特別展として『蘇我氏を掘る』を開催した。その折、展覧会の趣旨とは異なる独自の見解を、大阪での講演会や学術誌『古代学研究』において発表した。それは、蘇我氏の出自を考古学的に検討すると、飛鳥の開発を主導した渡来人にたどりつくという考えである。また、蘇我氏は飛鳥に大王を招き入れ、飛鳥時代を現出させるうえで非常に大きな歴史的役割を担ったと主張した。

この蘇我氏＝渡来人説は、門脇禎二氏によって提起されたものである。私が、飛鳥に関心を寄せはじめたのは中学生時代である。一九七二年、高松塚古墳の発掘調査が大きく報道され、飛鳥についてのさまざまな書物が出版されていた。こうした書物を片手に飛鳥めぐりをした。門脇禎二氏の『飛鳥―その古代史と風土―』（ＮＨＫブックス、一九七〇）もそのなかの一冊である。ただし、このときはその内容はほとんどわからなかった。あとでもう一度読んでみると、このときの門脇氏は、蘇我氏＝河内石川出自説である。

ところが、こののちの雑誌『日本のなかの朝鮮文化』の論文での発表を経て、『新版　飛鳥―その古代史と風土―』（一九七七）では、渡来人説に変わっている。その内容は本文で触れることとしたいが、蘇我氏の出自をめぐっては、このほかにもさまざまな説がある。

また、蘇我氏は、悪者扱いされることがある。これには、天皇を中心とした古代国家による歴史観、とりわけ『日本書紀』の書き方そのものが大きな影響を及ぼしている。これは、やはり一方的、一面的な見方であり、蘇我氏の果たした歴史上の役割を客観的にみる必要がある。また、文献資料そのものについての資料批判が必要なことはいうまでもない。蘇我氏の出自をたどる場合や、五世紀以前の人物については、すべてその実在性から疑う必要がある。

一方で、考古学で扱う資料は、まさにその時代に実在したものであり、実証的で客観的な側面もあるが、遺跡や遺物は黙して語らない。古墳の年代とか被葬者などについては、それこそ諸説が乱立し、百花繚乱である。ある程度のコンセンサスを得られているのは、石舞台古墳を蘇我馬子の墓とすることぐらいだろうか。それとて、もちろん異説はある。

本書では、こうした諸説を紹介しながら、五~七世紀の東アジア情勢をふまえたうえで、大王や諸豪族の動向のなかで、蘇我氏がどのようにして権力を醸成し、どのような役割を果たしたかを考えてみたい。

考古学を専門にしている私は、主に古墳時代の研究をおこなっている。特定の人物や紀年を扱うことは、たいへんむつかしい。また、文献資料については専門外である。しかし、あえてここでは大胆に考古学と文献資料を結びつけた。結びつけないと、蘇我氏は解明できないし、その評価ができないと考えたからである。題名を「蘇我氏の古代学」としたのは、そのためである。さまざまな歴史資料を駆使し、資料の批判をくり返すことによって、真実に近づけるはずである。本書が真実に到達できたかどうか、はなはだ心許ないが、諸賢のご批判を賜れば幸甚である。

なお、文献資料は、内容を簡略化し、口語訳を中心に記述した。その際、主に参考にしたのは、中央公論社刊の井上光貞監訳『日本書紀』上・下（一九八七）である。また、岩波書店刊の日本古典文学大系『日本書紀』上・下も参考にした。大王・天皇名は、漢風諡号を使用した。

蘇我氏の古代学　目次

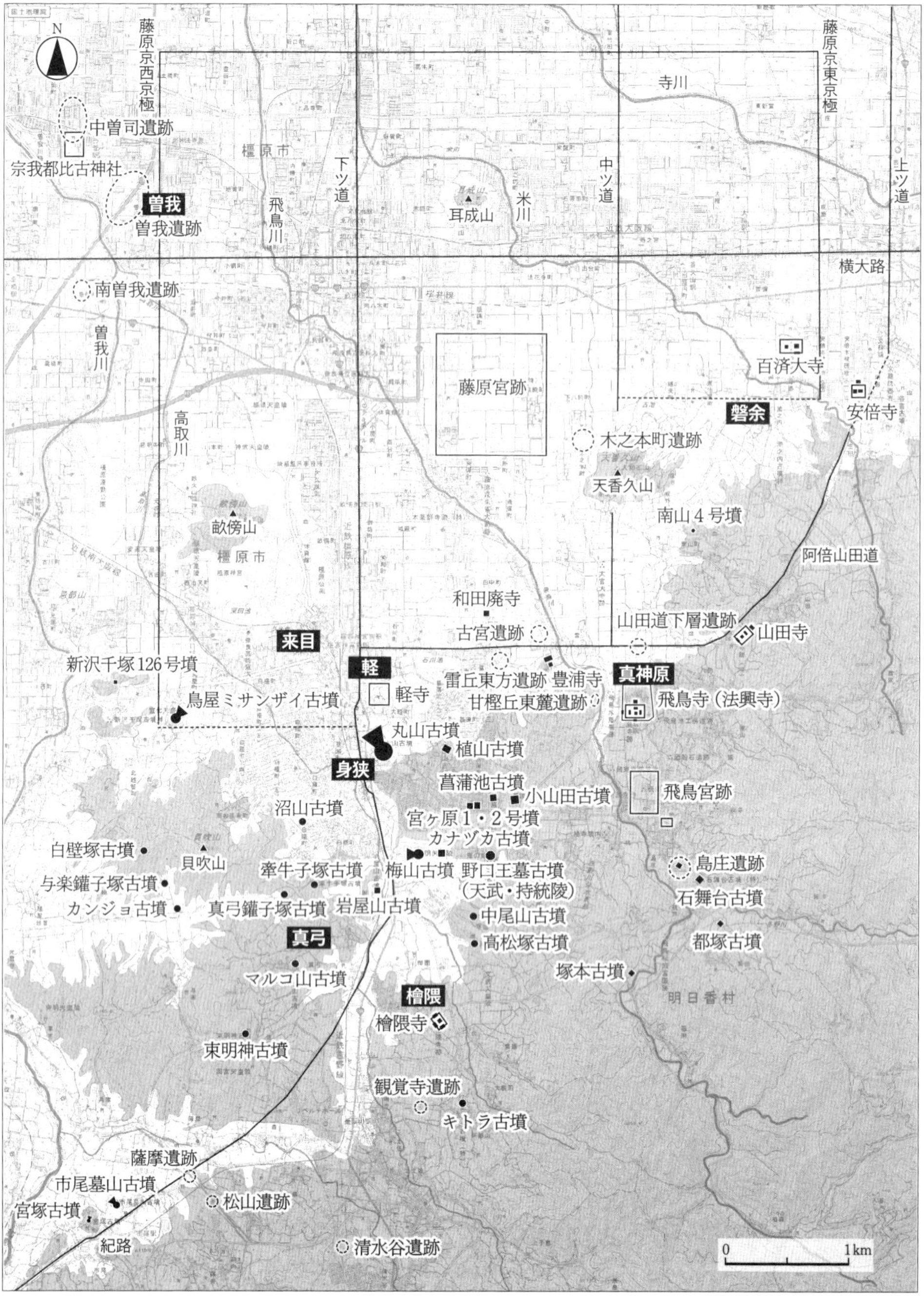
N
藤原京西京極
中曽司遺跡
宗我都比古神社
曽我
曽我遺跡
橿原市
下ツ道
飛鳥川
耳成山
米川
中ツ道
寺川
藤原京東京極
上ツ道
横大路
南曽我遺跡
曽我川
百済大寺
安倍寺
磐余
高取川
藤原宮跡
木之本町遺跡
天香久山
南山4号墳
畝傍山
橿原市
阿倍山田道
和田廃寺
古宮遺跡
山田道下層遺跡
山田寺
来目
新沢千塚126号墳
軽
雷丘東方遺跡
豊浦寺
真神原
鳥屋ミサンザイ古墳
軽寺
甘樫丘東麓遺跡
飛鳥寺（法興寺）
丸山古墳
植山古墳
身狭
菖蒲池古墳
小山田古墳
飛鳥宮跡
沼山古墳
宮ヶ原1・2号墳
カナヅカ古墳
白壁塚古墳
貝吹山
島庄遺跡
与楽鑵子塚古墳
牽牛子塚古墳
梅山古墳
野口王墓古墳
（天武・持統陵）
石舞台古墳
カンジョ古墳
真弓鑵子塚古墳
岩屋山古墳
中尾山古墳
真弓
高松塚古墳
都塚古墳
マルコ山古墳
塚本古墳
明日香村
檜隈
檜隈寺
東明神古墳
観覚寺遺跡
キトラ古墳
薩摩遺跡
市尾墓山古墳
松山遺跡
宮塚古墳
紀路
清水谷遺跡
0
1km

本書関連地図

上：甘樫丘よりのぞむ飛鳥
下：檜隈寺跡からのぞむ畝傍山（左）と梅山古墳（右）

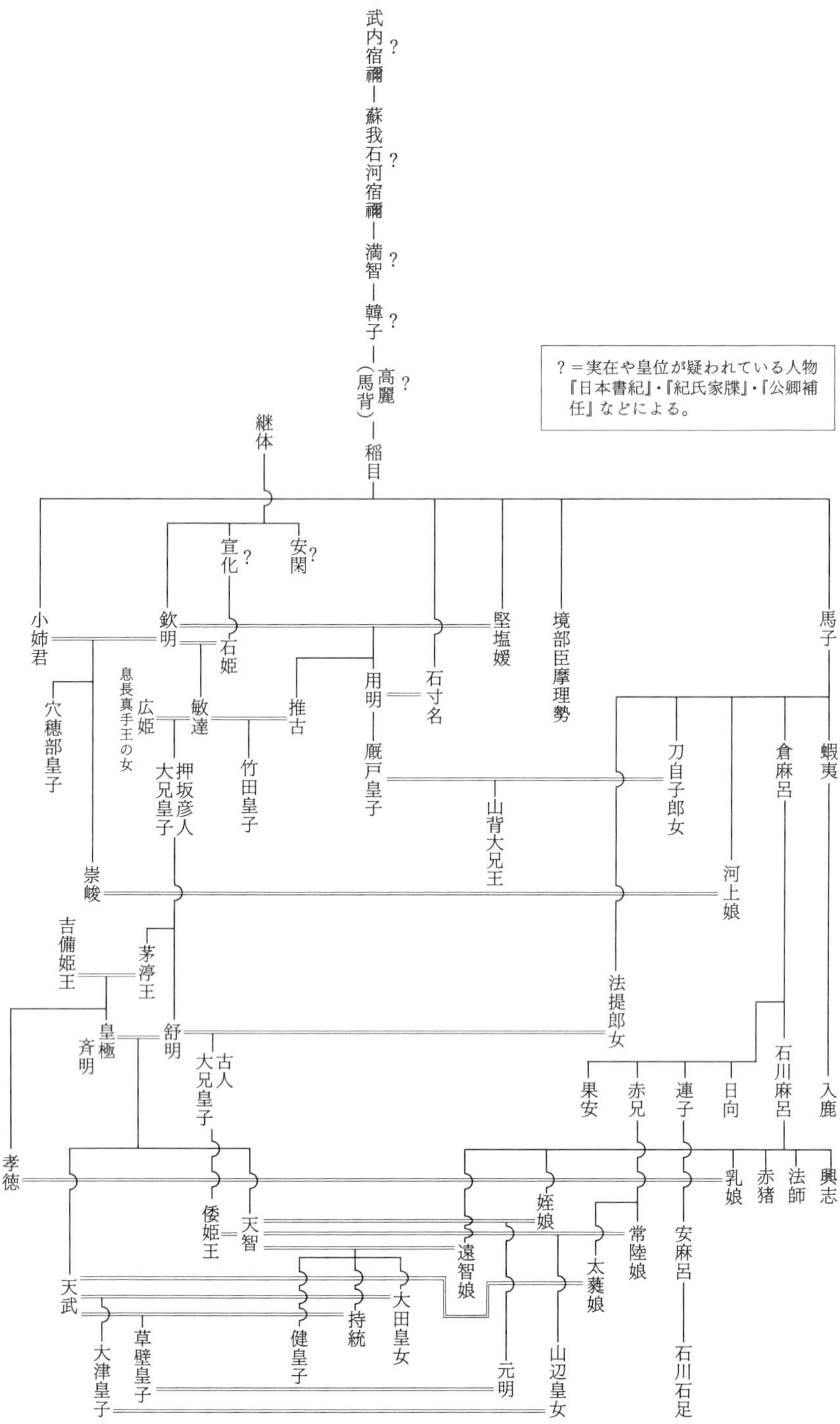

？＝実在や皇位が疑われている人物
『日本書紀』・『紀氏家牒』・『公卿補任』などによる。
武内宿禰？
蘇我石河宿禰？
満智？
韓子？
高麗（馬背）？
稲目
継体
宣化？
安閑？
小姉君
欽明
石姫
堅塩媛
境部臣摩理勢
馬子
穴穂部皇子
息長真手王の女
広姫
敏達
推古
用明
石寸名
竹田皇子
押坂彦人大兄皇子
厩戸皇子
山背大兄王
刀自子郎女
河上娘
倉麻呂
蝦夷
崇峻
吉備姫王
茅渟王
法提郎女
皇極
斉明
舒明
古人大兄皇子
石川麻呂
果安
赤兄
連子
日向
入鹿
孝徳
倭姫王
天智
姪娘
乳娘
赤猪
法師
興志
遠智娘
常陸娘
太蕤娘
安麻呂
天武
大田皇女
持統
健皇子
大津皇子
草壁皇子
元明
山辺皇女
石川石足

蘇我氏系図

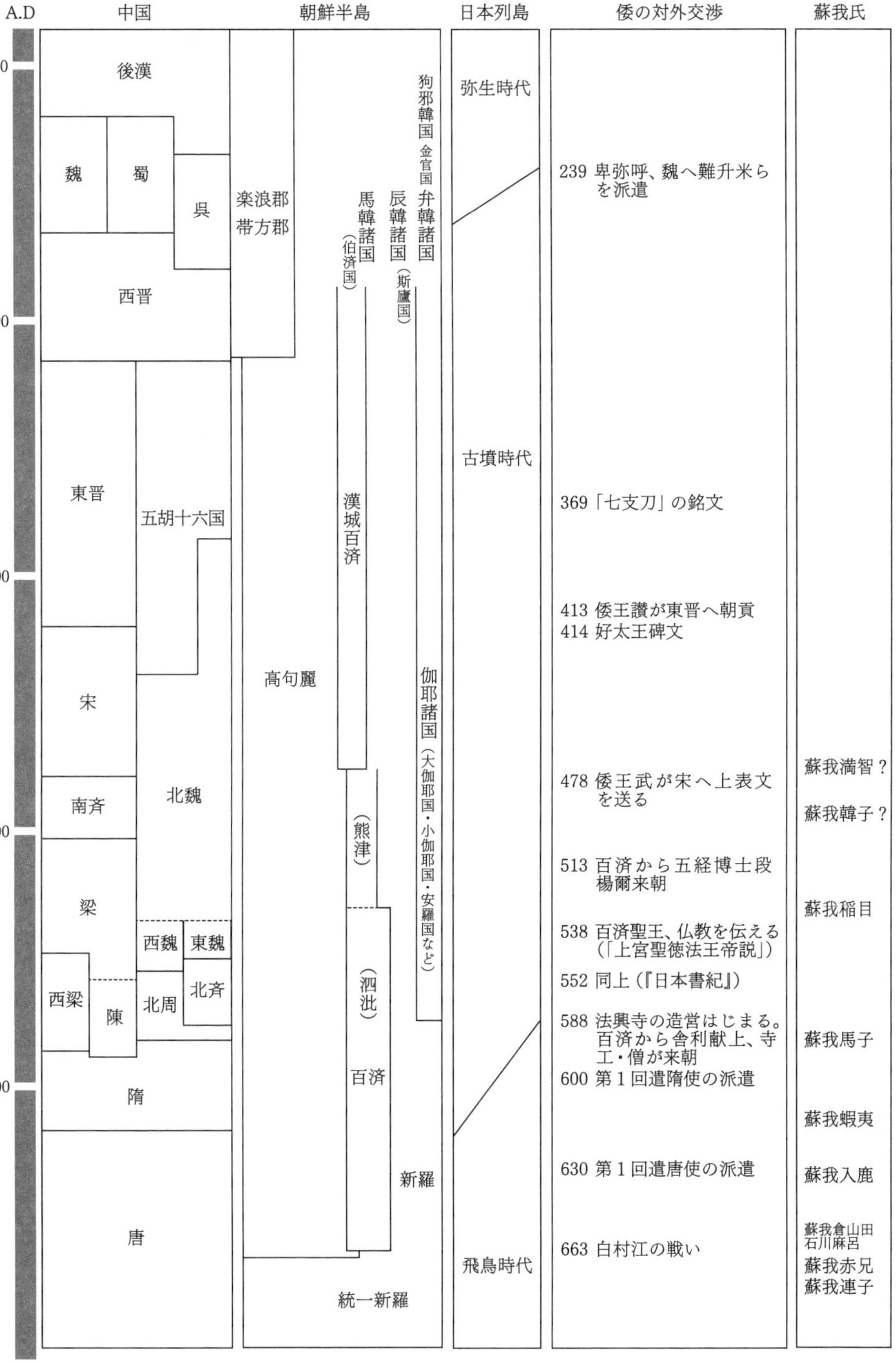
A.D
中国
朝鮮半島
日本列島
倭の対外交渉
蘇我氏
200
300
400
500
600
後漢
魏
蜀
呉
西晋
東晋
五胡十六国
宋
北魏
南斉
梁
西魏
東魏
西梁
陳
北周
北斉
隋
唐
楽浪郡
帯方郡
高句麗
馬韓諸国（伯済国）
辰韓諸国（斯盧国）
狗邪韓国 金官国
弁韓諸国
漢城百済
（熊津）
（泗沘）
百済
伽耶諸国（大伽耶国・小伽耶国・安羅国など）
新羅
統一新羅
弥生時代
古墳時代
飛鳥時代
239 卑弥呼、魏へ難升米らを派遣
369「七支刀」の銘文
413 倭王讃が東晋へ朝貢
414 好太王碑文
478 倭王武が宋へ上表文を送る
513 百済から五経博士段楊爾来朝
538 百済聖王、仏教を伝える（「上宮聖徳法王帝説」）
552 同上（『日本書紀』）
588 法興寺の造営はじまる。百済から舎利献上、寺工・僧が来朝
600 第１回遣隋使の派遣
630 第１回遣唐使の派遣
663 白村江の戦い
蘇我満智？
蘇我韓子？
蘇我稲目
蘇我馬子
蘇我蝦夷
蘇我入鹿
蘇我倉山田石川麻呂
蘇我赤兄
蘇我連子

東アジア関連年表

蘇我氏の古代学

飛鳥の渡来人

序章

乙巳の変

『日本書紀』の虚実と考古学

石舞台古墳遠景（北東から）

蘇我本宗家の滅亡

蘇我氏の権勢

蘇我氏といえば、誰しも蝦夷《えみし》・入鹿《いるか》父子が謀殺された皇極四年（六四五）の「乙巳《いっし》の変」を思い浮かべるだろう。

このクーデターの伏線として『日本書紀』は、蘇我氏が天皇家に対して横暴な振る舞いをおこなったことを掲げている。

まず、謀殺される前年の冬十一月に、蝦夷・入鹿は、家を甘檮岡《うまかしのおか》（甘樫丘《あまかしのおか》）に建て、蝦夷の家を「上の宮門《みかど》」、入鹿の家を「谷の宮門《はざま》」、その男女を「王子《みこ》」と呼んだという件《くだり》がある。

また、皇極元年（六四二）に、蘇我蝦夷が葛城高宮《かづらきのたかみや》に祖先を祀る廟《びょう》を建て、中国では天子にしか許されないという「八佾《やつら》の舞」を挙行したという件もある。そして、それにつづいて、〝国中の民と豪族の私有民である部曲《かきべ》を徴発して、その生前に「今来《いまき》の双墓《ならびはか》」を造営した〟〝蝦夷の墓を「大陵《おおみささぎ》」とし、入鹿の墓を「小陵《こみささぎ》」と呼んだ〟、などという件がつづく。さらに、上宮の乳部《みぶ》（厩戸皇子の養育のためにおかれた部）の民をことごとく集め、墓所に使役したという。このため、上宮大娘姫王《かみつみやのいらつめのみこ》（太子の女、春米女王か？）が、「蘇我臣は国の政《まつりごと》をもっぱらにし、無礼なふるまいが多い。天に二つの太陽がないように、国に二人の天子はいない。どうしてかってに、上宮に賜った民をことごとく使役するのか」と憤慨したというのである。

ここでは、蘇我氏が自らの邸宅を宮、その家族を王子、その墓を陵など、天皇家が使用するのと同じ呼称を用いた、あるいは、天皇家のための使役の民をかってに徴発したということが問題なのである。ただし、実際にそう呼ばせたかどうかはさだかではないし、民を徴発した件や、「八佾の舞」などについてもその事実は明らかではない。ただ、事実としていえることは、蘇我氏が権力の中枢にあり、天皇をしのぐほどの権力を有していたという点につきるだろう。

乙巳の変

そして、以下が『日本書紀』による「乙巳の変」の顚末である。

六四五年六月八日、中大兄《なかのおおえ》が蘇我倉山田石川麻呂《そがくらやまだのいしかわまろ》にクーデターをうちあけ、飛鳥板蓋宮《いたぶきのみや》で挙行される調《みつき》のたてまつりにおいて、高句麗《こうくり》・百済《くだら》・新羅《しらぎ》からの上表文の読み上げを依頼した。

六月十二日の当日、中臣鎌子《なかとみのかまこ》が俳優《わざひと》（滑稽なしぐさで宮廷に仕える人）を使い、猜疑心の強い蘇我入鹿の身につけていた剣を巧みに外させた。中大兄は、宮門を閉めたうえで、往来をとめて、大極殿のわきにかくれて鎗《やり》をとった。中臣鎌子は弓矢をもって、それを護衛する。中大兄は海犬養連勝麻呂《あまのいぬかいのむらじかつまろ》に命じて、佐伯連《さえきのむらじ》子麻呂《こまろ》、葛城稚犬養連《かづらきのわかいぬかいのむらじ》網田《あみた》に箱の中の二本の剣を授けて、「ぬかるな、一気に斬れ」と言った。子麻呂は水をかけて飯をのみこもうとしたが緊張のあまりもどしたのを見て、中臣鎌子が叱りつけはげました。

皇極天皇の御前で、石川麻呂による上表文の読み上げが終わりに近づく。汗がでて、震えがとまらない石川麻呂を不審に思う入鹿が、「どうしてそんなに震えているのだ」という。

石川麻呂が答える。

「天皇のおそば近くでおそれ多いので、思わず汗をかいてしまったのです」

子麻呂がぐずぐずして進み出ないのをみて、中大兄は「やあ」と叫び、子麻呂と踊りでて、いきなり剣で入鹿の頭と肩をきりつける。

入鹿は天皇に「皇位にあられる方は、天の御子です。私が何の罪をおかしたのでしょうか？ ご裁断してください」と願い出る。天皇が大変驚いて中大兄に尋ねたところ、「入鹿は皇族を滅ぼしつくし、皇位を絶とうとしております。入鹿のために天孫が滅びることがあってもよいのでしょうか」と申し出た。天皇は宮殿の中に入り、入鹿は斬殺された。雨が降って、ほとばしり出た水が庭にあふれ、人びとは席障子《むしろしとみ》で屍をおおった。

入鹿斬殺の場面は、時代小説さながらの迫真の記述である。『藤氏家伝』にも、同様の記述がある。天皇家に叛逆したゆえの謀殺であり、天皇はそれを黙認したというのだ。この二年前、皇極二年（六四三）十一月に、蘇我入鹿は巨勢徳太《こせのとこだ》、土師沙婆連《はじのさばのむらじ》（猪手《いて》）を遣わして、斑鳩《いかるが》の山背大兄王《やましろのおおえのおう》を襲った。そして、最後に山背大兄王は斑鳩寺で子弟、妃妾もろとも自害したという。山背大兄王の自害の記事につづく記述は、政権の埒外にあった中大兄と中臣鎌子の飛鳥寺西の槻《つき》の木広場の出会いから、二人がこの謀略をめぐらすまでの過程である。

ふたたび「乙巳の変」の顚末の記述に戻ろう。

（入鹿斬殺のあと）中大兄は法興寺《ほうこうじ》（飛鳥寺）に入る。王子、諸王、群臣がことごとくこれにしたがったが、入鹿の屍を賜った蝦夷のもとには漢直《あやのあたい》が集まって、戦の準備をはじめた。中大兄は、巨勢徳陀（徳太）を遣わして天地開闢《かいびゃく》以来、はじめから君臣の別があることを賊党に語り、その進むべき道を説いた。そして、高向国押《たかむこのくにおし》が漢直に、「われらは、入鹿のことで殺されるのだ。蝦夷も今日明日に殺される、われわれも戦をして全員処刑されるとしたら、誰のための戦いで、むなしいことではないか」と説いて剣と弓を置いて去ると、賊徒はちりぢりに逃走した。

六月十三日、蝦夷は誅殺されるにあたり『天皇記』『国記』をことごとく焼いた。船史恵尺《ふねのふびとえさか》は、そのなかですばやく『国記』をとりだして、中大兄に奉った。中大兄は、蝦夷・入鹿の屍を墓に葬ることと、哭泣《こっきゅう》（喪葬にあたり泣くこと）を許したという。

（中略）

十四日に、皇極天皇は軽皇子《かるのみこ》（孝徳天皇）に譲位し、中大兄が皇太子となる。

以上のようにみてくると、「蘇我入鹿・蝦夷とそれに仕えた渡来集団（東漢氏《やまとのあやうじ》）は、賊徒・賊党であり」、「天孫、天子である天皇に対し、君臣の別なく、横暴をはたらいた。それゆえ誅殺された」という歴史観がよくあらわれていることがわかるだろう。こうした見方は戦前までの教育では、一貫したものであるし、現代人とてこう思っている人が多いかもしれない。

しかし、この事件の本質は、あくまで血なまぐさい権力抗争である。そして、それは中大兄と中臣鎌子による武力による政権奪取として結実した。ともかく、これによって蘇我氏の本宗家は滅亡したのである。ただし、滅亡したのは本宗家だけである。入鹿謀殺に加担した石川麻呂が、まず蘇我氏を率いたが、大化五年（六四九）に謀反の嫌疑から自害に追い込まれる。その後も蘇我連子《むらじこ》、安麻呂《やすまろ》、赤兄《あかえ》、果安《はたやす》らが政権の中枢で活躍し、蘇我氏の血統は脈々と受け継がれる。また、連子の娘である蘇我娼子《しょうし》は中臣（藤原）鎌子の子である藤原不比等に嫁ぎ武智麻呂《むちまろ》・房前《ふささき》・宇合《うまかい》を産んだ。蘇我氏の血筋が、藤原氏にも受け継がれているのである（**二〇二ページ図68参照**）。

大化の改新

「乙巳の変」ののちの『日本書紀』の記述は、中大兄と中臣鎌子が主導した政治改革のようすが、孝徳天皇の条に記載される。

〝皇極四年を改め大化元年にする〟〝十二月に難波長柄豊碕宮《ながらとよさきのみや》に遷都〟〝大化二年（六四六）春正月に「改新の詔」が宣布された〟とつづく。

この「改新の詔」では、
①従来の屯倉《みやけ》、田荘《たどころ》といった土地制度や、子代《こしろ》や部曲といった支配秩序を廃止する。

②新たに畿内の範囲をさだめ、国司、郡司、関塞・斥候・防人・駅馬・伝馬をおく。
③京師（都の条坊）をおいて、坊長、坊令をおく。
④戸籍・計帳、班田収受の法をつくり、五十戸を一里としそこに里長をおく。
⑤歩・段・町に基づく田制をしいてその土地制度のもとに税（調）を収奪する。

等々、古代律令国家の基礎となる画期的な制度が断行されたという内容である。さらに大化年間には、薄葬令の施行、品部《しなべ》の廃止、七色十三階冠位の施行など新たな詔が次々と発せられたという。

しかし、実際にはこの時期に、こうした制度や令などが施行されたものではないことがわかっている。戸籍の成立は、庚午年籍《こうごねんじゃく》の成立まで待たなければならないし、「改新の詔」の内実は飛鳥浄御原令《あすかきよみはらりょう》や大宝律令を転載していたりして、この時期にまで遡るものはほとんどないといわざるをえない。藤原宮跡から発見された木簡に己亥年（六九九）十月の「上挟国阿波評松里□」において、「郡」ではなく「評」が表記されていたことは、いわゆる郡評論争の決着点として名高い。郡の表記は、大宝律令施行以降の大宝二年（七〇三）木簡の「尾治国知多郡」まで待たなければならなかったのである。「改新の詔」に『日本書紀』編者による潤色があることは明らかだ。

ここにも〝蘇我氏を排除した中大兄と中臣鎌子が主導することによって、一気に天皇中心の政治が開花した〟という歴史観がある。

しかし、実際は中大兄の弟である大海人《おおあま》が、古代における最大の内戦である壬申《じんしん》の乱を経て、飛鳥浄御原宮で即位した天武の時代にいたって、ようやく「日本」の国号や「天皇」号が明確化するのであって、まだまだ実態はともなっていないとみてよい。大化年間というのは、「天皇を中心とした律令国家」や「日本」は、内政的にも対外的にも、そのスタートラインにすら立っていなかったのである。

そのなかで大化以降については、その時代が近接していることもあって、文献資料の記載内容についてそれが事実かどうかについての検証が比較的容易である。しかし、それ以前は、その検証は相当むずかしい。古代史の研究者が、それ以前を「大化前代」として区別するのはそのためだ。

蘇我氏が権力の中枢にあったのは、六世紀半ばの欽明《きんめい》の時代からである。欽明の実在を疑う歴史家はいない。また、蘇我稲目《いなめ》の娘である堅塩媛《きたしひめ》が、欽明と婚姻して推古《すいこ》・用明《ようめい》を産んだこと、そのことが、蘇我氏の権力掌握の源泉であったこと、それはまぎれもない事実である。

しかし、安閑《あんかん》・宣化《せんか》との二朝並立説や安閑・宣化の大王位継承を疑う説がある。また、仏教公伝の年次について『日本書紀』と『上宮聖徳法王帝説』『元興寺伽藍縁起《がんごうじがらんえんぎ》幷《ならびに》流記資財帳《るきしざいちょう》』の記載に違いがある。いずれの年次にしても欽明朝である可能性が高いが、この時代は大型の前方後円墳がまだ造られていて、古墳時代後期に属する。仏教といえば法興寺（飛鳥寺）を建立した蘇我氏である。最古の本格的寺院、これこそ蘇我氏の権力の象徴である。そのことについては、考古学の成果も踏まえて三章と四章でくわしく触れることにしよう。

さらに、稲目以前の蘇我氏の系譜については、そもそも、それぞれの人物の実在性が疑われている（**巻頭 系図参照**）。蘇我氏の出自を考えるには、まず、五世紀の政治状況から探る必要があるだろう。

一章

五世紀の倭国

脇本遺跡からのぞむ奈良盆地

倭の五王

文献にみえる倭の五王

五世紀は、倭の五王の時代である。『晋書』『宋書』『南斉書』『梁書』などの中国正史によると、讃《さん》・珍《ちん》・済《せい》・興《こう》・武《ぶ》という五人の倭の大王が、中国南朝の宋や斉などに朝貢し、「安東大将軍倭（国）王」などの叙位をえたという。先の三世紀に倭の女王である卑弥呼が魏に朝貢して、「親魏倭王」をえたのと同種の記録である。東アジアの諸国は、中国を中心としたこの冊封《さくほう》体制のもとにあった。

五世紀の中国は南北朝時代である。五一一年という短い期間ではあったが、統一をなしえた西晋（二六五―三一六）の滅亡から、四三九年に北方で勃興した北魏が、華北を統一するまでは、五胡十六国時代と呼ばれる小国分立の時代である。そのあと、五八九年の隋による中国統一までが南北朝時代である。

五三四年に北魏が東魏と西魏に分裂するまでのあいだ、五世紀の北朝は北魏（三八六―五三四）の時代

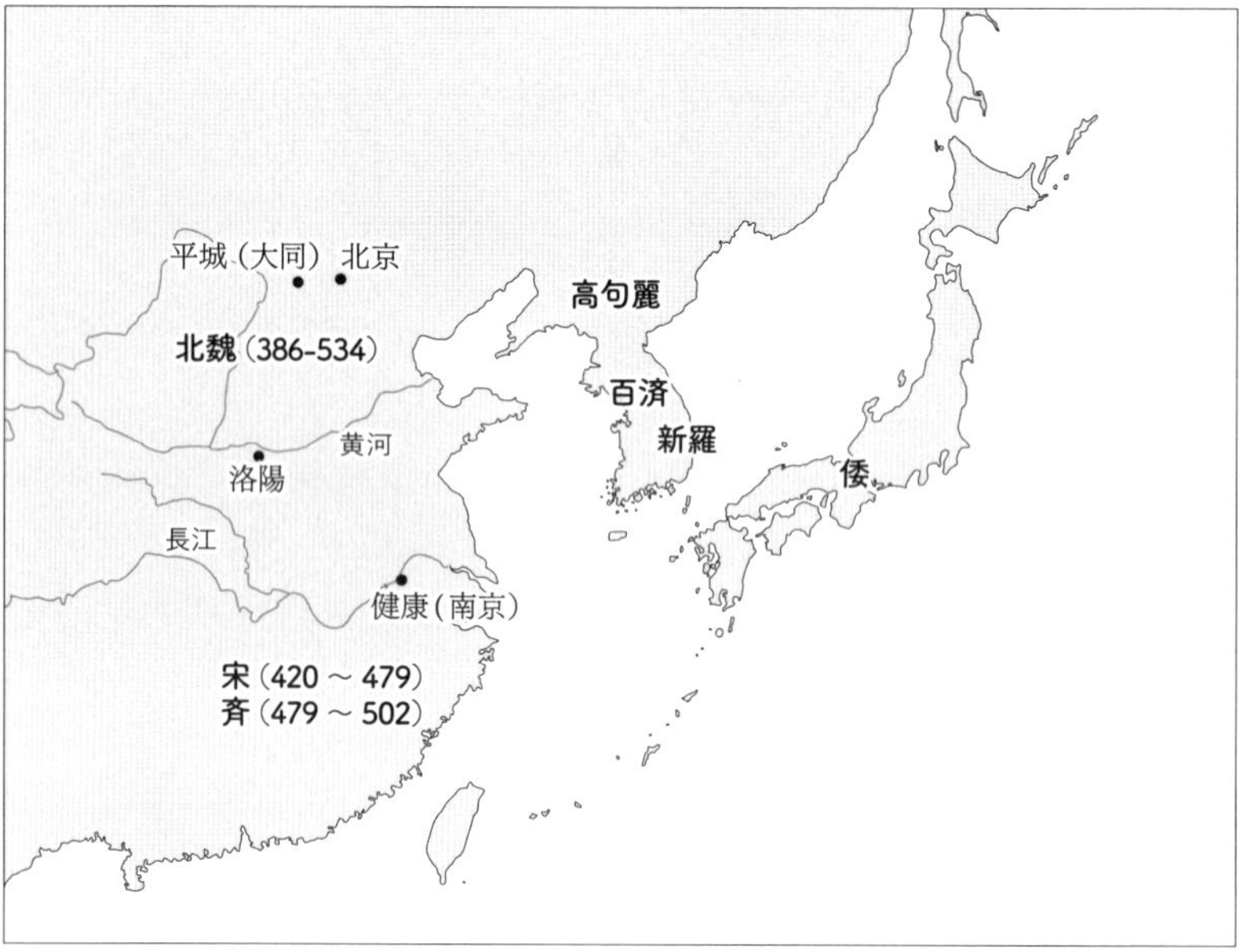

図1　5世紀の東アジア

である。北魏は都を平城（大同）においたが、四九三年に孝文帝が洛陽に遷都する。

南朝では西晋が華南に逃れ、健康（南京）を都とした東晋につづき、四二〇年に建国されたのが宋である。四七九年の斉の建国までのあいだ、健康に都をおく宋の時代がつづく。斉のあとは五〇二年に梁が建国される（**巻頭東アジア関連年表参照**）。

中国の正史には東晋や南朝との関係のみが記されるが、五世紀代の倭人が北朝の文化に触れることがなかったなどということはありえない。公的な外交関係ではない、地方首長による対外交渉や、自由往来の集団が、間接的に得た情報など、私的な往来は多数あったと考えられる。このころの倭の政権は、国内基盤そのものが脆弱《ぜいじゃく》であり、国内を完全に掌握していたとは考えがたい。そのことは後段で触れるとして、倭の五王についての話を前に進めよう。

四一三年の東晋への倭王讃の朝貢（『晋書』安帝紀）にはじまり、南朝の宋、斉、梁への倭の五王の朝貢は、合計一〇回前後を数える。この遣使に対し、『魏志』倭人伝の記述のように銅鏡など「好物」を与えたという記述はない。しかし、五世紀中葉以降に画文帯神獣鏡・画像鏡・獣帯鏡などの同型鏡が広く分布しており、遣使に伴って倭王が授受し、各地の首長にそれを配布あるいは贈与したという説もある（川西二〇〇四、辻田二〇一八）。こう記述すると、五人の大王がしっかりと国内統治をして、外交活動をおこなっていたかのようである。五人の大王の実在性まで疑う必要はないと考えるが、実はこの政権の実態には、はなはだ心許ないものがある。

『古事記』『日本書紀』との対応では、仁《にん》徳《とく》・履中《りちゅう》・反正《はんぜい》・允恭《いんぎょう》・安康《あんこう》・雄略《ゆうりゃく》などを候補とし、それぞれ五人の王に比定することが古くからおこなわれているが、その系譜関係が一致しない（**図2**）。また、『古事記』『日本書紀』相互で紀年に差異がある。こうした文献だけに頼るのは、そもそも無理があって、その実在性から検討しなければならない。

まずは、考古学の成果をまじえながら考えてみよう。

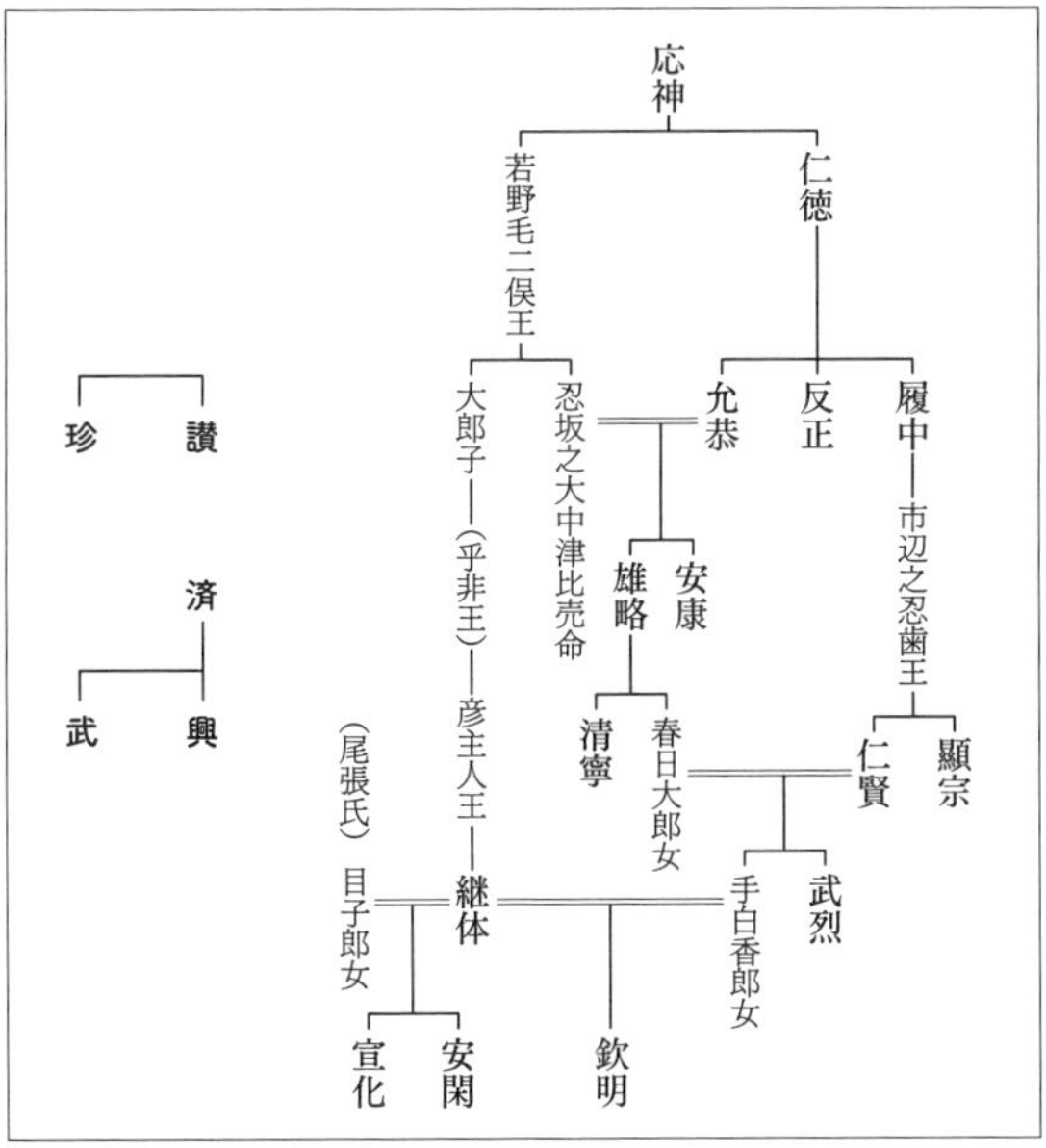

図2　倭の五王と大王の系図
（『宋書』および『日本書紀』『上宮記』『続日本紀』などによる）

倭王武の宮と墳墓

埼玉県稲荷山《いなりやま》古墳や熊本県江《え》田《た》船山《ふなやま》古墳に「ワカタケル」の文字が刻まれた鉄剣や鉄刀がある。稲荷山古墳の鉄剣には、「辛亥年（四七一）七月中記」「獲加多支鹵大王寺在斯鬼宮時（ワカタケル大王の寺シキの宮に在る時）」という記載があって、ワカタケルは、「大泊瀬幼武《おおはつせわかたける》」すなわち雄略であると考えられる。その紀年からみても、雄略が実在したことは、ほぼ疑いがない（岸一九九八）。さらに、その年代と名前から、倭王武と連関させることについては通説といっていいだろう。もちろん、矛盾がないわけではないが、両者をつなぐことを躊躇させるほどではない。

雄略は、『日本書紀』では、泊瀬《はつせ》朝倉宮《あさくらのみや》に即位し、丹《たじ》比《ひ》高鷲原《たかわしのはら》陵《みささぎ》に葬られたと記載されている。泊瀬朝倉宮と、奈良県桜井市の脇本《わきもと》遺跡で検出された五世紀後半代の大型建物や石垣などの遺構が結びつくことは確実である。鉄剣銘文のシキの宮の位置は明らかではないが、奈良県の磯城《しき》と関連するのだろう。

ただし、ここでいう宮は、七世紀に飛鳥各地を転々とした宮とは、構造がまったく異なる。飛鳥宮跡では、整然とした建物配置をとる大・小の殿舎と、石敷きの広場や水路が検出されている。一方、脇本遺跡では大型建物は散在して配置され、石垣は古墳の葺石のようではあるが、人頭大からこぶし大で小さい。全体をとり囲む占有面積は、広く見積もっても二五〇〇平方メートルほどである。

一方、ほぼ同時期の群馬県には、三ツ寺Ⅰ遺跡や北谷《きたやつ》遺跡があり、近隣の保《ほ》渡《ど》田《た》八幡塚《はちまんづか》古墳（墳丘長九六メートル）などの被葬者の居館と考えられる。古墳の葺石と同じような積み方ではあるが、大型石材による石垣を積み、幅の広い濠でとり囲んで、さながら城郭のようである。石垣で囲まれた区画の占有面積は約七五〇〇平方メートルに達する。両者をくらべると、その差異は明らかで、脇本遺跡は倭国の支配拠点としてはいかにも貧弱である。

熊本県にある江田船山古墳は、墳丘長六二メートルの前方後円墳である。埋葬施設は組合式家形石棺で、墳丘には石人・石馬を配置している。副葬品に目をみはる武器・武具・馬具類や金銀製の装身具類のほか、中国南朝から輸入された同型鏡群である画文帯神獣鏡・神人車馬画像鏡や、朝鮮半島の百済王権との関係を示す金銅冠、金銅飾履《しょくり》に加えて、百済土器も含まれている。江田船山古墳の被葬者は、中国南朝、百済王権、そして倭王武とつながっていたものと考えられる。

このように、雄略＝倭王武は奈良盆地東南部に倭国の支配拠点をおき、外交をおこなった。雄略の墳墓は、大阪府の古市古墳群および百舌鳥古墳群とその周辺にもとめられる。しかし、現在宮内庁が治定する大阪府羽曳野市の高鷲《たかわし》（島泉《しまいずみ》）丸山《まるやま》古墳説（直径七〇メートルの円墳）〔菱田二〇〇七〕、同市の古市古墳群内にある岡ミサンザイ古墳説（墳丘長二四二メートルの前方後円墳）〔岸本二〇一三〕、古市古墳群と百舌鳥古墳群の中間にある河内大塚山古墳説（墳丘長三三五メートルの前方後円墳）〔一瀬二〇一六〕、大阪府堺市の百舌鳥古墳群内の土師ニサンザイ古墳説（墳丘長二九〇メートル）などがあり、定説はない。古墳の墳形や規模はさまざまである。ともかく、その墳墓は大阪平野南部にあった。

倭王武が、宋の順帝に有名な上表文を送ったのは、四七八年である。「封国は偏遠《へんえん》にして藩《はん》を外に作《な》す。昔より祖《そ》禰《でい》躬《みずか》ら甲冑《かっちゅう》を擐《つらぬ》き、山川を跋渉《ばっしょう》し、寧処《ねいしょ》に遑《いとま》あらず（後略）」と、祖先が軍事力をもって国土統一をなしたことを高らかにうたいあげたもので、これをそのまま信用すれば、雄略の段階には国土統一が終わり、それを中国皇帝の領土とすることによって、安定した政権を成立させていたことになる。雄略が日本列島各地に強い政治的影響力をもっていたこと、国王として中国との対外交渉をおこなったことは認めてもよい。しかし、逆に読み解けば、倭国の領域はそれまで確定していなかったのであって、倭王武の段階にいたってもなお内外に大きな不安定材料を抱えていたことのあらわれでもある。

その領域をしっかりと確定させ、それを内外に宣言するのは七世紀後半以降の、自らが中華となる「日本国」の成立を待たなければならない。

巨大古墳からみた倭の五王

さらに、雄略の前段には、仁徳・履中・反正・允恭・安康という系譜と、それぞれが大阪平野南部や奈良盆地に宮をおき、陵を築いたという記載がある。紀年や事績に疑義があり、一概にはいいきれないが、倭の五王の支配拠点や墳墓が、大阪平野南部や奈良盆地にあったことは疑いがないところだろう。

個別の検討は省略するが、倭王讃＝仁徳とし、その墳墓を現在宮内庁が治定する、日本列島最大の巨大前方後円墳である百舌鳥古墳群の大山《だいせん》古墳（墳丘長四八六メートル）であると仮定した場合、それ以降の大型前方後円墳の築造順序から倭王珍＝反正は、土師《はぜ》ニサンザイ古墳（墳丘長約二九〇メートル）、済＝允恭は、古市古墳群の市野山《いちのやま》古墳（墳丘長二三〇メートル）にあてることが可能である。その次代の興＝安康は、市野山古墳との関連から、佐紀《さき》古墳群のヒシャゲ古墳（墳丘長二一九メートル）の可能性が高いと私は考えている（坂二〇一三）。支配拠点については、難波宮下層の法円坂《ほうえんざか》遺跡の五世紀代の倉庫群がこれに関連するものとしてあげられよう。

五世紀のすべての大王の支配拠点と墳墓は、大阪平野南部と奈良盆地にあり、その間を転々と移動し

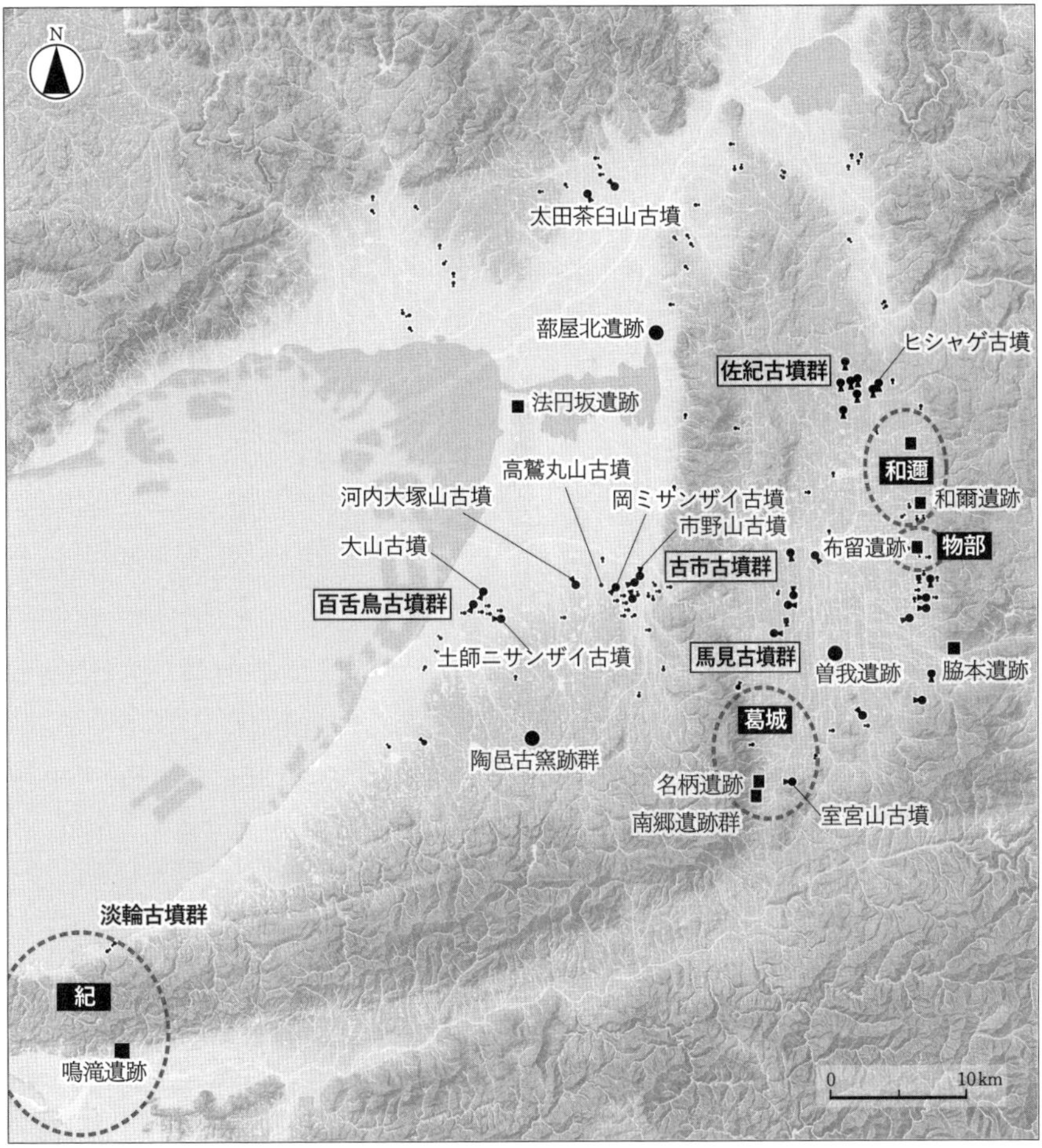

図3　ヤマト王権と有力地域集団の支配拠点と大型古墳

たものと考えられる。これは、やはりその政権基盤が脆弱だったゆえに、移動せざるをえなかったのだろう。

ところで、五世紀は巨大古墳の世紀ともいわれる。古墳、とりわけ前方後円墳は権力者の墓であると同時に、高度な政治的構築物である。つまり、この巨大古墳の詳細を検討するだけで、当時の政治権力の実態に迫ることが可能である。倭の五王をはじめ政権中枢部をしめた人びとのほとんどが、大型前方後円墳や巨大前方後円墳に葬られた。

墳丘長二〇〇メートル以上を大型前方後円墳、墳丘長三〇〇メートル以上を巨大前方後円墳と分類した場合、五世紀に築造された大型前方後円墳・巨大前方後円墳の大半は、奈良盆地の佐紀古墳群・馬見《うまみ》古墳群、大阪平野南部の古市古墳群・百舌鳥古墳群のなかにある。とりわけ、古市古墳群・百舌鳥古墳群への集中度が高い。古市古墳群・百舌鳥古墳群は規模において卓越していたのはもちろん、その内容においても最新鋭の武器・武具を大量に保有し、軍事的にも群を抜いていた。さらには、このほかの副葬品、埋葬方法、埴輪の配列方法などすべてにおいて、最新のモードを走っていた。古市古墳群・百舌鳥古墳群の巨大前方後円墳の被葬者が、まさに大王として君臨し、強大な権力を行使したこと、これもまた確かなことである。瀬戸内海を通じ、海外に雄飛することを考えたとき、あるいは海外の先進技術の受け入れを考えたとき、これら古墳群の立地条件は重要である。

その一方で、五世紀の巨大前方後円墳と大型前方後円墳は、岡山県にもある。造山《つくりやま》古墳（墳丘長三五〇メートル）と作山《つくりやま》古墳（墳丘長二八二メートル）である。この存在だけをもってしても、五世紀の政権が決して安定したものでなかったことがわかるだろう。「吉備政権」として、これらの古墳をつくった首長たちが一定の支配領域を確保していた可能性は高く、奈良盆地や大阪平野に政治拠点をおいた倭の五王による政権、それを本書では「ヤマト王権」とするが、その関係性は微妙である。

さらには、『古事記』『日本書紀』の記述をみても、また、最近の奈良盆地や大阪平野南部の遺跡の発掘調査の成果からみても、ヤマト王権は決して一枚岩ではなかったと考えられる。

とりわけ、のちに葛城氏と呼ばれることになった奈良盆地西南部に盤踞《ばんきょ》した有力地域集団こそ、政権に対して大きな影響力をもっており、時には大王と対峙することもあった。ヤマト王権と葛城氏や「吉備政権」が対立した背景として、朝鮮半島をめぐる外交方針があったという指摘もある〔田中二〇〇五〕。この有力地域集団が奈良盆地西南部に一定の支配領域をもち、その支配拠点を確保していたことが、南郷遺跡群の発掘調査から明らかになったのである〔坂・青柳二〇一一〕。

葛城氏と蘇我氏

葛城氏

かつては『日本書紀』に引用された『百済記』の沙至比跪《さちひこ》と葛城氏の祖とされる葛城襲津彦《かづらきのそつひこ》を同一の実在する人物とみて、葛城氏は、四～五世紀に活動した古い氏族として位置づけられてきた〔井上一九六五〕。しかし、最近の研究では、氏族の成立は六世紀まで待たなければならず、活動の内容には疑問が持たれるようになっている。氏族として血縁系譜を重視し、大王と姻戚関係を結ぶことによってのみ権力を掌握した集団ではなかったであろう。弥生時代の拠点集落を基盤とする地域集団が地域のなかで成長し、その地域を支配するようになったものである。葛城氏の場合は、外交によって朝鮮半島を出自とする渡来系集団を獲得し、独自の生産活動をおこなうことによって、ついには大王と対峙するような勢力になったものと考えられる。

葛城襲津彦は、『日本書紀』では、「神功《じんぐう》皇后の三韓征伐」の将軍として活躍する（神功皇后摂政五年、摂政六十二年の条）。そのあとは、応神天皇十四年、十六年、仁徳天皇四十一年の条にも登場する。自ら軍神となり、応神を懐妊しながら渡海した神功皇后の事績はいたって神話的であり、何代にもわたる葛城襲津彦の事績もまた、いたって伝説的である。また、葛城襲津彦の女《むすめ》とされる磐之媛《いわのひめ》が仁徳天皇の皇后となって、仁徳天皇と八田《やた》皇女の関係を嫉妬して、実家のある葛城高宮をしのんだというエピソードがあり、これは物語的である。

いずれも、その内容の吟味からはじめる必要があり、神功皇后が実在したとはとても考えられないが、葛城氏に関連する伝説や物語については、五世紀代に奈良盆地の西南部に盤踞した有力地域集団に対して、後世の人びとが後付けしたものといえる。その意味では、あくまで、この集団は〝のちに葛城氏と呼ばれるようになった〟人びとにすぎない。葛城氏という言い方は正確ではないが、ここでは煩雑となるので、単にこの有力地域集団の呼称を葛城氏と称することにする。

葛城氏を祖先と主張する蘇我氏

この葛城氏を蘇我氏は、自らの祖先と主張する。蘇我蝦夷が、六四二年に葛城高宮で祖廟を建てた件については、前述した（**一五ページ**）が、それを遡る推古三十二年（六二四）に、蘇我馬子が推古天皇に対し、葛城県が蘇我氏の「本居」であると主張し、その割譲をもとめるという件もある。推古天皇はそれを拒否するのだが、葛城氏と蘇我氏の間の深い縁がわかる『日本書紀』の有名な一節である。

蘇我氏が政権中枢で活躍した大きな理由のひとつは、百済から伝来した仏教を積極的に受け入れ、外来の先進文化や技術を積極的に摂取したことにある。蘇我氏のもとには多くの朝鮮半島からやってきた渡来人が活動していた。

門脇禎二氏の蘇我氏＝渡来人説は、百済の高官が倭国へ渡来してきたことを、『日本書紀』や朝鮮半島の資料のなかに見いだしたことを根拠とするものだ。また、その実在性はさだかではないが、蘇我氏の系図のなかには高麗・韓子などの名もある。

どうやら葛城氏と蘇我氏をつなぐ糸は、朝鮮半島にありそうだ。

渡来人と帰化人

ここで、渡来人についてみておきたい。本書でいう渡来人は、かつての日本史の教科書で帰化人として扱われていた人びとをも含んでいる。帰化人の用語は、あくまで『日本書紀』編纂者の歴史観に基づくものである。また、戦前の皇国史観と結びついた差別的な帰化人論などもあって、帰化人の用語はあまり使われなくなった。

確かに、「日本国」成立以前の人びとに対し、「帰化人」の用語はおかしい。しかし、平野邦雄氏は、

『日本書紀』では自らの意思で来た「帰化」「来帰」「化来」などと、「貢」「献」「上送」などが明確に区分されており、四世紀末以降、ヤマト王権（倭国）によって配置された人びとを含んだすべてを帰化人と呼ぶのがふさわしいとした（平野一九八五）。さらに、田中史生氏は、古い用語や用例は「参渡来」「渡来」であり、『日本書紀』編纂にともない、それが「帰化」に書き換えられた可能性を指摘した（田中二〇一六）。

古代国家の成立過程のなかで、倭国、日本国を問わず国家権力により一定の居住地を与えられ、知識・技術の供給をおこなった人びとである。その意味では、「帰化人」をそのまま「渡来人」と呼びかえればよい。

ところで、弥生時代にもたくさんの人びとが中国や朝鮮半島からやって来ている。稲作、それにともなう灌漑技術、あるいは青銅器生産などにもかかわったであろう。彼らはれっきとした渡来人ではあるが、歴史用語としては渡来人と呼ぶことはできない。政治的権力との関係がみえないからである。

一方、弥生時代後期から古墳時代前期にかけて、海外から渡ってきた人びとが、歴史的に位置づけることのできる最初の渡来人である。

日本列島の遺跡から楽浪系土器や三韓系土器と呼ばれる土器が出土することがある。楽浪系土器は、中国の朝鮮半島における支配拠点である楽浪土城や楽浪郡の墳墓などで出土するものと同種の土器で、弥生土器とは明らかに形態や焼成の異なった土器である。また、三韓系土器は、朝鮮半島の三国時代以前の三韓時代（原三国時代）の土器と同種の土器で、弥生土器とは器形・製作技法が異なる。いずれも、朝鮮半島から渡来してきた人びとが各遺跡にいた証左である。三韓の詳細については後述するが、辰韓、弁韓、馬韓の三韓であり、それぞれ一〇～五〇の小国が集まっていた。

『魏志』倭人伝の伊都国の所在地にある福岡県前原市の三雲番上《みくもばんじょう》遺跡では多量の楽浪系土器と硯が出土しており、二〜三世紀の外交拠点であったことがわかっている。また、三世紀の奈良県の纒向遺跡や福岡県の博多遺跡では、鞴羽口《ふいごはぐち》などの遺物とともに弁韓系・馬韓系の三韓系土器が出土していて、鉄器生産に朝鮮半島南部地域の工人がかかわったことを示している。また、三〜四世紀の福岡県西新町《にしじんまち》遺跡では、馬韓系の三韓系土器が竈《かまど》をともなう竪穴住居から出土している。竈も在来文化にはないものであり、同地域を中心とした地域からの移住者がこの遺跡に定着したことを示す。あげればきりがないが、いずれも朝鮮半島からの渡来の事実を示すものである。彼らの場合は、政治的権力者が強制的に配置したかどうかや、明確な故地の国家や倭への帰属意識をもっていたかどうかを別問題とすれば、倭の政治的権力者の支配領域のもとで活動していたことは明らかである。やはり、彼らもまた渡来人として定義するのがよい。

以上、本書で述べる渡来人は、弥生時代後期頃から古墳時代、さらには飛鳥・奈良時代という国家形成期から、日本国成立までの長い期間にわたって、中国・朝鮮半島から渡来してきたすべての人びとをさす。五世紀にあっては、政権中枢のあった奈良盆地や大阪平野の渡来人たちが国家形成に重要な役割を担ったことはいうまでもない。

これら渡来人のおもな原郷となった朝鮮半島の情勢をみながら、蘇我氏の出自を探ってみよう。

二章

渡来人の原郷

蘇我氏の出自を探る

新村里9号墳（右奥　韓国・羅州市）

三国の興亡

三〜七世紀前半の朝鮮半島は北部を支配した高句麗、南西部を支配した百済、南東部を支配した新羅の三国時代である。倭にもっとも近い、南端部の洛東江《ナクトンガン》河口部や下流部、朝鮮半島の南海岸部や群島部は、最終的に新羅に服属するまでは小国が分立していた。伽耶諸国と呼ばれている。

遺跡や古墳から、その存在が比較的明白なのは洛東江河口部の金海《キメ》あたりの「狗邪韓国」「金官伽耶」、下流部の高霊《コリョン》あたりの「大伽耶」、咸安《ハマン》あたりの「安羅伽耶」、南海岸の固城《コツン》あたりの「小伽耶」などである。また、栄山江《ヨンサンガン》流域を中心とした全羅南道《チョルラナムド》、その北側の全羅北道《チョルラポクド》の一帯も百済に支配されるまでは、前時代の「馬韓」の呼称で呼ばれることが多く、ここもまた小国が乱立していた。

狭い地域のなかで、さまざまな政治勢力がうごめいていた、まさに激動の時代である。六世紀には高句麗・百済・新羅の三国が強い影響力と広い版図をもっていたことは間違いないのだが、この三国もそれぞれその発祥から広大な領域を確保していたわけではない。地域集団なり外来集団なりが小地域を支配する支配拠点（王城・山城）を設けたことにはじまり、総じて南進するのである。

図4　三国時代の朝鮮半島

朝鮮半島の三国時代の正史について自国内でまとめた歴史書は、古代にまとめられたものは現存せず、『三国遺事』（一二八〇年頃成立）、『三国史記』（一一四五年成立）など高麗《こうらい》時代に編纂されたものが残るのみである。『古事記』（七一二年編纂）、『日本書紀』（七二〇年成立）が史料としては不十分なことをここまで述べてきたが、さらにそれらより新しい時代にまとめられたものである。よって、これだけに頼って歴史を語ることはできないのはいうまでもない。

文献資料としては、倭国史を語るうえでも欠かせない『魏書』『晋書』『宋書』などの中国正史や、唐時代の『翰苑《かんえん》』、あるいは『日本書紀』に『百済記』ほか朝鮮半島の同時代の歴史書の引用があり、それらが重要史料である。とりわけ、『日本書紀』の編纂にあたっては、朝鮮半島の史書が重要な基礎史料であり、それを参考書として引用したり、また諸説のなかの一部としてとりあげられたりしている。

そのため、韓国の古代史研究者はすべて『日本書紀』に精通している。そして、その姿勢はきわめて冷静である。ただし、滅亡前の百済が倭に救援をもとめていたこともあって、『日本書紀』は百済よりに記述されていることを忘れてはならない。

また、好太王碑文や七支刀のような金石文資料が重要であることはいうまでもない。史料は少ないが、朝鮮半島では戦前・戦後の発掘調査成果があり、倭国史と同様に、ずいぶん新しいこともわかってきた。それを紹介していこう。

高句麗

高句麗の支配拠点

まず、高句麗である。

『三国史記』に記されているのは、紀元前三〇年代頃の朱蒙《しゅもう》《チュモン》による建国神話である。そこでは、中国遼寧省本渓市の桓仁《かんじん》（卒本《そっほん》）が出発点である。世界遺産になっている高句麗前期の五女山城がある。ただし、実際に紀元前まで遡るかどうかはあやしい。そこから西へ七〇キロ、鴨緑江《おうりょくこう》《アプノクガン》中流北岸の中国吉林省の集安《しゅうあん》に、三～四世紀代の高句麗の支配拠点がある。

三世紀初頭に国内城《こくないじょう》（通溝城《つうこうじょう》）は、鴨緑江北岸の河岸段丘上の平坦面に築かれた。規模は、東壁五五五メートル、西壁七〇二メートル、南壁七五二メートル、北壁七三〇メートルと広大である。城門、角楼、礎石建物などが確認されているが、中心建物については不明である。国内城の北側に、包谷式山城である丸都《がんと》山城（山城子山城）が四世紀代に築かれた。好太王《こうたいおう》（広開土王）碑や、太王陵、将軍塚、西大塚などの王陵があるのも集安である。好太王墓は、太王陵（北辺六八×東辺六二・五メートル）説と将軍塚（北辺三三・一×東辺三一・七メートル、**図5**）説とがある。いずれも、巨大な方形の積石塚である。整然とした切石による方形壇を何段にも積むもの（方壇階梯《ほうだんかいてい》積石塚）であり、さながらピラミッドのようである。

ところで、蘇我稲目がその被葬者として大きく報道された飛鳥の都塚《みやこづか》古墳と、高句麗の積石塚との関連性が話題になった。しかし、都塚古墳の葺石はあまりにも小規模で、積石塚といえるような構造はもっていない。また、その年代は二、三百年ほども離れていて、その関連性はきわめて疑わしい。

図5　将軍塚（中国・集安）

高句麗は南進して三一三年には、楽浪《らくろう》郡を滅亡にいたらしめる。いうまでもなく、楽浪郡は紀元前一〇八年に前漢の武帝によって設置された中国政府の出先機関である。この楽浪郡治（郡庁）の所在地は、ピョンヤンである。大同江《テドンガン》南側の楽浪土城の調査で、「楽浪礼官」と刻まれた瓦や「楽浪大尹章」

の封泥などが出土し、当該地が郡治であることが確定した。楽浪土城の南側には漢人官僚層の墓地群である石巌里《ソクアムリ》古墳群などがひろがる。

この一帯は、現在、高層アパート群の間に、史跡に指定された土城や古墳がひっそりと残る景観となっている。戦前・戦後の発掘調査により、多くの資料が蓄積されたが、戦前の楽浪土城、王盱《おうく》墓（石巌里二〇五号墳）の発掘調査資料は、東京大学に保管されている。

図6　朝鮮半島の高句麗関連遺跡

前漢の武帝の設置した四郡（楽浪・真番《しんばん》・臨屯《りんとん》・玄菟《げんと》郡）のうち、楽浪郡が最後まで残り、楽浪郡から分かれて二〇四年に設置されたのが帯方《たいほう》郡である。楽浪郡では、太守・大尹章《たいいんしょう》とその長官の役職名は変わり、後漢から魏や公孫氏、さらには晋へと受け継がれる。倭にとっては、中国との交渉の窓口であった。楽浪系土器は伊都国・奴国の領域では出土するが、島根

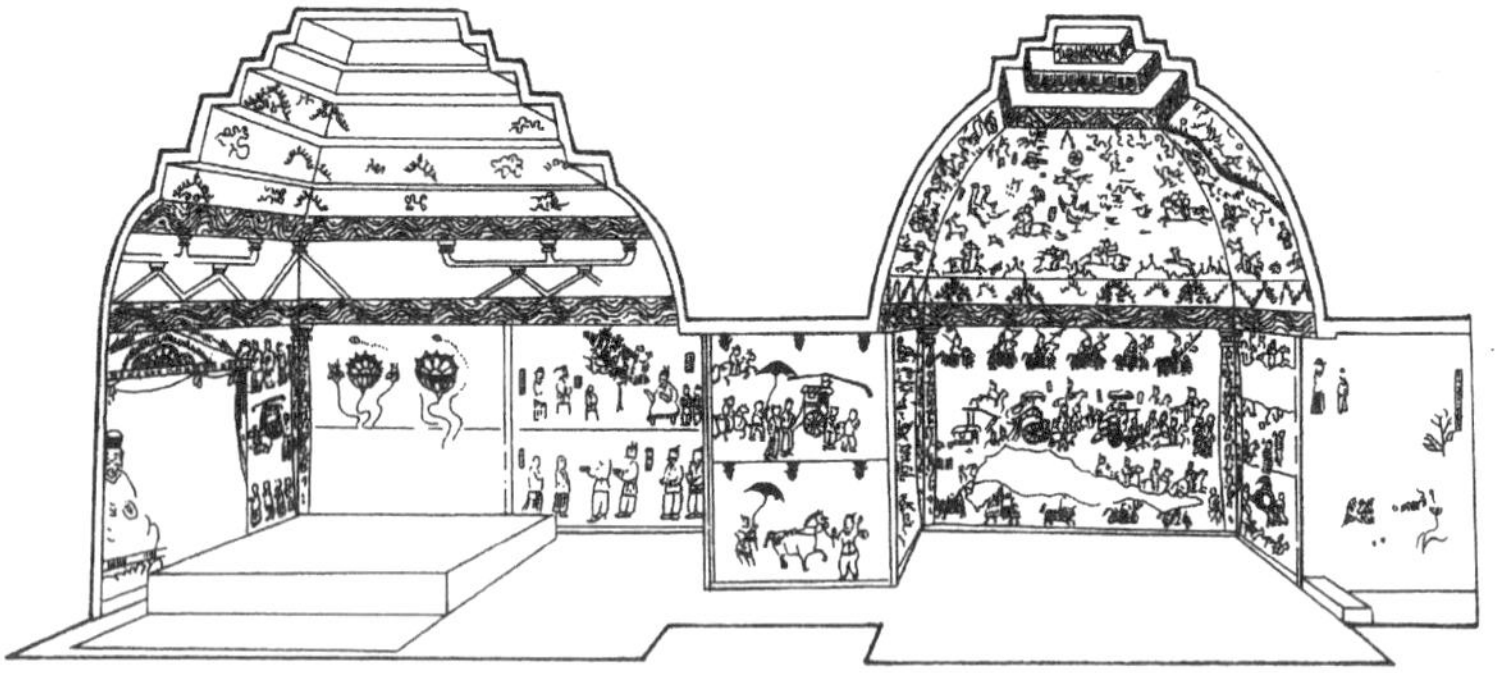

図7　徳興里古墳石室透視図（東側）

県山持《ざんもち》遺跡を東限とし、近畿地方では出土しない。

高句麗は版図の拡大をおしすすめる。好太王時代に大きく広げ、その次代の長寿《ちょうじゅ》王の時期の版図が最大で、四世紀末～五世紀後半にかけ、北は遼河・松花江・牡丹江流域、南は漢江流域・小白山脈に及ぶ領域を支配した。

四二七年、長寿王は、国内城から平壌城に支配拠点を遷す。前期の平壌城は、大同江北岸の清岩里《チョンアムリ》土城《トソン》と推定される。土城内にあるのが清岩里廃寺で、一塔三金堂の伽藍配置が蘇我氏の発願した法興寺（飛鳥寺）の伽藍配置の源流ともいわれる。清岩里土城の東北にあるのが包谷式山城の大城山城である。全長七キロに及ぶ城壁が築かれている。五八六年に平原王は平壌城から長安城に支配拠点を遷すが、これが現在のピョンヤン市街地の城郭である。城壁の石には高句麗時代の干支や官位が刻まれている。

平壌城時代の王陵は、ピョンヤン周辺に築かれた。また、安岳三号墳、徳興里古墳（図7）、江西大墓、真坡里一号墳、湖南里四神塚など壁画が描かれた横穴式石室を埋葬施設とする盛土（封土）墳が盛行した。横穴式石室において、棺をおく部屋を玄室《げんしつ》と呼び、玄室に至る通路を羨道《せんどう》と呼ぶが、高句麗の横穴式石室は、玄室が二つ以上連なるような複室構造をもつものが多い。また、玄室の天井はドーム状になっていて、石の積み方は徐々に壁面の石を内側にせり出しながら積む「持ち送り」の手法がとられている。

好太王碑文

好太王碑をめぐっては碑文の釈文や解釈をめぐる長い論争〔寺田・井上一九八五〕がある。

碑は、好太王没後二年の四一四年に、長寿王によって建立された。四面に一八〇二文字が刻まれる。文構成は、三段からなり、第一段は高句麗の開国伝承と建碑の経緯、第二段は好太王の業績、第三段は守墓人烟戸《しゅぼにんえんこ》と王権の確立である。第二段には、百済・新羅・倭を次々と打ち破る好太王の事績が記載されている。

三九一年に倭が海を渡って百済・新羅などを臣下にしたので、三九六年に百済を討った。三九九年、百済が倭と結んだので、平壌まで出むいて、百済を討った。またこのときに新羅に倭が侵攻しその臣下とした。高句麗に救援を願いでたので、四〇〇年に五万の兵力を新羅に派遣した。新羅王が都にいたると倭軍が退却したので、さらにそれを追っ

図8　好太王碑（中国・集安）

て、任那・加羅に迫った。ところが、安羅が反撃し、新羅の都を占領した。四〇四年倭が帯方地方に侵入してきたので、これを討って大敗させた。四〇七年に五万の大軍を派遣し大勝して、冑・甲一万両を奪取した。

この軍事行動の真偽はさだかではない。ただし、好太王を顕彰するために誇大表現されているのは明らかである。倭を強大な敵として描き、「属民」の百済・新羅を倭が「臣民」としたという記述も史料的な価値はない。あくまで、高句麗王の威勢を示そうとして記述したものである〔仁藤二〇〇四〕。

もちろん、この時期に倭人による朝鮮半島での活動がなかったわけではない。朝鮮半島南部各地で日本列島産の甲冑や武器が出土していることから、百済・新羅・倭の間での小競り合い程度の戦闘があったことは否定しがたい。その代表例は三角形や横長の長方形の鉄板を革紐や鋲で綴じたり、留めたりする三角板革綴短甲《さんかくいたかわとじたんこう》、三角板鋲留短甲《さんかくいたびょうどめたんこう》、横矧板鋲留短甲《よこはぎいたびょうどめたんこう》などと呼ばれる甲《よろい》だ。しかし、こうした倭製の武器・武具類の出土は、朝鮮半島南部に限られていて、高句麗の支配拠点では認められない。その量もわずかである。

注意を要するのが、四世紀末〜五世紀後半において、高句麗は支配領域を拡大させながら南進をつづけていたのに対して、この段階において百済・新羅はいまだ小地域を支配するいわば「小国」にすぎなかったことだ。倭もまた、前述のとおりヤマト王権による支配領域の拡大が緒についたばかりであり、きわめて国内状況が不安定であった。

それに対し、高句麗は冠位十三階の身分制をしき、早い段階に五部からなる地域制度をしいていた。確固たるものではないが、王を中心とした中央集権体制である。いわば、四〜五世紀は高句麗の「一強」であり、朝鮮半島の覇権を握っていたのは高句麗であったといっても過言ではない。漢江《ハンガン》上流の忠州《チュンジュ》には高句麗支配の証である「中原高句麗碑」が立つ。新羅の支配拠点であった慶州《キョンジュ》の壺杅《こう》塚から出土した銅椀にも、「乙卯年國崗上廣開土地好太王壺杅十」の銘文が刻まれていた。

高句麗は四七五年に百済の漢城《ハンソン》（ソウル）を攻め落として、漢江下流域を完全に支配下においた。ソウルの峨嵯山《アチャサン》には、漢城攻略のための堡塁がいくつも築かれ、橋頭堡となった。高句麗軍の進駐の痕跡が、多量の高句麗の鉄製武器や土器などの出土によって確認できる。それとともに、錦江《クムガン》流域など百済の領域内にも、高句麗系の遺物は出土している。大田《テジョン》の月坪洞山城《ウォルピョンドンサンソン》は高句麗の山城であり、この場所まで攻め入った確実な足跡である。五世紀の朝鮮半島において、高句麗文化が多大な影響をおよぼしたことは疑いがないところだろう。

高句麗と倭

そしてそれは、確かに倭にも及んでいる。『日本書紀』がいう高麗はすべて高句麗を指す。

蘇我氏の系図のなかにも、蘇我高麗の名がある。これも高句麗のことだ。だからといって、蘇我氏の出自と高句麗をすぐに結びつけるのは短絡である。蘇我高麗については後述（一三二ページ）することにしよう。

また、各地に残る地名の「狛」「高麗」の多くは高句麗のことである。また、厩戸皇子の仏教の師である慧慈《えじ》の名を思い浮かべる人も少なくはないであろう。五九五年来朝し、翌年の法興寺（飛鳥寺）の竣工とともに、同寺止住の僧侶となったという。また、蘇我氏とも深くかかわっている豊浦寺《とゆらでら》に入ったのが高句麗の尼僧であった。六世紀後半～七世紀にかけて、高句麗の僧が飛鳥や地方に多数やってきた。

『日本書紀』敏達天皇元年（五七二）の条には、高句麗の使節がきたときの興味深い記述がある。その使節の上表文は、烏の羽根に文字が書かれていて読むことができなかったので、蘇我馬子に解読させた。そしてついに船史《ふねのふひと》の祖、王辰爾《しんじ》が飯を炊く湯気で帛《きぬ》に文字を写しとって文字を解読したという。蘇我馬子が外交で活躍し、渡来人集団と深くかかわっていたことを示す記述である。

石川県七尾市の須曽蝦夷穴《すぞえぞあな》古墳は、高句麗系の三角隅持送り天井をもつ横穴式石室を埋葬施設としており、七世紀の高句麗と倭の関係を考えるうえで重要である。天井をドーム形にするために、下から見上げると、隅角に積まれた石が三角形にみえる特徴的な形状となっている。

しかしながら、五世紀の飛鳥に高句麗の渡来人がやってきた痕跡はない。蘇我氏にとって、高句麗の知識や技術は重要であったが、その出自と直接的なかかわりはなさそうである。

漢城百済

七支刀

百済は、馬韓五十余国のなかの一国で、漢江下流域の伯済国が次第に勢力を拡大していったものである。『魏書』東夷伝にも、伯済国の記載がある。『三国史記』の記載は、その前半については伝説的な説話や造作が多いが、十三代の近肖古《きんしょうこ》王以降についてはその信憑性が高まる。三七二年、百済の使節が東晋に朝貢して、百済王余句が鎮東将軍・領楽浪太守に封ぜられる（『晋書』帝紀）。この百済王余句が、おおむね近肖古王だと考えられている。

『日本書紀』では、神功皇后摂政五十五年の条に、百済肖古王が亡くなったことがみえる。その三年前の五十二年に、七枝刀・七子鏡の献上の記事がある。石上神宮に伝わる「国宝 七支刀」がこれにあたるものと考えられる。この刀には六一文字が刻まれている。

七支刀銘文冒頭の年号、泰□四年は東晋の太和四年（三六九）であると考えられる。その場合、東晋から百済に贈られた「原七支刀」があり、それをもとに百済でつくられたのがこの「国宝 七支刀」で、それを倭王に贈ったと解釈できる（浜田二〇〇五）。

（表面）泰和四年五月十六日丙午の日の正陽の時刻に百たび練った□の七支刀を造った。この刀は出でては百兵を避けることができる。まことに恭恭たる侯王が佩びるに宜しい。永年にわたり大吉祥であれ。

（裏面）先世以来、未だこのような刀はなかった。百済王と世子は生を聖なる晋の皇帝に寄せることとした。それ故に、東晋皇帝が百済王に賜れた「旨」を倭と共有しようとこの刀を（造った）。後世にも永くこの刀を伝え示されんことを。

図9 国宝 七支刀

高句麗の攻撃を受けていた百済が晋に朝貢し、百兵を避けることのできる七支刀を賜った。百済国内で同様の形態の刀をつくり、倭王に贈ることによって、高句麗との関係を打破しようとしたのである。

風納土城と夢村土城

百済初期の支配拠点は前述のとおり漢城である。王城の名を河南慰礼城《ハナムウィレソン》という。四七五年までが漢城期（漢城百済）で、そののち、支配拠点を熊津《ウムジン》（公州《コンジュ》）に遷す。ソウル特別市の漢江南側に四〜五世紀代の百済王城・土城と考えられる風納土城《プンナップトソン》、夢村土城《モンチョントソン》があり、さらにその南西に王墓である石村洞《ソクチョンドン》古墳群がある。

風納土城

風納土城は、漢江南岸に接する平坦部に築かれている。その区画施設は、幅約四三メートル、高さ約一一メートルとい

図10　漢城百済の遺跡と勢力範囲

う巨大な土塁であり、それを総延長約三・五キロにわたってめぐらすことによって、八七万八六七八平方メートルという広大な面積を占有した（図11）。

土塁は早くに整備されていたが、城内に遺構が残っていることがわかったのは、今から二〇年前のことである。すでに市街化されアパートが林立するなか、住民との軋轢も産みつつ、現在も発掘調査がつづけられている。城内の慶堂地区や一九七番地では韓国国立文化財研究所と韓神大学の調査によって、五世紀代を中心とした時期の大型の竪穴建物、竪穴住居群、馬頭骨を納めた土坑、特殊建物、大型の井戸、道路遺構など枚挙にいとまがないほどの遺構が検出されている。朝鮮半島各地の土器はもちろん、中国製の瓦や陶磁器も多量に出土している。また、確証はないものの四世紀代の日本列島産の円筒埴輪の破片もある。調査地点は、公園となり、遺構の位置がわかるように標示板が設けられている。

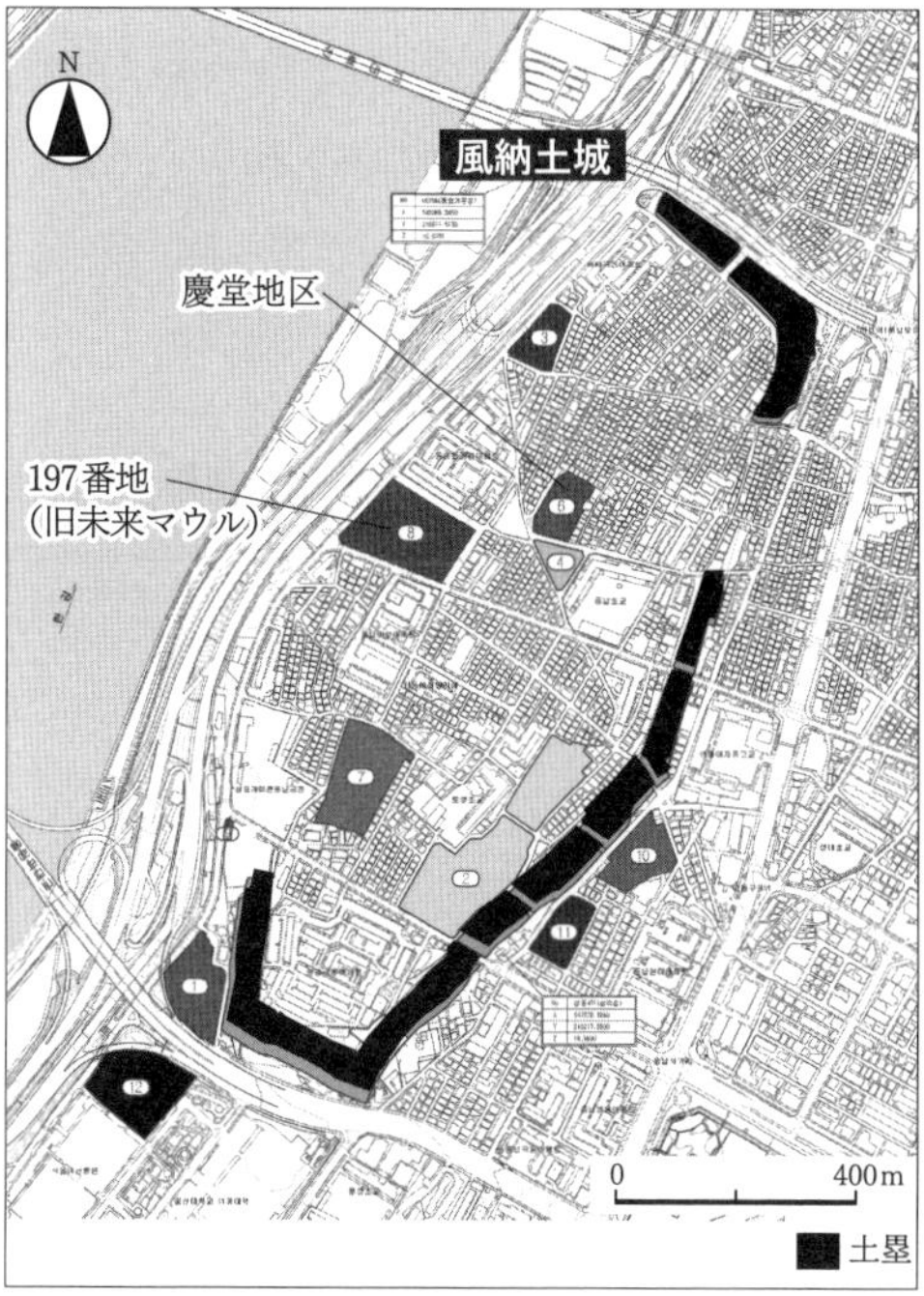

図11　風納土城（韓国ソウル）

夢村土城

夢村土城は、一九八八年のソウルオリンピックの記念公園で、市街地のなかに広大な緑地が広がっており、散策と憩いの場所として多くの市民が利用

図12　ソウル市内の漢城百済関連遺跡と高句麗遺跡（堡塁）

している。

低丘陵を利用して築かれ、南北七三〇メートル、東西五四〇メートルの範囲に城壁をめぐらす。漢城時代のもの、高句麗と関連する遺構、新羅時代の遺構がそれぞれ確認されている。過去の調査では、百済時代の遺構として住居址八棟、土坑二二基、甕棺墓五基、土壙積石墓五基、土壙墓二基があり、西晋代やそれ以降の中国製陶磁器が出土している。また、近年、ソウル特別市により発掘調査がすすめられている。

石村洞古墳群

石村洞古墳群には大型の方形基壇積石塚、方形積石塚、積石封土墳、土壙積石墓、甕棺墓、石室甕棺墓などがある。百済王族の墓地と推定されており、史跡公園として整備されている。とりわけ、東西五〇・八メートル、南北四八・四メートルの積石塚である石村洞三号墳は、百済最大の規模をもち、上述の近肖古王を被葬者にあてる説がある。埋葬施設の構造はよくわからない。積石塚は、北方の高句麗の強い影響をうけたものだが、本古墳群以外ではほとんどみられない。

古墳群は史跡公園として整備されているが、周辺の発掘調査が二〇一六～一七年にかけておこなわれ、大型古墳の間にすき間なく小規模な古墳が密集して築造されている状況が明らかになっている。

百済の横穴式石室

ところで、漢城百済を代表する古墳の埋葬施設は横穴式石室であるが、年代や構造などいまだ不確定な要素が多い。ソウル市内の可楽洞《カナクドン》古墳群や芳荑洞《ファンイドン》古墳群は、漢城百済が滅亡してからのちの六世紀代

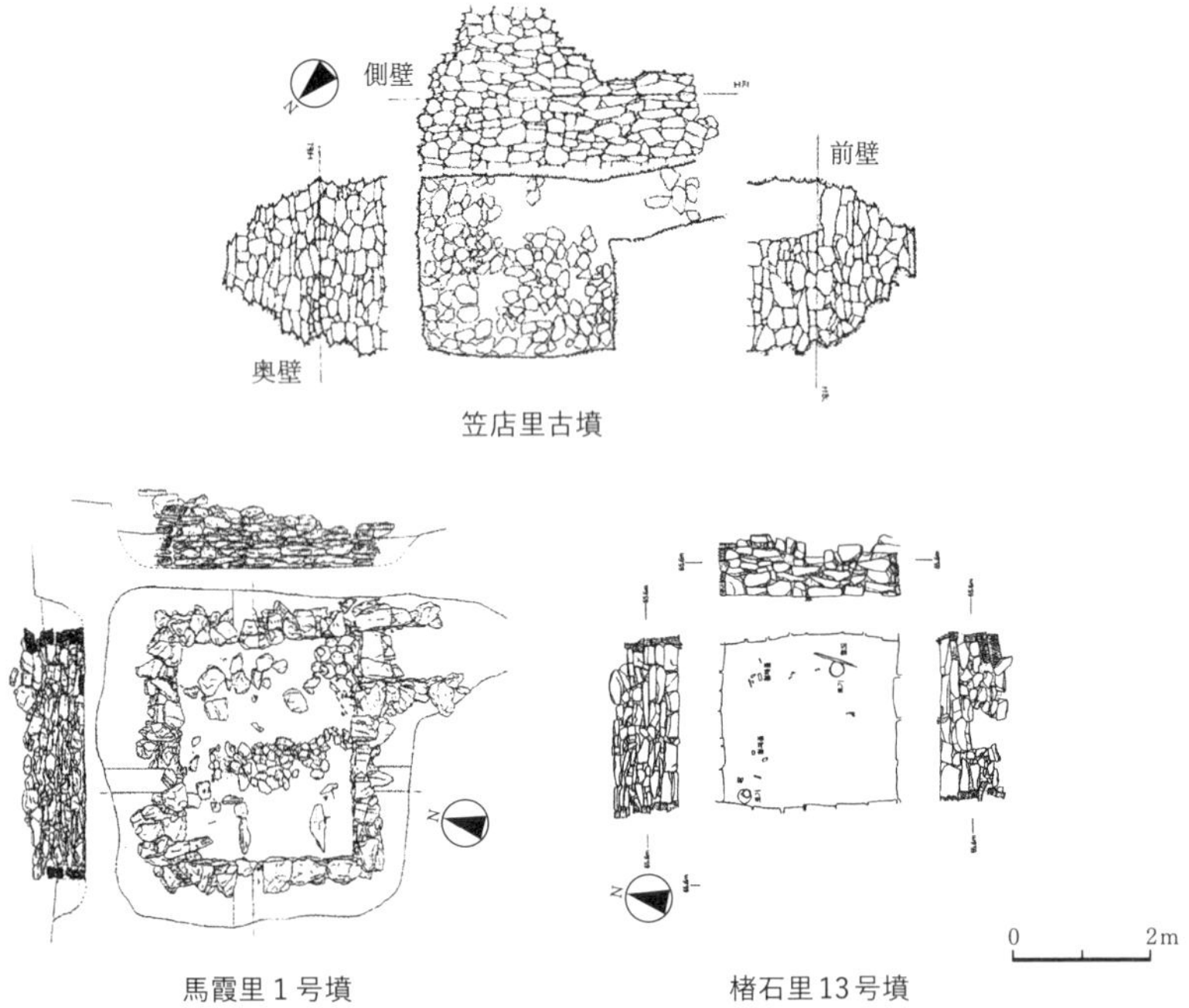

図13　漢城百済の横穴式石室

に築造されたものだという評価がある。両者は近接しており、一連の古墳群である。

一方、ソウル特別市南西方の華城《ファソン》馬霞里《マハリ》古墳群、錦江上流域の清原《チョンウォン》主城里《チュソンリ》古墳群、中・下流域の公州汾《ブン》江楮石里《ガンチョソクリ》古墳群、益山笠店里《イクサンイプチョンリ》古墳などにおいて漢城期に遡る可能性がある横穴式石室が確認されている。玄室の平面形は長辺と短辺の比率が一対一と正方形を呈するものから、一対二以上に達するものまでありさまざまだといえるが、いずれも羨道が片側に寄ってとり付く片袖式、板石を何段にも積みあげて天井部で急激に持ち送りをおこない、ドーム形の天井とするものである。また、羨道に塊石や土を積んで石室を閉じる方法も同じである。こうした特徴は、飛鳥にある横穴式石室と共通しており、それは飛鳥の横穴式石室の源流が漢城百済にあることを意味するものと考えられる。「飛鳥型」横穴式石室については、一二四ページで詳述する。

さらに、中国南朝から直接的影響をうけた墳丘をもたない地下式で、斜めに下る羨道をもつ漢城期の横穴式石室（窟式《くつしき》石室墳）もある。ソウル特別市内では牛鳴洞《ウミョンドン》一号墳、ソウル特別市南方の城南板校《ソンナムパンギョ》古墳群、錦江流域では後述する公州水村里《コンジュスチョンリ》四号墳や燕岐松院里《ヨンギソンウォンリ》遺跡の石室墳などがある。

漢城百済の支配領域

漢城百済の支配領域は、きわめて限定的なものだったのだろう。五世紀後半〜六世紀代に百済王権が支配拠点をおく錦江流域までは及んでいたとみられるが、それも徐々に伸長していったものであろう。中国製陶磁器の分布などからみて、その支配権が徐々に南に及び、五世紀後半の段階にようやく錦江より南側の益山《イクサン》に及んだと考えられる（朴二〇〇一、日本語訳二〇〇三）。

水村里古墳群や新鳳洞《シンボンドン》古墳群などのありかたから、百済の支配領域や日本列島との関係がみえてくる。

公州水村里古墳群の調査では、中国製の黒褐釉耳付瓶《こっかつゆうみみつきびん》、天鶏壺《てんけいつぼ》のほか、金銅冠帽や飾履《しょくり》、金製耳飾、儀杖に使用された鏟《さん》形鉄製品（サルポと呼ばれる朝鮮半島在来農具で、畔を切り水田に水を落とすときに用いられる）、銀象嵌《ぎんぞうがん》素《す》環頭《かんとう》大刀《たち》など王陵級の副葬品が出土し、注目を集めた。埋葬主体は土壙木槨《どこうもっかく》墓、横口式石室、横穴式石室などである。漢城百済の王族墓地という見方もあろうが、在地首長の墳墓であるとみるべきである。百済王権が介在して中国製陶磁器類や金銅製装身具などを入手したものであり（吉井二〇一〇）、その直接支配をうけていた人物なのか、あるいは一定の独立性を保持していたのかは意見が分かれるだろう。相当の権力をもっていた人物であることは疑いがない。

また、清州新鳳洞古墳群では、二〇〇基以上の土壙木棺墓・木槨墓が調査されている。在地の一般層を含んだ群集墓である。在地の土器のほか、百済中央部の土器が副葬されている。また、そのなかにわずかではあるが、日本列島産の須恵器が含まれている。また、鉄製品には馬具類、環頭大刀などのほか、日本列島産の三角板革綴短甲が出土している。この地域の人びとが倭人とかかわっていたことがわかる。倭人が、この地域で埋葬されたとみてよいだろう。しかし、その数はわずかである。同様に、漢城百済期の錦江流域地域・漢江流域地域から、日本列島へむけて百済人がやってきたことを示す考古資料は少ない。ただし、そのうちのいくつかは注目すべきものがある（**一一六ページ参照**）。

前述のとおり、益山より南の地域については漢城百済の支配が及んではいなかったと考えられる。むろん、研究者のなかには近肖古王時代にすでに朝鮮半島西南部をすべて支配したとみる立場もあるが、「馬韓残余勢力」（**一〇四ページ参照**）と呼ばれる在地層が割拠していたとみるのが妥当である。現在の行政区画では全羅北道《チョルラポクド》・全羅南道《チョルラナムド》であり、湖南《ホナム》地方と呼ばれるあたりで、本書では全羅道地域と呼ぶことにする。五世紀に飛鳥にやってきた渡来人を考えるうえで、もっとも重要な地域である。

百済の高官、木劦満致は蘇我満智か

漢城百済の滅亡

四七五年、漢城が陥落し、百済王権は支配拠点を失う。六世紀に聖《せい》《ソン》王が新羅真興《しんこう》《チヌン》王と結んで一時的に百済がこの地を奪還したとされるが、すぐに新羅の支配下に入る。ともかく、いったんここで百済は滅亡した。漢江下流域を支配領域の中心とした漢城百済の滅亡である。

『日本書紀』では雄略天皇二十年の条に『百済記』の引用があり、〝蓋鹵《がいろ》《ケロ》王の乙卯の年の冬、狛（高句麗）の大軍が攻めてきて、王城をせめること七日七夜で陥落し、ついに慰礼城を失った。このとき、国王・王母・王子たちは皆捕らえられてしまった〟と記載されている。

また、『三国史記』の『百済本紀』には、蓋鹵王二十一年九月の条に、高句麗の長寿王がみずから三万の兵を率いて漢城を包囲したという記載がある。

蓋鹵王は城門を閉ざし、高句麗軍を防いだ。七日間の総攻撃で城門が焼かれると、将兵の間には敗北感がみなぎり、降伏しようとするものがあらわれた。王は数十騎をひきつれ、西方へ逃れようとした。このとき高句麗の将軍再曾桀婁《チェジュンチョルル》・古爾万年《コイマンニョン》らは王をみて下馬して拝礼し、王を捕らえた。この二人はもと百済人で、犯罪を犯して高句麗に逃げこんだ人たちである。

これよりさき、長寿王は僧の道琳《どうりん》を密かに送って蓋鹵王を凋落していた。すなわち、道琳は蓋鹵王に近づき、王城・王宮の改修をさせるなどして国庫を枯渇させ、国民に税の負担を課して人心を離反させたのである。蓋鹵王は、子の文周に「自分の過ちのために民を苦しめた。高句麗に攻撃されても誰も助けてくれる者はないだろう。自分はここで国のために死のうと思うが、父とともに死ぬことはない。難を避けて王統を続けてほしい」とつげた。そこで、文周は木劦満致《もくらまんち》・祖弥桀取《そやけっしゅ》とともに南におちのびた。

とあり、門脇禎二氏の蘇我氏＝渡来人説はここからはじまる。

木劦満致は蘇我満智か

『三国史記』で南におちのびたという木劦満致が、『日本書紀』応神天皇二十五年（四一四？）の条に登場する百済の高官木満致《もくまんち》にあたり、それが蘇我氏の祖先系譜に連なる蘇我満智宿禰と同一人物と考えたのである。早くに、津田左右吉氏が木劦満致と木満致を同一人物とみる見解を示しており、門脇氏は新たな論拠で、ここに蘇我氏＝渡来人説を提起したのである。

しかし、これには反対論が多い。その論拠としては、要約すると次の三点があげられている。

●そもそも木劦満致は、漢城百済の滅亡で南におちのびたと記すだけで、倭まで到達したとは記されていない。

●その紀年に六〇年前後の差異があることや、木満致の父の出身地が任那であると考えられないことなどから木劦満致と木満致が同一人物とはみなしがたい。

●蘇我満智は平安時代およびそれ以降に成立した『公卿補任』や『紀氏家牒』などでは、蘇我稲目の曾祖父と位置づけられた人物であるが、『日本書紀』には履中天皇二年の条に一度の記載があるだけである。『古語拾遺』（八〇七年成立）の記載もあるが、そもそもその実在性が疑われる。文献の記載だけに頼るならば、蘇我氏＝渡来人説は簡単にくつがえってしまいそうである。

高井田山古墳

しかし、近畿地方にもわずかではあるが、漢城百済からの渡来人のものとみられる墳墓がある。とりわけ、そのなかに木刕満致や木満致の人物像と重なる百済高官のものとみても差し支えのない墳墓が、大阪府柏原市にある。

線刻壁画が描かれていることでも著名な横穴墓群が分布する高井田山《たかいだやま》古墳群の頂部付近に、高井田山古墳がある（**図14**）。直径二二メートルの円墳で、埋葬施設は横穴式石室である。石室内の須恵器は、大阪府堺市の陶邑《すえむら》窯跡群の高蔵寺《たかくらでら》地区二三号窯、あるいは四七号窯（ＴＫ23・47型式）の年代を示している。先述の「辛亥年」（四七一年）、「ワカタケル」（雄略）の文字が刻まれた鉄剣が出土した埼玉県稲荷山古墳からも同時期の須恵器が出土している。こうしたことから、古墳の築造時期は五世紀後半〜末にあてられる。

この時期の近畿地方は、実はまだ横穴式石室が普及していない。横穴式石室は、いうまでもなく大陸・朝鮮半島の墓制であり、北部九州には早い段階から導入されるが、近畿地方では渡来人集団あるいは北部九州地域の影響のもとでいちはやく採用している場合もあるが、定着しない。北部九州型横穴式石室と呼ばれ、玄室と羨道の間に大きな仕切りを設け、巨大な板石で入り口を閉塞することを特徴とする。玄室に腰石と呼ばれる大型の石材を採用することが多い。また、竪穴式石室に横口をとりつけたものを竪穴系横口式石室と呼ぶが、これも北部九州型の横穴式石室の一種である。朝鮮半島南部の洛東江流域および北部九州で定着した。つまり、近畿地方ではこの時期の横穴式石室というだけで、外来の影響であり、渡来人がもち込んだものということができる。

高井田山古墳の横穴式石室（**図15**）は、玄室の長さ三・七三メートル、幅二・三四メートルで、正方形に近い平面プランをもつ。奥壁からみて右側に袖部をもつ右片袖式で、横口部状の羨道を設ける。入り口は塊石で閉塞する。玄室の天井部は残っていなかったが、ドーム形の天井が想定できる。明らかに、

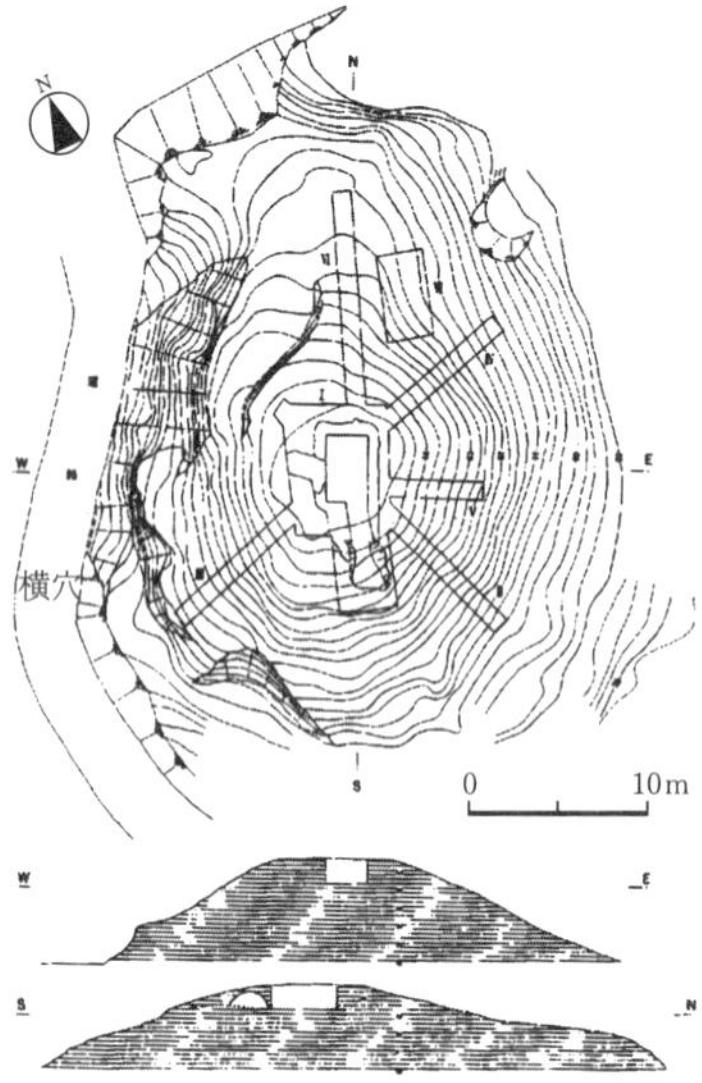

墳丘測量図

神人龍虎画像鏡

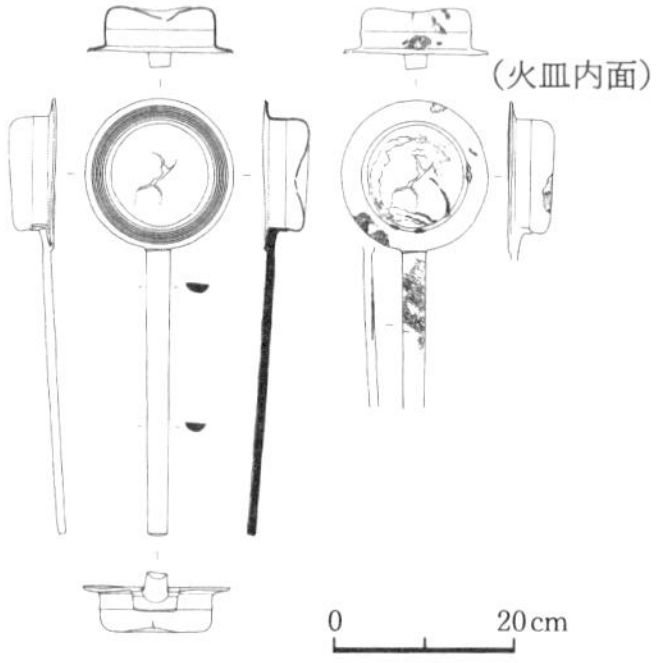

熨斗

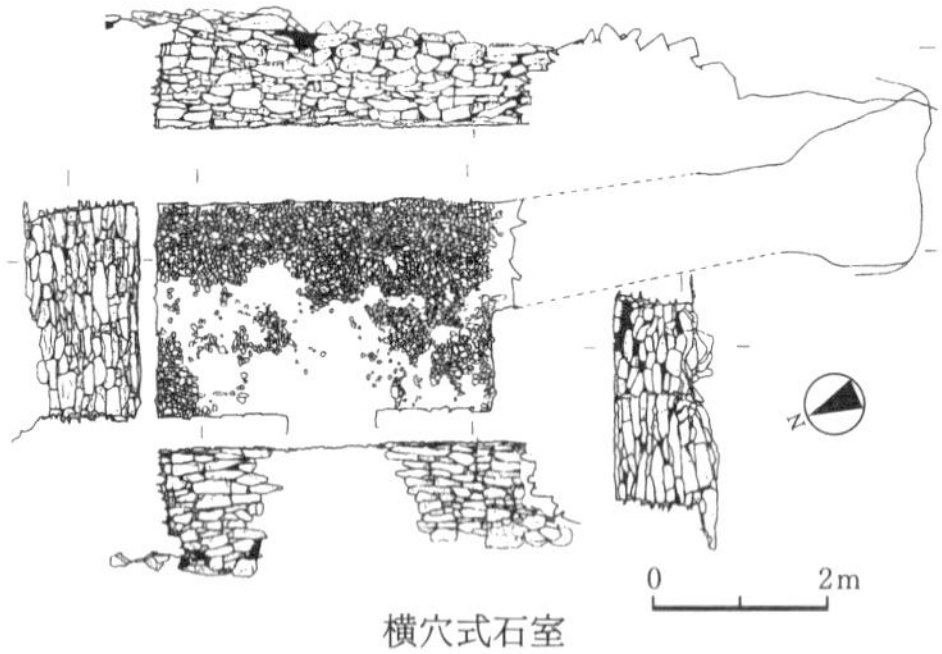

横穴式石室

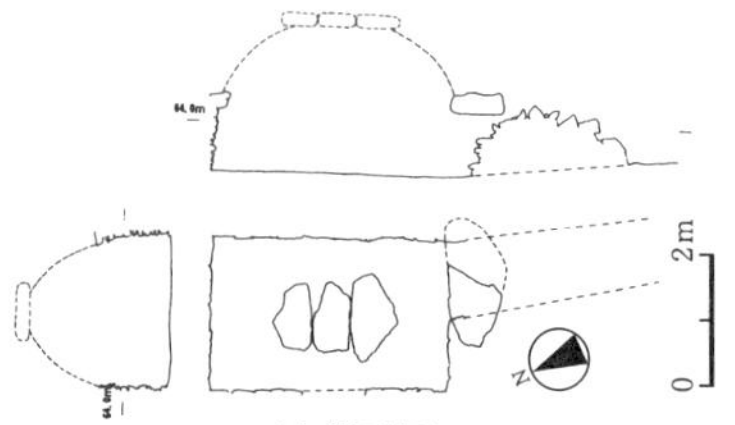

石室復元図

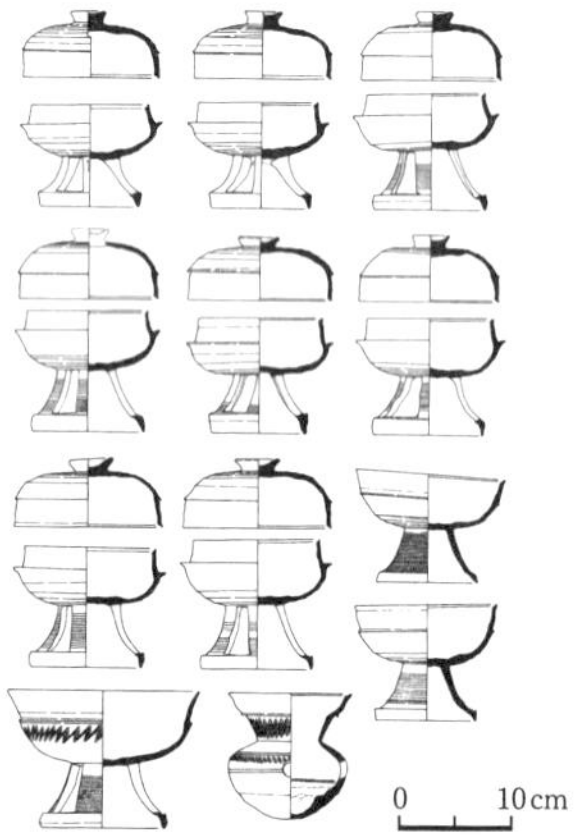

須恵器

図14　高井田山古墳の遺構・遺物

漢城百済の横穴式石室構造をそのまま取り入れたものである。片袖式・塊石での閉塞・ドーム型天井などの要素が共通するからである。漢城百済の滅亡後、百済では熊津（公州）を新しい支配拠点とし、その王陵や王族の古墳の埋葬施設は、漢城百済の横穴式石室の特徴をそのまま受けついだ宋山里《ソンサンリ》型横穴式石室を採用する。高井田山古墳の横穴式石室は、年代的にはこの宋山里型横穴式石室の影響をうけているとみてもよい。

図15　高井田山古墳の横穴式石室

石室内に鎹《かすがい》で組んだ二基の木棺を配置し、周辺に土器を配置していることも渡来文化である。これらの土器は、すべてが国産の須恵器であるが、近畿地方で横穴式石室内に土器をもち込んだものとしては最古の事例のひとつである。それまでの風習ではまったくみられない新しい思想がここにある。

一方、中国南朝から倭の五王に贈られたと考えられている同型鏡群の一型式である神人龍虎《しんじんりゅうこ》画像鏡が出土している。また、横矧板鋲留衝角付冑《よこはぎいたびょうどめしょうかくつきかぶと》、頸甲《あかべよろい》、肩甲《かたよろい》、小札《こざね》など甲冑や、鉄鎗などの武器・武具類なども副葬されていて、被葬者が相当の上位階層にあった人物であることもわかる。さらに多量の鉄製矛と石突《いしづき》、鉄製鐙《あぶみ》・轡《くつわ》などの馬具類の副葬、金製耳環、青銅製熨斗《のし》、金層ガラスなどの朝鮮半島系の遺物から、被葬者が高位を占めた百済系の渡来人であったことは確実で、木劦満致や木満致と人物像は重なる。しかし、彼らが倭国内で埋葬されたかどうかはわからない。さらに、高井田山古墳を蘇我氏と結びつけることは不可能である。なぜなら、この古墳は蘇我氏とかかわる地域に築造されていないからである。

実は、私も蘇我氏の出自が百済高官であったとは考えていない。六〜七世紀における倭と百済との関係は蜜月であり、蘇我氏の出自が百済高官であったとするならば、それはなんらかの形で直接的な史料が残ったであろう。高井田山古墳は大和川の交通上の要地にあることから、その被葬者はヤマト王権（大王）とかかわった百済高官であると考えられる。

一方、蘇我氏の出自として考えられるのは、全羅道地域を故地とする渡来人である。それは五世紀において「国家」への明確な帰属意識をもっていなかった人びとであって、蘇我氏が権力基盤とした飛鳥へやってきた〝無名〟の——もちろん、そのなかには古墳を築造するような権力者も含まれるのではあるが——渡来人たちであった。

それでは蘇我氏と直接のかかわりは考え難いが、新羅と伽耶諸国の情勢をみておこう。

新羅

新羅の支配拠点

前述のとおり、五世紀の朝鮮半島南部には複数の大河川流域を占めるような広大な地域の支配を実現した国家は存在しない。

七世紀に朝鮮半島の統一をなしとげた新羅は、東南部の金城《クムソン》（慶州《キョンジュ》）を支配拠点にしながら、五〜六世紀代は高句麗・百済や伽耶諸国と交戦をくり返していた。朝鮮半島各地には古代山城が残るが、高句麗・百済と戦闘するために四七〇年に築造されたという忠清北道報恩郡《チュンチョンボクドポオン》の三年山城《サムニョンサンソン》は名高い。百済の領域であった漢江中・上流域や、伽耶諸国が群立していた洛東江下流部を完全な支配領域とするのは真興《しんこう》《チヌン》王《おう》の時代、六世紀中葉のことである。

新羅は、三世紀の三韓（辰韓・弁韓・馬韓）のうちの辰韓が発展したものと考えられている（井上一九七二）。弁辰・辰韓は、一二カ国からなり、二八〇年と二八一年、二八六年の三度にわたり、西晋に朝貢をおこなっている。（『晋書』）。その後、三七七年に新羅が、五胡十六国時代における華北の覇権を握った前秦に、高句麗とともに朝貢をおこなう。さらに、三八二年、新羅国王楼寒が、使者衛頭を前秦に遣わして、美女を献じたという。

新羅の王は、その支配拠点である慶州に次々と王陵を築いた。墳丘基底部に埋葬施設を築いた積石木槨封土墳と呼ばれる構造である。木槨内にきらびやかな黄金の冠・帯・垂飾付耳飾りなどの装身具を身

図16　朝鮮半島の新羅関連遺跡

にまとう被葬者、金銅装の馬具・大量の鉄鋌《てってい》などの財物をおさめて、その全体を石でおおう。皇南大塚、天馬塚、金冠塚、金鈴塚などがある慶州古墳公園を訪れた方は少なくないはずだ。

日本列島の古墳との決定的な違いは、墳丘基底部に埋葬施設が築かれ、その上に高い盛土がなされていることだ。発掘をするためには封土（盛土）をすべてとり除く必要がある。それで、盗掘にあわず、きらびやかな副葬品が残されていたのである。

墳丘を先に築くものを墳丘先行型、新羅の古墳のように最後に墳丘を築くものを墳丘後行型という（吉井二〇一〇）。墳丘後行型の例は、後述する伽耶諸国の大伽耶（加羅）でも盛行する。日本列島で墳丘後行型の古墳がみつかれば、朝鮮半島の影響をうけたものである可能性が高い。

倭と新羅の関係は、倭と蜜月関係にあった百済と敵対することからみて、決して良好とはいえず、新羅の高官が倭で墳墓を築くといったようなことはなかったとも思えるだろう。

しかし、奈良県橿原市の新沢千塚《にいざわせんづか》一二六号墳の被葬者像は、その考えをくつがえす。

新沢千塚一二六号墳

新沢千塚古墳群は、約五〇〇基の古墳が集中して造営された群集墳である。一二六号墳は丘陵頂部に築かれた一基で、東西二二メートル、南北一六メートル、高さ一・五メートルの長方形墳である。腰高の円墳が多いなかで、低平な長方形墳は外形的には少しだけでは異質な面をみせていた。古墳の築造時期は、新沢千塚古墳群築造の盛期である五世紀代におくことが妥当である。

埋葬施設は、刳抜式の木棺を直葬したものである。被葬者は、きらびやかな金・銀製の装身具を身にまとっていた。頭部には金製の透彫の方形龍文飾金具をとり付けた冠帽、金製螺旋《らせん》状髪飾、金製垂飾《すいしょく》付耳飾などをつけ、両腕・両手には金銀製の腕輪と金銀製の花弁形・螺旋状・環状指輪をつけ、腰には

図17　新沢千塚126号墳の埋葬施設復元イメージ

金銅製の三葉形透かしと花弁形垂飾をもつ帯金具をとりつけた帯をまいていた。さらに、三八四点の金製歩揺が出土しており、それを縫い付けた衣服を身にまとっていたか、あるいはそれを縫い付けた布をかぶせたと考えられる。

さらには副葬品として、銅鏡が頭の下、コバルトブルーのガラス皿に載せられた杏《あんず》形の装飾を施した透明のガラス碗、大刀が被葬者のかたわらにあった。また、棺外の仕切り板北側には、木箱におさめられた極彩色の四神を描いた漆盤、青銅製熨斗《のし》が出土している。

ササン朝ペルシャ製と推定されるガラス碗という華奢で稀少な舶来品を保有し、新羅系の装身具を身にまとい、倭製や朝鮮半島製の副葬品をおさめた被葬者は、新羅でも相当の高位を占めた人物であると考えられる。

私はかつて百済・伽耶王族との関連を考えたこともあった〔坂二〇〇九〕。しかし、この被葬者はやはり新羅王権を代表するような人物であり、倭との交渉を有利にすすめるように新羅から倭に送られた人質〔高田二〇一四〕ととらえることも可能である。蘇我氏が飛鳥の渡来人であるという私の立場からすれば、新沢千塚古墳群が、飛鳥に近いところにあり、また、新沢千塚古墳群の南側の貝吹山周辺に六世紀代の渡来人にかかわる墳墓が次々と築造されることからみて、この被葬者こそ、蘇我氏の出自にかかわる人物であるということもできる。しかしながら、そうであればなおのこと、文献資料になんらかの形で残っているはずであり、やはり、蘇我氏とかかわるとはみなしがたい。そう考えると、新羅王権の代表者というよりも、そこからは疎外された地位の高い人物であると考えられる。また、埋葬された新沢千塚古墳群は、後述するようにのちに大伴氏と呼ばれたヤマト王権の軍事的集団の墳墓であって、そうした集団にとり込まれた新羅高官であったと考えられる。

新羅と倭の交渉

倭から新羅に渡ったもの

四～五世紀の新羅中心部の慶州において、わずかではあるが倭系遺物が出土している〔井上二〇一四〕。月城路古墳群《ウォルソンロ》において、石釧《いしくしろ》や土師器系土器が出土している。四世紀代から倭と交渉があったことの証しである。これらはこの場所に定着した倭人の足跡であるとみてよいだろう。さらに、五世紀代の王陵や小規模古墳において、ヤコウガイやイモガイなど南海産の貝を使用した容器や馬具、倭製の鏡の出土がある。倭系遺物として位置づけされてはいないが、新羅王陵の冠にとりつけられた硬玉（翡翠《ひすい》）製勾玉、これもまた日本列島産である。翡翠は朝鮮半島に産地はなく、日本列島の糸魚川（姫川）の特産である。いずれも、舶来品をとり入れた、新羅王権の威勢を示すものとして位置づけることができる。

新羅から倭に入ってきたもの

五世紀の新羅から倭に渡った渡来人が残したものとして、鉄鐸《てつたく》がある。幅一〇センチ以下という鉄板を円筒状または円錐状に巻いて、その中に仕込んだ舌と呼ばれる鉄棒で軽やかな音を鳴らす祭器である。帯などにつけたり、杖などにとりつけたりしたと考えられている。五世紀代の朝鮮半島では、大邱《テグ》広域市や達城郡《タルソン》など新羅の中心部というより、その周辺地域からの出土例が多い。洛東江中・下流域での出土もあるが、六世紀中葉以降の新羅による支配が実現してからのちに古墳に副葬される。五世紀の日本列島では、福岡県・岡山県・兵庫県の小規模古墳から出土している。鉄鐸は日本列島ではほとんどみられず、またその習俗は定着しないものであって、ヤマト王権の外縁にあった個別の地域集団が、新羅王権とはかかわりのない一般層を迎えたものであろう。

また、奈良盆地にも新羅系渡来人の痕跡がわずかではあるが残っている。遺跡から出土する韓式系軟質土器がその証拠となる。生活に使用された土器は朝貢、交換財、威信財などに使用された宝器とは異なり、それがそこにあるだけで渡来人集団が存在した証明となる。

韓式系軟質土器

韓式系軟質土器とは、朝鮮半島由来の土器のうち、赤褐色に焼成されたものを指す。前述の三韓系土器（三四ページ）も含むが、出土量が圧倒的に多いのは三国時代の土器と同様の器形、製作技術をもつ土器である。器形としては、甑《こしき》・長胴甕《ちょうどうがめ》・平底鉢・壺などであり、製作技術として格子文、縄蓆文《じょうせきもん》、鳥足文《ちょうそくもん》、平行文などの文様を刻んだ板で土器の表面を叩きながら成形する「タタキ」が施される。竈《かまど》で長胴甕を使って湯を沸かし、甑で米を蒸して食べるという朝鮮半島南部から伝来した新しい生活様式が、日本列島にも強い影響を与えた。渡来人集団がこれまでの生活様式を革新させたのである。朝鮮半島の地域や時期ごとで器形や製作技法に特徴があり、日本列島で出土した韓式系軟質土器は、渡来人の故地を知るうえでの重要な手掛かりになる。

天理市の乙木《おとぎ》・佐保庄《さほのしょう》遺跡や御所市の名柄《ながら》遺跡で出土している平行文のタタキを施し、底部が丸く、筋状の蒸気孔を穿った甑は、新羅の領域が故地である。新羅からの渡来人を示す土器はきわめてめずらしい。乙木・佐保庄遺跡は、「おおやまと」古墳群の北方にあり、ヤマト王権と直接かかわる集落遺跡、名柄遺跡は葛城氏の支配拠点である。そこに新羅系渡来人が存在していた意味は決して小さくないとい

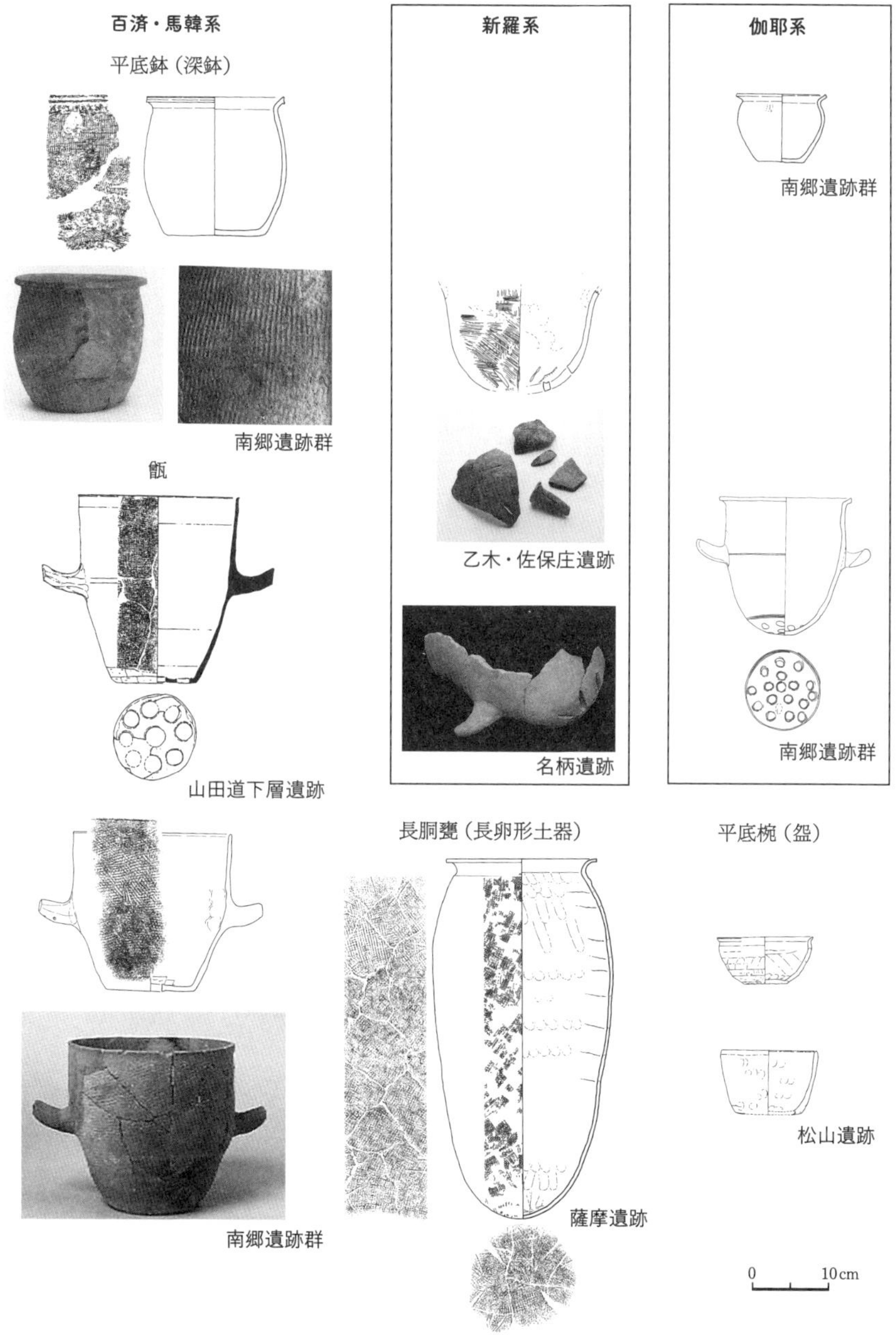

図18　奈良盆地出土の韓式系軟質土器

えるだろう。ただし、これらの渡来人が、もとより新羅王権に帰属意識をもっていたとは考え難い。

葛城氏と新羅系渡来人

葛城氏の領域からは、多数の韓式系軟質土器をはじめとする渡来人にかかわる遺物や遺構が検出されているが、新羅系渡来人にかかわる資料は、名柄遺跡出土の一点に限られる。

『日本書紀』神功皇后摂政五年の条に、

> 葛城襲津彦が、新羅に行き蹈鞴津《たたらつ》（釜山）に宿泊し、草羅城《さわらのき》（慶尚南道梁山《キョンサンナムドヤンサン》）を攻め落とし帰還した。このときの俘人《とりこ》らが高宮・桑原・忍海《おしみ》・佐糜《さび》の四邑の漢人の始祖である。

とあり、葛城氏は渡来人を麾下におき、その技術力・生産力をその権力の源泉にしたことは、間違いがないところである。しかしながら、新羅との戦闘を契機とした捕虜であったとは考え難い。

葛城氏のもとにあった渡来人の出自は、後述するように洛東江以西の伽耶諸国や栄山江流域を中心とした全羅道地域である。この記事に書かれているのとは、まったく別の地域である。小国が乱立し、盛んな対外交渉がおこなわれるかたわらで、国家への帰属意識が明確でない人びとが大勢いた。そして、先進的な技術や思想をもっていたのである。葛城氏はその支配領域のなかに、そうした人びとの居住地や埋葬地を好待遇で与え、その先進技術や思想を手に入れたのである。

伽耶諸国

乱立する小国

洛東江下流部・河口部や南海岸地域には、小国が乱立していた。伽耶諸国である。統一されたことはなく、六世紀半ばまでにすべて新羅に併合された。

『魏書』韓伝では、弁韓一二カ国であるが、辰韓と重なり合っており、弁辰あわせて二四カ国である。そのうち狗邪《くや》国が金官で金海《キメ》、安邪《あや》国が安羅《あら》の咸安《ハマン》、古資弥凍《こしやとう》国が固城《コソン》、不《ふ》斯《し》国が比自体《ひしほ》の昌寧《チャンニョン》など、歴史環境をふまえたうえで、現存の地名から比定される。

さらに、好太王碑文には、任那・加羅と安羅がみえる。また、『日本書紀』神功皇后摂政四十九年の条には、比自体・南加羅《ありひしのから》・喙国《とくのくに》・安羅・多羅《たら》・卓淳《とくじゅん》・加羅《から》の七カ国を平

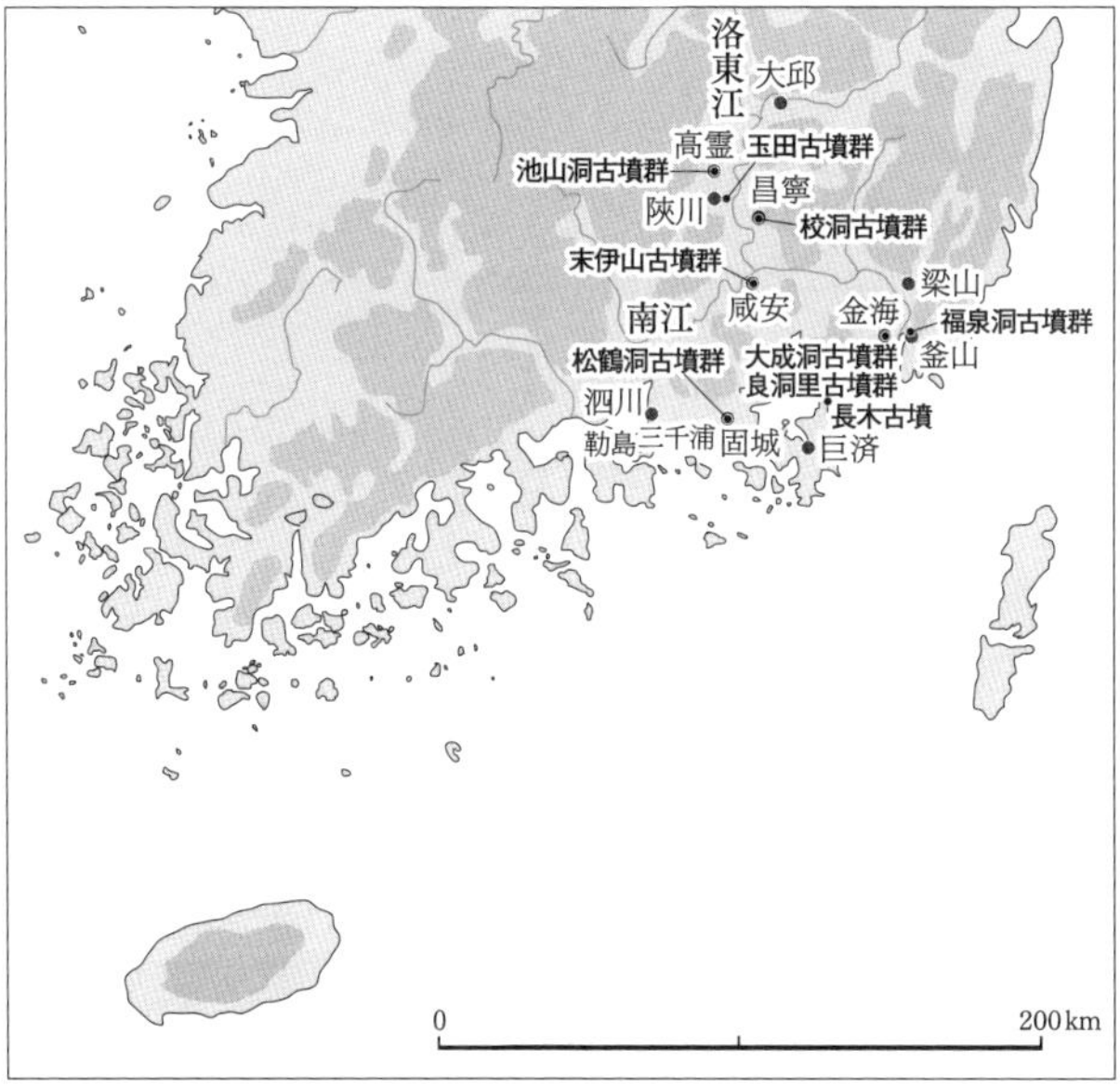

図19　伽耶諸国の関連地名と遺跡

定したという記事がある。比自炑は五六一年の昌寧真興王拓境碑（昌寧碑）では比子伐《ひしばつ》、『三国史記』地理志では比自火（昌寧郡）とされている。南加羅は『三国史記』地理志の「金海小京、金官国（一云伽羅、一云加耶）」の記載から金海、喙は慶山《キョンサン》（押梁）、安羅は、『三国史記』地理志の阿尸良国、阿那加耶にあたり咸安、多羅は『三国史記』地理志から陜川《ハプチョン》、卓淳は喙淳、達句火にあたり、『三国史記』地理志の記述から大邱《テグ》、加羅は高霊《コリョン》に比定される。

さらに、欽明天皇二十三年の条の任那《みまな》滅亡記事のなかで、ある本に曰くとして二十一年に任那滅亡とし、かつて任那に、加羅国・安羅国・斯二岐《しにき》国・多羅国・卒麻《そちま》国・古嵯《こさ》国・子他《した》国・散半下《さんはんげ》国・乞飡《こちさん》国・稔礼《にむれ》国の合計一〇カ国があったと記載されている。

『三国遺事』では、巻一で五伽耶とし、「安羅（耶）伽耶（今の咸安）・古寧伽耶（今の咸寧《ハンニョン》）・大伽耶（今の高霊）・星山伽耶（今の京山、一に言う碧珍）、小伽耶（今の固城）とする。また、本朝史略にいうとして、太祖天福五年庚子に、五伽耶を改め、金官（金官府とす）、古寧（加利県とす）、非火（今の昌寧、おそらく高霊の訛）、阿羅、星山（同前の星山あるいは碧珍伽耶）」をあげている。

多数の国名があって、まずは、それぞれの「国」に実態があるかどうかが問われる。そして、これらの個々の独立性も問われる。いずれにせよ、六世紀半ばまでに消滅した国家形成期における小国群であり、高句麗・百済・新羅・倭と同列で論じることはできない。

六世紀半ばの新羅による併合まで、これら小国群に対し、高句麗・新羅と百済・倭が個々にあるいは相互に連携しながら交渉した。倭とは、もっとも地理的に近い場所であり、ヤマト王権ばかりでなく、葛城氏、吉備政権とかかわる倭人や、必ずしも帰属意識が明瞭でない多くの倭人たちが海を渡り、この場所に到着する一方で、倭の各地にむけこの場所から多くの渡来人がやってきた。これを、国家間交渉ととらえることはむずかしい。

ところで、任那は、好太王碑文では「任那加羅」、倭王武の叙位では「倭・新羅・任那・加羅・秦韓・慕韓六国」などとほかの諸国と併記された国名で、本来は朝鮮半島南部の一地域名の呼称である。そうしたなか、『日本書紀』では伽耶諸国および全羅道地域の広い範囲を含んだ呼称として使用されている。さらに『日本書紀』では、神功皇后や応神天皇などの早い段階に、朝鮮半島南部に対し広域支配を実現し、「日本府」、「県」などの行政組織をおき、「調」を徴税したように記述されている。もちろん、それぞれその時代にあったはずのない名称が付せられたもので、潤色記事であることは明らかである。

ここまで述べたように、五世紀において倭（ヤマト王権）、百済、新羅のいずれも広域支配は達成しておらず、ヤマト王権はその足元すら危うい状況にあった。六世紀においては、百済と倭が文字どおり、蜜月関係となるわけだが、その両者をつなぐような役割を担った人びとの遺跡が伽耶諸国や全羅道地域にあたる場所に散在している。『日本書紀』の六～七世紀の記事は、滅亡の憂き目にあった任那や百済を復興するための画策と、それをとり巻く人間関係であふれている。蘇我氏がそれぞれの場面で中心的な役割を担ったのは当然のことである。

それでは、伽耶地域の情勢をそれぞれ地域別にみていこう。

金海・釜山

狗邪国・金官・南加羅

洛東江河口部西岸の金海は、国際空港のある都市だ。空港に降りたって、韓国第二の都市釜山に向かうにはまず、この金海から鉄道に乗って、東岸にたどりつくまで約三〇分ほどである。

金海には、二〜四世紀に盛期をもち、多量の金属製品や土器を埋納した良洞里《ヤンドンリ》古墳群や大成洞《テソンドン》古墳群がある。金海にあった小国家の名称が「狗邪（韓）国」、「金官」、「南加羅」である。良洞里古墳群・大成洞古墳群内にはその王陵として評価される墓がある。ただし、王陵といっても支配領域はせまく、在地首長墓といったほうがよいかもしれない。いずれも大型木槨墓を埋葬施設とし、鉄素材である鉄鋌や板状鉄斧、馬具、陶質土器を多量に副葬する。加えて、後漢鏡・銅鍑《どうふく》・五銖《ごしゅ》銭などの中国製品と、日本列島産の石製鏃、巴形銅器（盾の前に貼り付け、その文様で威嚇する渦巻形の銅製品）を副葬するものがある。また、日本列島産説（山田二〇〇〇）と、朝鮮半島産説（申一九九三・田中一九九八）の両説がある筒形銅製品（儀仗や武器の下端を飾る円筒形をした銅製品。音を鳴らすための舌をとりつけたり、方形の穴を表面に穿ったりする）が多量に出土している。

洛東江東岸の釜山には四〜五世紀に盛期をもち、竪穴式石槨に多量の鉄鋌や武器・武具・馬具や馬冑《ばちゅう》などを副葬した福泉洞《ポクチョンドン》古墳群や蓮山洞《ヨンサンドン》古墳群がある。このようなことから、洛東江をまたいで両岸の金海と釜山に個別の勢力圏をもった在地首長が存在していたと考えられる。ただし、両地域の様相には共通する要素も多い。土器の組み合わせ方や、土器を生産した窯なども共通していて文化圏は同じである。金海の勢力は、四世紀のうちに勢力は衰えたのに対し、釜山の勢力はそれに代わって力を増大する。

この両地域とかかわる筒形銅器・巴形銅器、鉄鋌、板状鉄斧などの資料は、一部研究者によってきわめて政治性の高いものとしてとらえられてきた。とりわけ、金官伽耶とヤマト王権の国家間関係による外交交渉の成果であるという説（朴二〇〇七）が有力となってきている。しかし、私は、弁韓・辰韓の特産品である鉄を媒介に対外交流をおこなった在地の首長と、ヤマト王権や地方首長との間の個別交渉であったととらえている。とりわけ、ヤマト王権は渡来人を介在させながら、この交渉をおしすすめたことによって倭国内で優位に立ち、王権を伸長させていくのである。

大和六号墳の鉄鋌

ここで、鉄鋌の問題について、少しみておきたい。

鉄鋌の研究は、『日本書紀』の記述と関連づけて、朝鮮半島南部の征服を経てこれを獲得したものだということからはじまり（森一九五九）、その生産地や用途をめぐって論争がつづいている。ヤマト王権が鉄をどのように獲得したかを考えるうえで、鉄鋌と、この地域やヤマト王権とのかかわりは欠かせない問題である。いまや、『日本書紀』の記述のままにこのことを論じる研究者はほとんどいなくなったが、どのようにして鉄鋌が入手されたかについては見解がわかれるところである。

奈良盆地北部に位置する佐紀古墳群の大型前方後円墳であるウワナベ古墳（墳丘長二五五メートル）のすぐ北側にある大和《やまと》六号墳（直径二五メートルの円墳）は、ウワナベ古墳とほぼ同時期の五世紀前半に築造された副葬品格納用の陪冢だ。陪冢といっても人体埋葬があったかどうかは不明で、多量の鉄製品と滑石製の農・工具を納めた施設が墳丘の頂部から検出された。

とりわけ、八七二枚に及ぶ鉄鋌は圧巻である。もちろんその量は、日本列島でもっとも多い。長さ一二〜一五センチ、幅二〜三センチほどの小型鉄鋌が五九〇点、長さ三〇〜四〇センチ、幅七〜一一センチほどの大型鉄鋌がそれぞれ何段にも金塊を積むように重ねた状態で出土した。その産地をめぐって、朝鮮半島産とする説には金官伽耶説と新羅説があり、さらに成分分析から中国産説や製作技術論からみた日本列島生産説、また折衷説もあり、議論がたたかわされてきた。

そうしたなか、近年刊行された発掘調査報告書で、大型鉄鋌は、さまざまな材質的特徴をもった小形

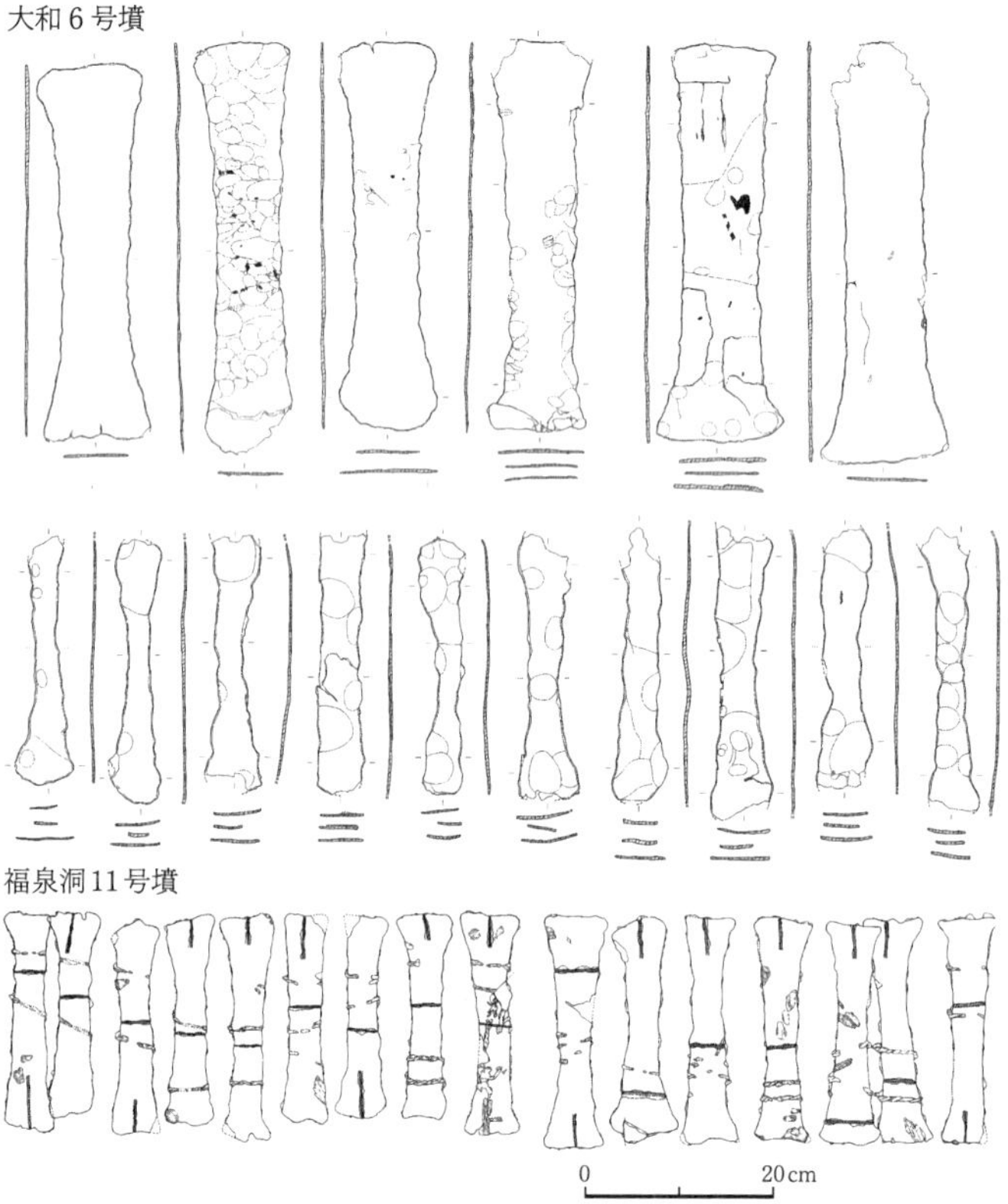

図20　大和6号墳と福泉洞11号墳の鉄鋌

の薄板や鉄鋌を鍛接して急造したものであることが明らかになった〔宮内庁書陵部陵墓課二〇一七〕。古墳近傍に鍛冶工房がいくつかあって、そこで鍛接作業をして、この大型鉄鋌を製作したというのだ。古墳に埋納するため、みせかけの大型品がつくられたわけである。

しかし、素材となった薄板や鉄鋌の産地がどこであったか、その結論はまだ出てない。金海や釜山周辺で出土している鉄鋌の量やその質からみて、この地域とのかかわりはやはり見過ごすことができない。日本列島で鉄生産がいつからはじまったのか。これも長い論争がある。しかし、鉄鉱石や砂鉄から鉄を生産する本格的な鉄生産は、六世紀後半以降にならないとおこなわれなかったとするのが一般的である。それ以前の製鉄遺跡は発見されていないからである。古墳時代に盛んにおこなわれたのは、鉄素材を鍛錬することにより鉄器生産をおこなう、鍛冶生産であった。

鉄鋌の用途については、それが製品としてのすがたを示していることや、鍛冶の原材料としてはすぐに活用できないところから、交換財として使用されたという貨幣説や、埋葬に際して特注された葬具説も提示されている。しかし、鉄鋌を折り曲げてつくったミニチュアの農・工具、武器などがあり、鉄素材としても活用されていたことは明らかである。加えて、大和六号墳の鉄鋌は、先にみたとおり鍛冶工房で鍛接されたものだ。この埋納量からして佐紀古墳群の被葬者の威勢を物語るものであるばかりでなく、鍛冶生産との強いかかわりを示すものである。

大和六号墳では鉄鋌に加え、五七四点ものミニチュア農・工具が出土している。鉄斧・鍬先・鎌・刀子・鉇《やりがんな》などさまざまな形態である。中には小型鉄鋌をそのまま裁断しただけのようなものも存在する。実はこうしたミニチュア農・工具は、渡来人の鍛冶集団と密接にかかわるものだ。洛東江中・下流域、全羅道地域の古墳では、ミニチュア農・工具が出土する一方で、奈良盆地各地の渡来人に関連する遺跡や古墳でも出土する。
以上を総合するなら、大和六号墳の鉄鋌の生産と副葬には、被葬者と渡来人の鍛冶集団との強いかかわりがあることは明らかであり、その入手にあたっても渡来人が深く関与していたと考えられる。

纒向遺跡と渡来人

ところで、奈良県には金海・釜山あたりを出自とする渡来人の痕跡がある。纒向《まきむく》遺跡の韓式系軟質土器である。上半分には韓式系軟質土器の特徴である縄蓆文《じょうせきもん》タタキが施され、下半分には日本列島在来の土師器の製作技法であるハケが認められる。ハケというのは、土器の表面を板でこすった痕跡である。板木口の柔らかい部分（年輪と年輪の間の白い部分）に刻みをいれることによって、土器の表面に刷毛で掃いたような痕跡が残るものだ。弥生土器・土師器で一般的にみられる。このような、朝鮮半島と日本列島の技術が混在するものは、五世紀の遺跡では一般的にみられるものだが、三〜四世紀の遺跡ではめずらしい。

金海・釜山あたりの二〜三世紀の遺跡で、このような土器が認められることがある。これは、この地域の特徴ともいえるもので、この時期の日本列島とこの地域のはげしい交流を物語るものだ。

纒向遺跡では、製作途中の鉄鏃や、鉄素材を高温で溶かすため、風を送る道具である鞴《ふいご》の先につけた土製の羽口《はぐち》などとともに、韓式系軟質土器や陶質土器が出土している。陶質土器は、窯で焼かれた灰色を呈する朝鮮半島南部産の土器の総称である。日本列島では、五世紀に須恵器生産がはじまるまで、こうした灰色の土器は生産されていないので、すぐにそれが外来のものだとわかる。この陶質土器は、破片なので産地の同定にはいたらないが、状況証拠からみてやはり洛東江河口部で生産されたものだろう。

つまり、纒向遺跡では、洛東江河口部からやってきた鍛冶集団が、鉄鏃などをつくっていたと考えられる。この場所では大型の鉄刀などの生産はまだおこなわれてはいなかった。

移動式竈

一方、金海・釜山あたりは、日本列島の土師器の形態的・技術的特徴をもつ土師器系土器が集中する。倭人の痕跡である。金海大成洞《テソンドン》古墳群・礼安里《レアンリ》古墳群・鳳凰台《ポンファデ》遺跡・府院洞《プインド》遺跡、釜山福泉洞古墳群・華明洞《ファミョンドン》古墳群・東萊《トンネ》貝塚などである。このうち、金海鳳凰台遺跡・礼安里遺跡・府院洞遺跡などで実用の移動式竈《かまど》が集中して出土している。

移動式竈は竪穴住居などに造りつけられた竈とは異なって、文字どおり、あちこちに移動できる竈である。朝鮮半島南部の竈が日本列島の生活様式の革新に大きな影響を与えたことは前述したとおりだが、実用の移動式竈の出土例は朝鮮半島には少ない。一方、日本列島においては、朝鮮半島から移動式竈が導入されたのち、しばらくの間をおいて、七世紀代以降の都城遺跡や集落遺跡で多量に出土し定着する。

大阪府四条畷市の蔀屋北《しとみやきた》遺跡は、五世紀の栄山江流域を中心とした全羅道地域を故地とする馬飼集団の渡来人集落として著名であるが、移動式竈と羽釜を組み合わせた韓式系軟質土器の出土もあり、洛東江河口部の金海周辺を故地とする渡来人も含まれていた可能性がある。

ミニチュア炊飯具の副葬

六世紀以降の日本列島の古墳や祭祀遺跡においてミニチュア竈と甑《こしき》や羽釜、鍋などを組み合わせた炊飯具のセットが出土することがある。実用の移動式竈、甑、羽釜、鍋を古墳の副葬用にミニチュア化したものである。この古墳から出土するミニチュア炊飯具のセットは、渡来人の証しであると説明されることが多い。六世紀代の近畿地方の滋賀県、大阪府、奈良県の渡来人居住地の近傍にある特定の古墳群から出土するからである。奈良県の六世紀代の飛鳥の古墳においては、ドーム形天井の横穴式石室のなかに、ミニチュア炊飯具が副葬されており、東漢氏《やまとのあや》と関連づけられてきた。東漢氏は、蘇我氏のもとにあった渡来人集団である。

飛鳥の古墳のなかに飛び抜けて大きい石室をもつ古墳がある。渡来人のリーダーの古墳だ。真弓鑵子《まゆみかんす》塚《づか》古墳の横穴式石室は、日本列島でも屈指の四・七メートルという高さをもつ。この規模をみるだけでも、強大な力をもつ権力者でないと築けないことは、誰の目にもすぐにわかる。やはりミニチュア炊飯具の副葬があり、渡来人の墓と考えられる。蘇我氏が、渡来人のリーダーであったことは間違いがなく、これこそ私は、蘇我氏の墳墓であると考えている。この真弓鑵子塚古墳のことはあとでくわしく述べるが、もし、この仮説でいくとするなら、金海周辺も蘇我氏の故地の有力候補となる。

ところが、話はそう簡単ではない。金海・釜山周辺では古墳からミニチュア炊飯具の出土がないのである。また、前述のとおり遺跡から実用の移動式竈が出土すること自体が稀であり、金海・釜山周辺以外では、百済地域の益山王宮里《イクサンワングンリ》遺跡、唐津城山里《タンジンソンサンリ》遺跡などで移動式竈の出土例が知られるのみである。また、こうした移動式竈を古墳に副葬する風習は、新羅の領域である浦項冷水里《ポハンネスリ》古墳、慶山林堂《キョンサンイムダン》D—Ⅱ—二一五号墳などに限られる。

ミニチュア炊飯具の副葬については、最近まで百済の領域に含まれる錦江下流部の群山余方里《グンサンヨバンリ》八二号墳の一例だけが知られるだけであった。二〇一七〜一八年にソウルのすぐ南の河南甘一洞《ハナムカムイルドン》の横穴式石室から瓦質のミニチュア炊飯具が発掘調査で検出された（図21）。

朝鮮半島の移動式竈

雲山竜湖洞1号墳（高句麗）

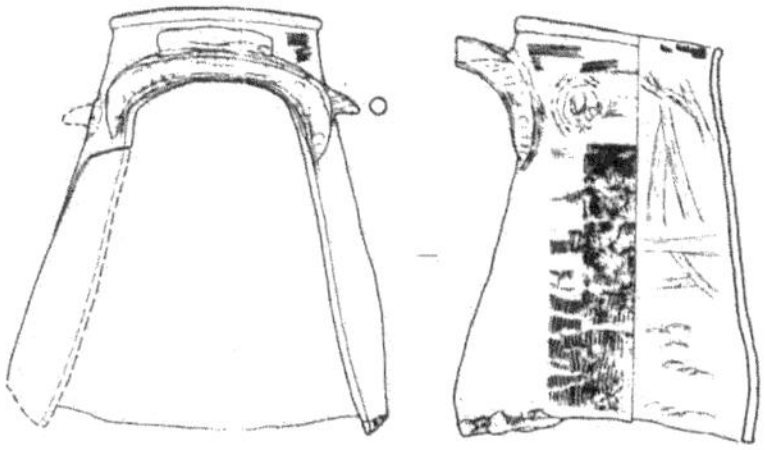

金海鳳凰台遺跡（伽耶）

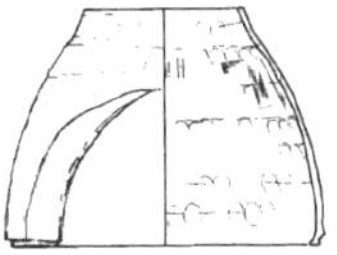

唐津城山里遺跡（百済）

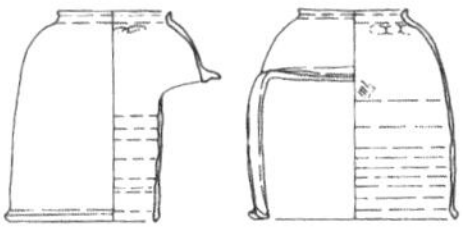

慶山林堂D－II－215号墳（新羅）

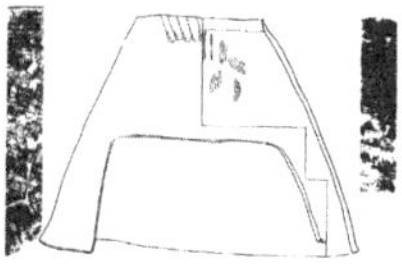

浦項冷水里古墳（新羅）

朝鮮半島のミニチュア炊飯具　　**日本列島（奈良県）のミニチュア炊飯具**

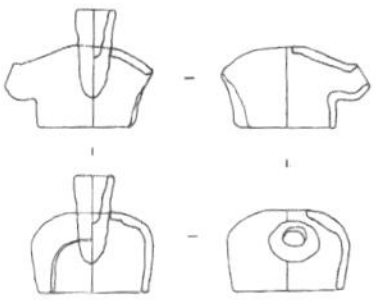

群山余方里82号墳（百済・馬韓）

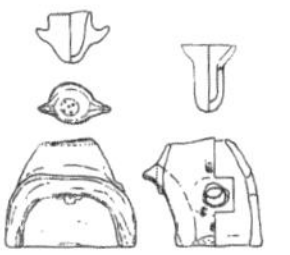

明日香村カイワラ1号墳

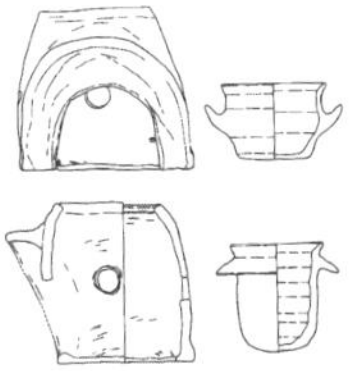

同左2号墳

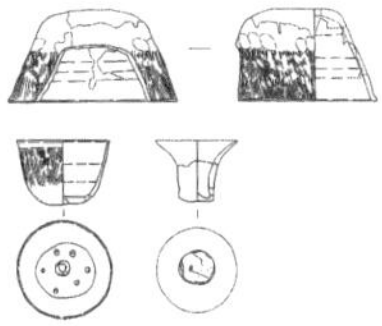

明日香村真弓スズミ1号墳

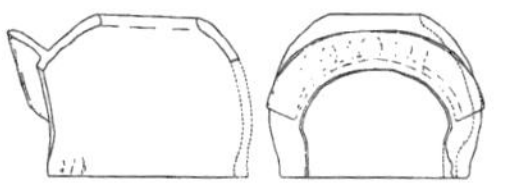

桜井市浅古古墳

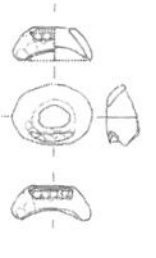

天理市中町西遺跡

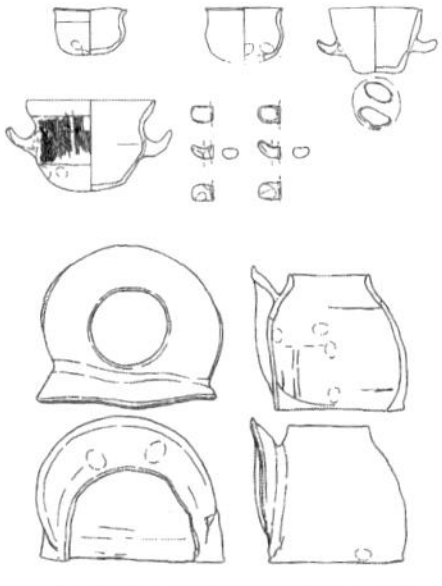

高取町与楽鑵子塚古墳

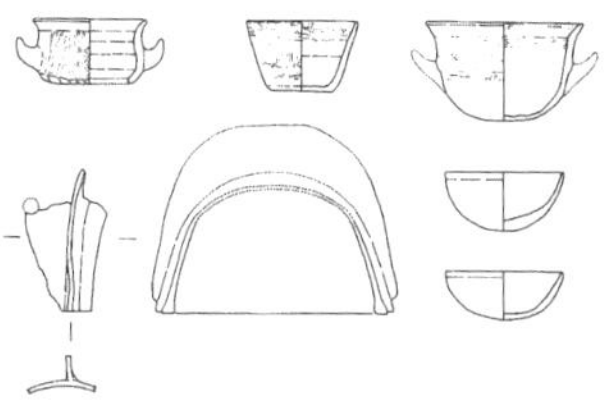

明日香村真弓鑵子塚古墳

0　30cm

図21　朝鮮半島と日本列島の移動式竈・ミニチュア炊飯具

つまり、朝鮮半島の南部においては、どの地域を見渡しても移動式竈を使ったり、それを古墳に副葬したり、そのミニチュアを副葬すること自体が稀であり、その地域性もうかがうことができないのである。

ところで、高句麗や中国まで目を向けるなら、明器としての竈が古墳に副葬されている。住居に備え付けられた竈を模型化したものであり、日本列島のミニチュア竈とはずいぶん形がちがうものだ。竈には鍋がかけられ、正面に焚木をくべる入り口の穴があり、そこから発生した煙が横方向の煙道を通って、煙突から排出される仕組みになっている。古墳に竈を入れる習慣はあるのだが、高句麗や中国が、飛鳥の古墳で出土するようなミニチュア炊飯具に影響を与えているとは考え難い。

死後の世界の安寧を願って、死者のために炊飯をおこなったり、食物を供えたりすることは、それまでの日本列島にはない外来の思想であると考えられる。竈で炊飯すること自体がそもそも外来の文化であり、その習慣とそれにともなう思想はまぎれもなく渡来人によってもたらされたものと考えられる。

しかし、ミニチュア炊飯具を古墳に副葬するという風習は、渡来人の故地では発達しなかった。この風習は、近畿地方において発達したものである。そのまま故地の風習を再現したものではなく、日本列島に渡来してから、自らが渡来人であるというそのアイデンティティーを示すために、発展させたものであると考えられる。その意味で、ミニチュア炊飯具の副葬から、渡来人の故地を特定することはむずかしい。だが、それが副葬されている飛鳥の横穴式石室がドーム形天井で、塊石や土により閉塞しているところからみると、百済地域の影響なしには、それを発展させることはできなかったと考えることができる。

そして、この情景は、『日本書紀』の伊弉冉尊《いざなみのみこと》が亡くなって、黄泉国の一員になるための正餐である浛泉之竈《よもつへぐい》をおこなったという神話のなかにも記述されることとなるのである。

咸安

安羅国（阿羅伽耶）

咸安は、金海からは西へ六〇キロほど、行政区画上では慶尚南道咸安郡にあたる。郡全体でも人口は六万ほどの小さな郡である。郡庁所在地が伽倻邑で、末伊山《マリサン》古墳群・道項里《トハンリ》古墳群と咸安博物館がある。

ここは南江《ナムガン》の南側、交通上の要地である。弁韓一二カ国の安邪国が発展した『日本書紀』の安羅国、『三国遺事』の阿羅（耶）伽耶の所在地と考えられる。なお、「安羅（耶）」と「漢」の音通から、東漢氏の故地を安羅国とする見解もある（加藤二〇〇二）。

道項里古墳群・末伊山古墳群では、前半期は大型木槨、後半期は竪穴式石室を埋葬施設とし、鉄鋌、馬冑、馬甲や有刺利器《ゆうしりき》が出土している。有刺利器は鉄鋌をそのまま加工した儀仗用の武器もしくは祭祀具で、新羅・伽耶地域でのみ出土する。また、五世紀前半に位置づけられる道項里一三号墳（直径三九メートルの円墳、竪穴式石室）では三角板革綴短甲、五世紀後半代の道項里四号墳（大型木槨墓）では直弧文を施した鹿角装の刀装具が出土している。いずれも日本列島産の製品である。また、馬山《マサン》の県洞《ケドン》八号墳（木槨墓）で土師器高坏、咸安梧谷里《オゴクリ》A—M1号墳（直径一〇メートルの円墳、竪穴式石室）で須恵器が出土している。

また、火焰形透かし孔をもつ高坏を代表的事例とする咸安（阿羅伽耶）様式の陶質土器の分布の中心がこの地にある。火焰形透かし孔をもつ高坏は奈良県において天理市の布留《ふる》遺跡、橿原市の新堂《しんどう》遺跡、生駒市西畑《にしばた》遺跡の出土例がある。いずれもこの地域からの搬入品と考えられる。

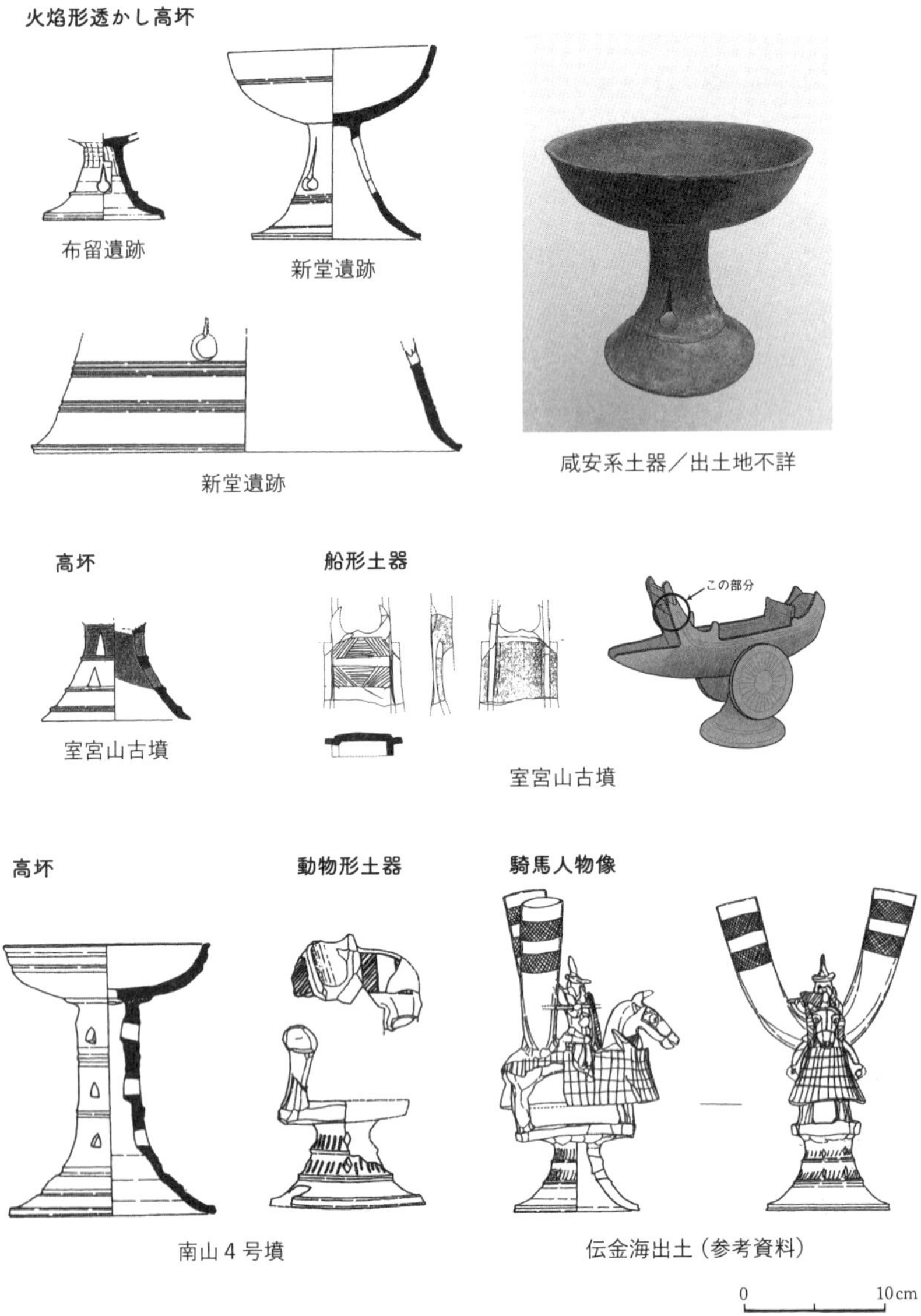

図22　奈良盆地出土の伽耶系陶質土器

物部・蘇我・大伴とのかかわり

布留遺跡は、五世紀の有力地域集団の支配拠点である。南郷遺跡群と同様に、五世紀代からさまざまな地域の渡来人が集落内で生産活動をおこなう一方、豪壮な石垣をともなう居館や祭祀施設が遺跡内で検出されている。物部氏の氏族としての活動は六世紀代にあるが、その端緒がこの五世紀の有力地域集団の活動にある。物部氏とかかわる有力地域集団が、咸安を故地とする渡来人を介して入手したものと考えられる。

これら咸安地域の陶質土器が出土した遺跡においては、この地域ばかりでなく、朝鮮半島のさまざまな地域の遺物が出土しており、さまざまな地域からの渡来人集団が存在していたことがわかる。咸安地域一帯は、倭にむけて多数の渡来人を送り出した地域のひとつである。それは、ここが交通上の要地であり、対外交渉に秀でた首長が存在していたことと関連するのだろう。

奈良県橿原市の南山《みなみやま》四号墳は、天香久山の南方に位置する直径一八メートルの小規模な円墳である。咸安周辺地域で生産されたと考えられる高坏、動物形土器、四口連環壺などの陶質土器と、鉄鋌・鉄鏃などが出土した。五世紀前半の築造である。咸安周辺地域を故地とする渡来人の墳墓である。飛鳥が近い。蘇我氏とのかかわりも想起されるが、前述の新沢千塚古墳群同様、大伴氏とのかかわりも考えられる。大伴氏については後述するが、奈良盆地では橿原市北部から、桜井市一帯を本拠としていた。

また、新堂遺跡は、曽我川中流域にあたり蘇我氏とのかかわりも考えられる。ただし、飛鳥からは距離がある。やはり、新堂遺跡も蘇我氏の先祖の居住地とは考え難い。

高霊・陜川

加羅（大伽耶）

高霊郡《コリョングン》は洛東江中流部の人口三万七〇〇〇人ほどの小さな郡で、行政区画上は慶尚北道《キョンサンポクド》高霊郡である。慶尚北道の中心都市大邱から、高速バスで四〇分ほど、南西へ三〇キロほどの距離である。池山洞《チサンドン》古墳群や大伽耶博物館があるのが郡庁所在地の高霊邑である。

『三国遺事』のいう大伽耶であり、『日本書紀』のいう加羅にあたる。『斉書』によれば、四七九年に中国南朝の斉に、荷知《かち》王が朝貢をおこなっている。『三国史記』の記載では、大伽耶は五六二年に新羅の攻勢により滅亡した。五世紀においては、この大伽耶を盟主とする伽耶諸国の連盟があり、強大な支配権をもっていたとする説（田中一九九二）もある。

洛東江支流の内陸部、会川《フェチョン》沿いに高霊邑がある。集落北側の丘陵頂部の尾根上に連綿と間隔をあけながら墳丘を連ねる一方、博物館のある低地にまで多数の古墳が造営されている池山洞古墳群のほか、主《チュ》山《サン》城、大伽耶王宮《テガヤワングン》址などの遺跡がある。

池山洞三二号墳（直径一三メートルの円墳）・四四号墳（直径二七メートルの円墳）・四五号墳（直径二八メートルの円墳）は、大伽耶の王陵とされているものである。主人公の埋葬施設にあたる多数の鉄製品や土器を納めた大型竪穴式石室の周囲に、殉葬墓と認識されている小規模な竪穴式石室を多数配置し、そのち墳丘を築造するという、墳丘後行型の築造方法をとる。金銅冠や甲冑類、金銅製馬具、矢筒の表面を飾った金銅製の胡籙《ころく》金具など地域支配者層の威勢を知るには十分の副葬品をもっている。

三二号墳の甲冑のうち横矧板鋲留短甲、衝角付冑《しょうかくつきかぶと》、頸甲、肩甲などの一式や、四五号墳の銅鏡は日本列島産のものであると考えられる。三二号墳の金銅冠が、福井市の足羽山《あすわやま》古墳群の一角にある五世紀後半代に築造された前方後円墳である二本松山古墳（墳丘長九〇メートル）から出土した鍍銀冠の形態に類似している点は興味深い。後述するように継体大王の母、振媛《ふりひめ》は越前の高向《たかむこ》の出身で、この一帯の越前・若狭・近江は継体大王を支えた勢力が継続的に古墳を築造する。後で述べるように継体大王そのものは、百済の武寧王とつながるわけだが、その前の段階の継体大王を支えた倭の勢力が、独自に大伽耶との交渉をおこなっていた可能性が考えられる。

また、池山洞古墳群の三〇号墳周囲に築かれた墳丘をもたない一般成員墓と考えられるI地区三号石槨墓（竪穴式石室）で眉庇付冑《まびさしつきかぶと》、五号石槨墓（竪穴式石室）で須恵器が出土しており、これも日本列島産である可能性が指摘されている。

図23　金銅冠（高霊池山洞32号墳）

図24　鍍銀冠（二本松山古墳）

高霊（大伽耶）様式と呼ばれる陶質土器には、口縁部や上部を櫛描きの美しい文様で飾った大型長頸壺や蓋などがあり、日本列島でも東北地方から福岡県にいたる広い範囲で分布する。基本的には地域の首長間交渉の結果である。

奈良県の御所市南郷遺跡群や大和高田市土庫《どんこ》長田《ながた》遺跡にも高霊様式の陶質土器の蓋がある。地域間交渉、あるいは葛城氏による独自交渉の成果として重要である。

多羅国

陜川《ハプチョン》郡は高霊のすぐ南にある郡で、行政区画上は慶尚南道にあたる。人口は約五万五〇〇〇人である。陜川郡の郡庁は陜川邑にあるのだが、玉田《オクチョン》古墳群や陜川博物館は、双冊面多羅里《サンチェクミョンタラリ》にある。池山洞古墳群と玉田古墳群の直線距離は、一五キロである。

陜川は『日本書紀』のいう多羅国の所在地である。洛東江本流とその支流の黄江《ファンガン》の分岐点から、黄江を約七キロ遡り、川のすぐ北側の独立丘陵上にあるのが玉田古墳群である。

玉田古墳群には、多数の副葬品をおさめた大型木槨墓、あるいは竪穴式石室の上に盛土をおこなう墳丘後行型の円墳が所狭しとばかりに丘陵上に並んでいる。二八号墳（大型木槨墓）、M1号墳（東西一九・五メートル×南北二一・四メートルの盛土墳、竪穴式石室）、M3号墳（東西一九・四メートル×南北二一・六メートルの盛土墳、竪穴式石室）などが王陵級の古墳と評価されている。青色のガラスをはめ込んだローマングラス製のガラス碗、金銅冠、金製の垂飾付耳飾り、多数の馬冑・甲、環頭大刀、金銅製胡簶金具やさまざまな種類の甲冑、矛などの豊富な武器・武具類、馬具類などの遺物がそれを物語る。

日本列島とかかわるのが、二八号墳の横矧板鋲留短甲である。また、六八号墳（木槨墓）では三角板革綴短甲が出土している。

二八号墳から出土した垂飾付耳飾りと先述の高霊池山洞三二号墳出土の金銅冠、あるいは両古墳群から出土している馬具や胡籙金具などに近似する製品が倭国に流入していることから、五世紀後半における倭との政治交渉の主体は、朝鮮半島では大伽耶にあったという見解がある（朴二〇〇七）。奈良盆地では新沢千塚一〇九号墳（墳丘長二八メートルの前方後方墳）出土の垂飾付耳飾りもそうした政治交渉と関連したものと意義づけられている。入手にあたっては高霊あるいは陜川の在地首長が介在した可能性が高い。一〇九号墳では中国南朝から贈られた同型鏡群のひとつである画文帯神獣鏡（江田船山古墳をはじめ二八面の同型鏡が知られる）も出土しており、一〇九号墳の被葬者はこの時代（五世紀中頃）の対外交渉を担った人物であったと考えられる。

確かにこの時代のはげしい交流には目をみはるものがあるが、盛んだったのは、地域間交渉や地域首長との相互交渉である。もちろん、この地域からも渡来人はやってきた。ただし、奈良盆地に顕在的なものはなく、蘇我氏の出自との関連性については稀薄であるといえる。

昌寧

比自炑（比自火）

洛東江下流部の東側にある慶尚南道昌寧《チャンニョン》郡は、郡全体が人口六万人ほど、郡庁があるのが昌寧邑である。昌寧邑の低丘陵上に校洞《キョドン》古墳群とその麓に昌寧博物館、谷を挟んで南側に松峴洞《ソンヒョンドン》古墳群がある。

昌寧は『日本書紀』の比自炑、『三国史記』の比自火、昌寧碑の比子伐の所在地である。考古資料からは、五世紀代のうちに新羅の統治が及んだと考えられている。陜川の玉田古墳群からは洛東江を挟んで東へ一五キロ、大邱からは南南西へ直線距離で三七キロの位置の内陸部にあたる。

校洞古墳群・松峴洞古墳群の埋葬施設の特徴は、長大な竪穴式石室に横口部をとりつけた竪穴系横口式石室と呼ばれる構造であることだ。

この種の竪穴系横口式石室は、洛東江上流部の尚州《サンジュ》、河口に近い梁山《ヤンサン》などにもみられ、この地域特有のものではないが、いずれにせよ伽耶諸国の在地色が強いものである。

埋葬施設をつくったあと墳丘を盛るという、墳丘後行型で古墳はつくられており、丘陵の尾根頂部にるいるいと円墳が連なっている。五世紀中葉～末に築造された校洞三号墳（直径二五メートルの円墳）、一一号墳（円墳）、八九号墳（円墳）、松峴洞六号墳（直径二一・七メートルの円墳）、七号墳（直径二一メートルの円墳）などでは新羅系の冠帽・帯金具や腰佩《ようはい》をとりつけた帯・大刀などを身につけた状態で埋葬されており、新羅の統治がこの地域の在地首長に及んだと推定されている。

このうち、校洞三号墳では三角板・横矧板鋲留短甲、同八九号墳では直弧文を施した鹿角装の剣などが出土していて、それぞれ日本列島で生産されたものと考えられる。また、松峴洞七号墳は六号墳が連接し、外見的には双円墳のような形状をもつが、竪穴系横口式石室の内部から出土したのはクスノキ製の木棺であった。木棺周辺からは伽耶系・新羅系の陶質土器や馬具など多量の副葬品が出土した。木棺は、船材として使用されたものを転用したものである。クスノキは朝鮮半島では自生しない。倭国からはるばる海を渡ったきた船を、棺にリサイクルしたものと考えられる。このような内陸部まで、どのようにして、あるいはどのような理由で運んだのかはわからないが、松峴洞古墳群の被葬者が倭と強くつながり、交渉をおこなった在地の首長であったことは確かである。

固城・泗川

古嵯国（小伽耶）

慶尚南道固城《コソン》郡固城邑にあるのが松鶴洞《ソンハクドン》古墳群である。先述の咸安から固城まで南南西へ三二キロの距離がある。固城郡は人口五万七〇〇〇人、固城の南東には、巨済島《コジェ》があり、長木《チャンモク》古墳がある。巨済島全体が、行政区画上では巨済市、人口は二五万八七〇〇人である。このあたりは入り組んだ海岸線と小島が連なる朝鮮半島の南海岸地方の東縁部にあたり、巨済島南端から対馬海峡を渡れば倭国にはもっとも近い。弁韓一二カ国の古資弥凍国が『日本書紀』のいう古嵯国、久嵯国に発展したものと推定される。『三国遺事』の小伽耶であり、固城に比定される。

固城邑の中心部、海にのぞむ独立丘陵上にあるのが松鶴洞古墳群で、一号墳は当初前方後円墳と考えられていたが、発掘調査の結果、二基の円墳とその中間に築かれた埋葬施設を主体に構成されていることがわかった。五世紀後葉〜六世紀前葉にかけ造営されたものであり、一一基の竪穴式石室を埋葬施設とした1A号墳（直径三三メートルの円墳）と、横穴式石室を埋葬施設とした1B号墳（直径二〇メートルの円墳）である。1A号墳の各埋葬施設から陶質土器とともに日本列島産の須恵器が出土している。また、1B号墳の横穴式石室は、北部九州型石室であり、在地系の陶質土器、高霊様式土器、新羅系土器とともに須恵器が出土している。さらに、1B号墳の周囲には埴輪が樹立されている。埴輪は、日本列島に起源があるものだが、その形態や製作技術から、在地で生産・製作されたものである。朝鮮半島の埴輪については後述する（一一一ページ）が、倭との情報交換のなかで成立したものに違いなく、松鶴洞1A・1B号墳ともに、その被葬者はやはり対外交渉に秀でた在地の首長であって、倭ときわめて近い人物像が浮かびあがる。ただし、ヤマト王権との直接的関係はなく、地域間あるいは首長間交渉の枠を出るものではなかったと考えられる。

半島南部最大の交易拠点

固城郡の西が泗川市《サチョン》で半島側の三千浦《サムチョンポ》から一・七キロの狭い水道を挟んだ場所に勒島《ノクド》と呼ばれる小島がある。ここが、一〜三世紀頃の朝鮮半島南部最大の交易拠点である。楽浪土器・弥生土器が集中的に出土し、中国人・倭人あるいは、在地の人びととの間で盛んな交易がおこなわれた。

長木古墳は、巨済島の北部に築かれた古墳である。直径一五メートルの円墳で、古墳の規模は小さい。鉄製銛《もり》・鉄製小札・矛などの遺物が出土している。埋葬施設は北部九州型横穴式石室、外部施設として葺石・松鶴洞一号墳と同系列の埴輪などを配置している。こうした要素からみれば交通の要衝をおさえた倭人の墓である可能性も指摘されている。

また、巨済島の鵝洲洞《アジュドン》一四八五番地遺跡では在地の土器にまじって土師器が出土している。倭から渡ってきた人びと、さらに倭へ向かった人びとがそれぞれ大勢いたと考えられる。彼らこそ、明白な帰属意識をもっていない集団であり、大海をわたって、対馬・壱岐・北部九州と連なりながら盛んな交渉をおこなっていた。渡来人もこの地から、またこの地を経由してやってきた。しかし、ヤマト王権や蘇我氏とのかかわりは稀薄である。

ここまで、私が蘇我氏の原郷と考える全羅道地域を除く、朝鮮半島各地域の情勢を倭と関連づけながらみてきた。とりわけ、地理的に近い朝鮮半島南部の伽耶諸国と倭は深くつながっており、これらの地域から多くの渡来人がやってきた。それにもかかわらず、飛鳥との関連は稀薄であった。次章では、百済とヤマト王権の関係をみながら、なにゆえに、全羅道地域が蘇我氏の原郷と考えられるかをみていくことにしよう。

三章 蘇我氏の登場

石舞台古墳の横穴式石室（羨道部よりのぞむ）

継体大王と百済武寧王

継体大王の登場

『日本書紀』は六世紀のはじまりを新時代の幕開けとして描く。継体（男迹《おおと》）大王の登場である。前代の武烈天皇が暴虐非道を尽くし亡くなったあと、次代の皇位継承者として白羽の矢がたったのが応神天皇の五世孫という継体である。

『日本書紀』による大和に入るまでの大略は以下のとおりである。

継体の父は彦主人《ひこうし》王で、近江国高島郡三尾の別邸から使いを遣わし、美しいと評判の振媛《ふりひめ》を越前三国《みくに》の坂中井に迎え入れる。そこで産まれたのが継体で、振媛の実家のある高向《たかむこ》で成長する。

一方、大和では、皇位継承にあたり大伴金村《おおとものかなむら》が物部麁鹿火《もののべのあらかひ》・巨勢男人《こせのおひと》らと合議し、まず丹波から倭彦王《やまとのひこおう》を迎えようとしたが失敗する。次に、継体を三国から迎えようとするが、簡単には承知せず、河内馬飼首荒籠《かわちのうまかいのおびとあらこ》の仲介を得てようやく樟葉宮《くずは》で即位したという。その後、弟国宮《おとくに》・筒城宮《つつき》を経て、二十年（一説では七年）に、磐余玉穂宮《いわれたまほ》に入った。

この記事をそのまま鵜呑みにはできない。特に、応神天皇の五世孫などという血縁系譜についてはあくまで後付けであって、あまり意味をもつものではないと私は考えている。

そうしたなか、母の出身地という高向・三国のあった越前、父の別邸という三尾の近江、さらに、陵の築かれた摂津、宮が造営されたという河内、山背、また継体の妃にして、安閑・宣化を産んだ目子媛《めのこひめ》の出身地である尾張までの地域の広がりがあることが重要で、これらが継体の権力基盤であると考えられる。

さらに大和に入り、欽明を産んだ仁賢の女《むすめ》である手白香《たしらか》を皇后とした。その陵が大和《おおやまと》（萱生《かよう》）古墳群内の西山塚《にしやまづか》古墳（墳丘長一二〇メートルの前方後円墳）と推定されるところから、大和にもしっかり定着していることも明らかである。のちに畿内と呼ばれる地域全体を包摂した広範囲を権力基盤にした大王は、かつてない。ここに、はじめて大王による広域支配が確立したといえる。

また、継体を迎え入れたという大伴金村・物部麁鹿火・巨勢男人もその実在性が問われる。氏族が合議して政治をおこなう体制がこの時代に確立していたのか、大いに疑問がある。氏族の成立は六世紀とみるべきである。そうであるなら、むしろこれらの人物は、こうした氏族が政治を動かす前段階の、その先駆けというべき伝説的な存在であったといえるだろう。

しかし、それぞれ、その後の政権中枢で活躍する氏族である。五世紀代の奈良盆地に一定の権力基盤があって、早い段階にはそれぞれが有力地域集団として活動していたと考えられる。その政治集団が、大王の傘下に組み込まれ、氏族となって展開していく。まず、ここでは大伴氏・物部氏・巨勢氏が重要な存在であって、なかでも大伴氏が占める割合が大きかったことがわかるのである。継体の時代に蘇我氏はまったく登場しない。五世紀代の政治中枢の地位を占めていた記録については信憑性が乏しいところから、ここまでは蘇我氏の活動が政治権力と直結するものではなかったことがわかる。大臣として、蘇我稲目《そがのいなめ》がはじめて登場するのは、『日本書紀』宣化天皇元年条である。

そのようななか、継体大王の時代に磐井の乱がおこる。北部九州には「磐井政権」とも呼ぶべき大きな在地勢力があり、ヤマト王権との間に古墳時代最大の内戦が展開された。この戦乱の記事を除くと、継体大王時代の記事の大半は、朝鮮半島情勢である。磐井の乱を鎮圧してからのち、ようやくヤマト王権主導の対外交渉が展開する。それまでは、地域間交渉や首長間相互の交渉が主体であったとみてよい（高田二〇一七）。

武寧王

この継体大王とほぼ同時期に、百済では武寧《ぶねい》《ムニョン》王が擁立された。『日本書紀』武烈天皇四年（五〇二）の条に、百済王末多《まった》王が暴虐をはたらいて、民を苦しめたので、それを排除して新しい王として嶋王《せまきし》、すなわち武寧王を立てたとある。さらに、『百済新撰』を引用し、武寧王について、諱《いみな》が斯麻《しま》王であり、琨支《こんき》王子の子、末多王の異母兄であること、琨支が倭に向かい、筑紫の各羅嶋《かからじま》で産まれたのが斯麻王であるとしている。佐賀県唐津市の加唐島《かからじま》をこれにあてる説（松代一九一五）が古くからあり、島に生誕伝承地がある。ここでは、武寧王は、琨支（昆支）の子とするが、『三国史記』では東城王（末多王）の子とする。

これに対し、『日本書紀』雄略天皇五年（四六一）の条ではくわしい生誕時の説話があり、そこでは、蓋鹵《がいろ》王の子とする。

大略は以下のとおりである。

夏四月に、百済の加須利君《かすりのきし》（蓋鹵王）が弟の軍君《こに(む)きし》昆支《こんき》に「日本に行って天皇に仕えろ」と指示したところ、「加須利君の婦人を賜って、それを遣わしてください」と言ったので、加須利君がすでに身ごもっている婦人を、軍君に娶らせた。そして、「もし、途中でお産をすれば、その子と婦人を同じ船に乗せ、行き着いたところからどこでも、国に送れ」と指示した。

六月に身ごもった婦人が加須利君の言ったように筑紫の各羅嶋で子を産んだ。この子を名付けて嶋《せま》君《きし》と言った。軍君はただちに婦人と同じ船で嶋君を国に送った。これが武寧王である。百済人はこの嶋を呼んで主嶋《にりむせま》と言った。

『三国史記』では蓋鹵王の子である文周王が南に逃れ、熊津《ウムジン》（公州《コンジュ》）に遷都したとする。文周王は暗殺され、その子三斤王が王位を継いだことになっている。さらに蓋鹵王の長子で、文周王の兄として昆子の名があり、その子が東城王として記載されている。

その系譜は錯綜し、事実は明らかでない。田中俊明氏は、百済が遣使したり、百済伝が掲載されたりしている中国の史書『南斉書』『梁書』などを検討し、これらに記載されている牟都は文周王、牟大は末多王（東城王）、『宋書』の餘混は昆支（琨支）、餘都は文周王としたうえで、その系譜関係を推定した（**図25**）。

武寧王陵の発見

この武寧王の墓が発見されたのは、一九七一年のことである。この発見により、朝鮮半島のみならず、日本古代史の解明の扉は大きくひらかれた。古墳時代の記述も、ここからはじまる。これを無視しては日本の古墳時代は語れない。

現地は観光地となっており、国立公州博物館には実物資料が展示されている。

「寧東大将軍、百済斯麻王、年六十二歳。癸卯年五月丙戌朔七日壬辰に崩じ、乙巳年八月癸酉朔十二日甲申に到り安厝《あんそ》し、大墓に登冠す。志を立つること左の如し」

誌石に刻まれた文字により、被葬者が判明し、武寧王の没年（五二三年）と生年（四六一年）が確定した。さらに、丙午年（五二六）に亡くなり、殯《もがり》ののち、己酉年（五二九）に改葬したという王妃の誌石（買地券）もあり、武寧王と王妃が合葬されていた。

塼《せん》（レンガ）をアーチ形に組んだ中国南朝墓の直接的な影響をうけた横穴式塼室墓である。隣接する宋山里六号墳も同様のアーチ形天井を

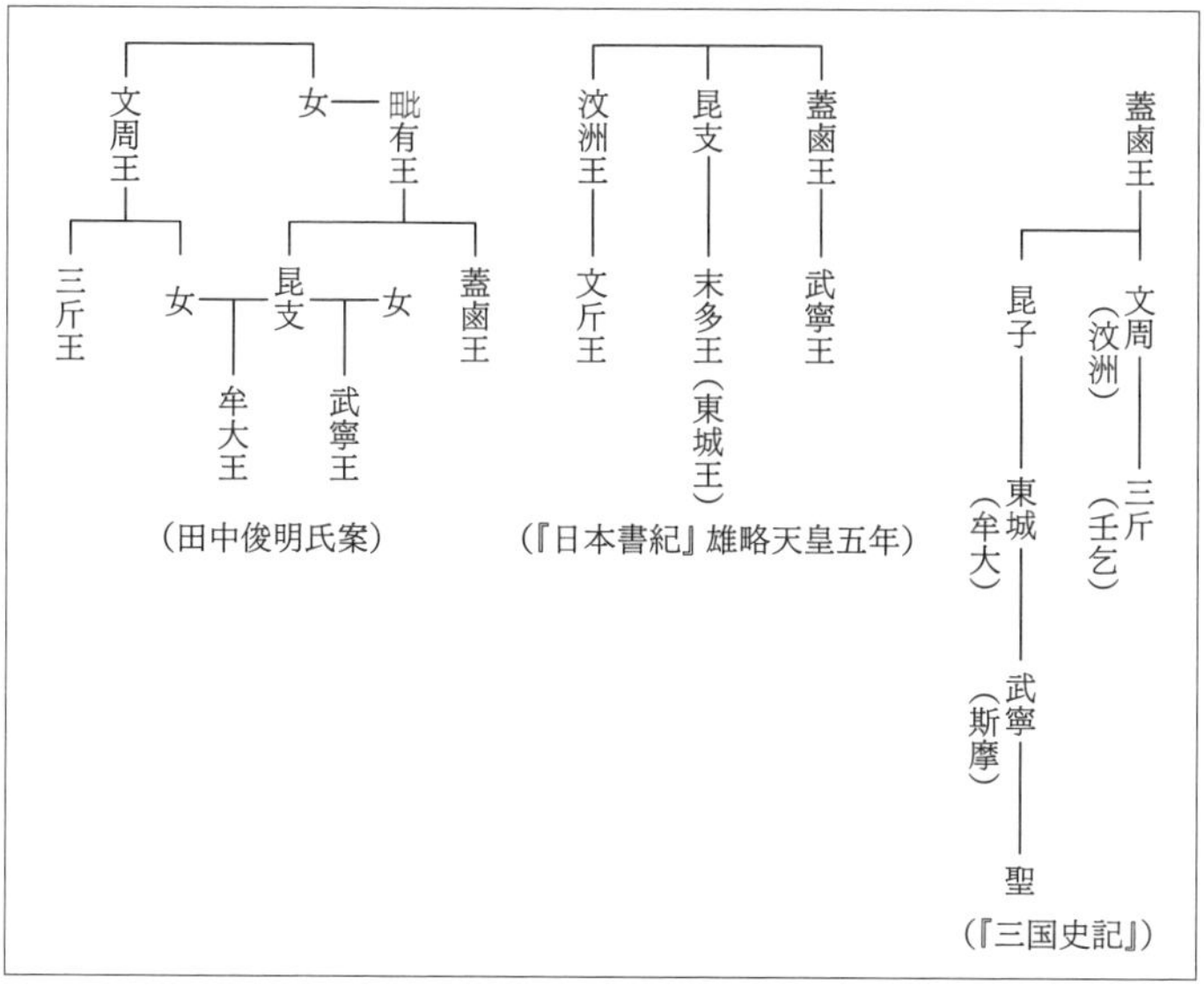

図25　百済王の系図

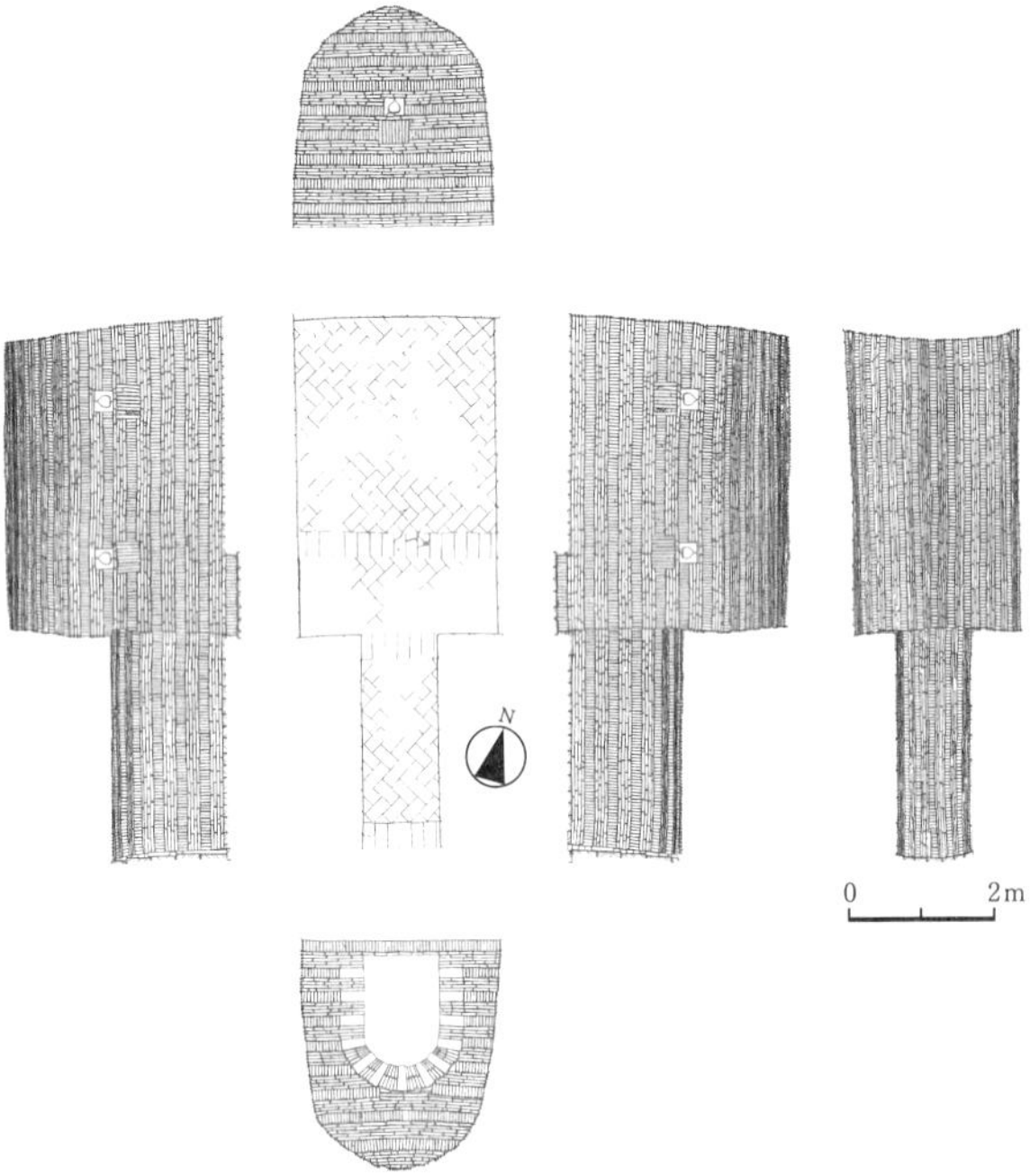

図26　武寧王陵の埋葬施設

もつ横穴式塼室墓で、壁面に四神を描く。また、少し離れた位置にあるのが、宋山里一～五号墳で、四・五号墳がドーム形天井の片袖式横穴式石室で、宋山里型石室の代表事例である。宋山里古墳群は、百済熊津時代の王陵であり、武寧王の次代の王で、仏教を日本に伝えた聖（明）王の墓もこのなかに含まれる可能性が高い。

玄室には足座をおいた王の棺を東側に、枕と足座をおいた王妃の棺を西側に配置しており、それぞれに金製垂飾付耳飾り、金銅製飾履をつけ埋葬されていた。王は銀製の銙帯《かたい》金具で飾った帯を締め、さらに龍頭環頭大刀《りゅうとうかんとうたち》、銅鏡を副葬していた。王妃は金製冠、金製髪飾り、金・銀製の腕飾りを装身具とし、金銅装の刀子・熨斗《のし》・銅托銀盞《どうたくぎんさん》（台のついた皿）、銅鏡を副葬していた。武寧王が百済王として、数々の史書の示すとおり中国南朝（梁）や倭国との積極的な外交を展開した人物であったことが副葬品からも明らかとなった。

さらに、羨道におかれた鎮墓獣《ちんぼじゅう》・五銖銭《ごしゅせん》、各所におかれた黒釉、白磁、青磁などの中国製陶磁器などは中国との関係を示す。また、木棺材が日本列島特産のコウヤマキであることは倭との関係を示す。

武寧王陵の鏡

出土した銅鏡のなかに同型鏡群の一種である獣帯鏡が出土していることは、梁―百済―倭の相互交渉を示すものである。倭の五王の時代に中国南朝（晋・南宋・梁）から倭に贈られた鏡と考えられる。

銅鏡の獣帯鏡は、浮き彫り（半肉彫り）のやさしい線で、唐草状に蛇行した線で獣の文様を鏡全体に描いたものである。中心部には九つの乳（小さな半球形の突起）、その外側には七つの乳があり、七枝刀と同じ時に百済から倭に贈られた「七子鏡《ななつこのかがみ》」にあてる説もある。

武寧王陵出土の獣帯鏡は、群馬県高崎市の綿貫観音山《わたぬきかんのんやま》古墳（墳丘長九七メートルの前方後円墳）出土の一面の獣帯鏡や、滋賀県野洲市の三上山《みかみやま》の麓の古墳から出土したという二面の獣帯鏡（現在九州国立博物館が所蔵）と同型鏡である。三上山麓の古墳が、いずれの古墳かさだかではないものの、近江は継体大王の権力基盤であり、注目できる。

また、もう一面の銅鏡は独特である。走獣文方格規矩四神《そうじゅうもんほうかくきくしじん》鏡と呼ばれる武寧王のための、特注の鏡である。

方格規矩四神鏡は、中央の四角の周囲に、T字形、逆L字形、V字形の定規形の文様をつけ、半肉彫の四神の文様を充填したものである。そのうえに肉彫りの五体の人物（神像）や獣が付け足されている。中国式の文様であり、中国南朝で生産されたものと考えられるが、中国南朝から百済王のために直接下賜されたという説（樋口一九七二）と、ほかの同型鏡群と同様、南朝から倭国（ヤマト王権）に入り、そこから百済王権へ授与されたという説（川西二〇〇四）とがある。

走獣文方格規矩四神鏡

獣帯鏡

図27　武寧王陵の銅鏡

武寧王の遺物には、百済の在地色を示すのは一部の装身具だけで、きわめて少ない。一見すると中国南朝の王墓のようである。誌石がなければ、ここまでのことはわからなかったのである。

継体大王と外交集団

隅田八幡神社人物画象鏡

中国南朝から贈られたと考えられる同型鏡群のなかに、神人歌舞画像鏡と呼ばれる鏡がある。大阪府郡川西塚《こおりかわにしづか》古墳・東京都亀塚古墳・福井県西塚古墳など、一二面が知られている。この鏡の内区には一一体の踊る人物や騎馬人物、神像などが画像石と同じ表現方法で描かれている。おおむね五世紀後半以降に築造された古墳から出土している。

　この鏡をベースにして、倭の工房において、一枚の鏡が新たにつくられた。「国宝　隅田《すだ》八幡神社人物画象鏡」である。

　工房内では、中国製の神人車馬画像鏡をモデルに、内区の文様と画文帯と呼ばれる縁部の文様を丁寧に書き写していったが、文様は裏返しになってしまった。また、割り付けせずに順番にひとつずつ文様を書き写していったために、内区では二体の神人、縁部の画文帯の文様もいくつかの文様の入る余地がなくなってしまう。さらに、外区に半円・方形帯と呼ばれる文様を追加して、その外廻りに四八文字の銘文を刻んだ。

　その銘文には「癸未年」とあるが、ベースになった鏡が出土した古墳の年代から、五〇三年説が有力である。

　山尾幸久氏は、

図28　国宝 隅田八幡神社人物画象鏡

癸未の年八月、日十《をし》大王の年、孚弟《ふと》王意柴沙加《おしさか》宮に在す時、斯麻《しま》、長く奉えんと念い、□中費直・穢人今州利《こむつり》二人の尊を遣わし、白す所なり。同（銅）二百旱（桿）を上め、此竟（鏡）を［作る］所なり

と読み、

「癸未年」＝五〇三年、「日十大王」＝ヲシ大王（仁賢大王）、「孚（男）弟王」＝フト（オホド）王（継体）、意柴沙加宮＝オシサカ宮（忍坂宮）、斯麻＝武寧王にそれぞれ結びつけると、仁賢大王の五〇三年に、百済の武寧王が、大和の忍坂宮で大王に即位する前の継体のためにこの鏡を作った。

と解釈した（山尾一九八三）。

これによれば即位しているはずの斯麻が、王の称号もなしに、鏡を贈ったことになる。しかも即位前の継体に対してである。「忍坂宮」の記述から、即位前の早い時点で継体は奈良県内にも権力基盤をもっていたことになる。このことは、継体が大和の諸勢力と対立していたという見解とは相容れないものであり、継体の即位前後の政治情勢を考えるうえできわめて重要である。

さらに、考古学的にみれば、この鏡が武寧王とつながりのある大和の有力集団によって、奈良盆地内の工房でつくられたことが証明できる。

まず、鏡である。隅田八幡神社人物画象鏡と同じように、鏡の文様を裏返しにして、文様の一部を写し忘れた鏡が、奈良県葛城市の平林《ひらばやし》古墳から出土している。文様の写しとり方がそっくりだ。さらに、

隅田八幡神社人物画象鏡の半円・方形帯は、平林古墳の鏡のベースになった同型鏡群の一種である画文帯仏獣鏡から写しとったものである。ほぼ同時に大和の工房でつくられたことは間違いがなく、同一の工人がつくったとみてもいい。

額田部地域の渡来人

大和には継体の外交集団といえる人びとがいて、武寧王とも交渉したのだろう。

奈良県大和郡山市の額田部《ぬかたべ》狐塚《きつねづか》古墳（墳丘長五〇メートルの前方後円墳）で、尾張型埴輪が出土している。埴輪製作にロクロ、タタキ、窖窯《あながま》焼成など須恵器生産技術が導入されたもので、継体大王の権力基盤でのみ分布する。今まで、大和には尾張型埴輪はないものと言われていたが、近年その存在が明らかになった。額田部氏は、推古天皇を支えた外交集団で、六〇八年の遣隋使小野妹子とともに来日した裴世《はいせい》清《せい》を海柘榴市《つばいち》に迎えたのが、額田部比羅夫《ぬかたべのひらぶ》である。額田部氏は、額田寺《ぬかたでら》を氏寺とした。国立歴史民俗博物館に所蔵されている『国宝　額田寺伽藍並条里図』には、古墳が描かれており、額田部狐塚古墳が表現されているほか、船墓古墳（墳丘長四〇～五〇メートルの前方後円墳）が描かれ、そこに「船墓古墳　額《ぬか》田卩宿祢《たべのすくね》墓」の文字が描かれている。実際に先祖の墓であるかどうかはともかく、額田部氏が六世紀の前方後円墳を自らの先祖の墓と認識していたことがわかる。

また、条里図には描かれていないものの、同じ額田部地域のなかに包摂される天理市星塚二号墳（墳丘長四一メートルの帆立貝式古墳）からは、金製垂飾付耳飾りや金層のガラス梔子《くちなし》玉や、小玉に加え、陶質土器が出土している。朝鮮半島西南部にしかみられない鳥足文タタキを施した壺と、同地域の特徴をもつ坏である。全羅道地域から搬入されたもので、星塚二号墳の被葬者は、この地域からの渡来人か、それと強くつながっていた人物であった。この場所は海外とつながる水上交通上の要衝であり、継体大王の外交にも額田部の地域集団が大きな役割を果たしたのである。

さらに、注目できるのが、鏡の銘文中の「オシサカ」とかかわると考えられる奈良県桜井市忍阪《おっさか》周辺で確認できる六世紀代の渡来人の痕跡である。慈恩寺一号墳（墳丘長四五メートルの前方後円墳か）の棺内からは金製指輪、ガラス玉の装飾を施した銀製中空勾玉、銀製空玉《うつろ》などが出土している。六世紀初頭の築造である。また、これにつづく六世紀前半に築造された忍坂四号墳（規模不詳）では、百済系の陶質土器の平底壺が出土している。これらの古墳の被葬者もまた渡来人であり、継体大王の外交に深くかかわった。

百済と馬韓残余勢力

五～七世紀 百済王権の支配拠点

熊津と泗沘

武寧王は、熊津（公州）に支配拠点をおいた。錦江南岸にある公山城《コンサンソン》が王宮である。王陵は宋山里古墳群、王の殯宮は、大壁建物で構成される艇止山《チョンチサン》遺跡、寺院としては大通寺《テトンサ》などが造営された。さらに、次代の王である聖王の代の五三八年には、泗沘《サビ》（扶余《プヨ》）に支配拠点を遷した。泗沘は、熊津と同じ

図29　王興寺の舎利容器

錦江中流部に位置する（図31）。熊津からは下流部にむけて西南へ二九キロとほど近い。熊津期は、四七五年から五三八年までのわずか六三年間である。

これら熊津の遺跡のうち、前述の艇止山遺跡と金鶴洞《クムハクドン》二〇号墳では、五世紀後半〜六世紀初頭の須恵器系土器が出土している。また、公州市北西七キロの地点で熊津時代前期（五世紀後半代）の横穴二三基が調査された。丹芝里《タンジリ》横穴群である。前方後円墳と同様、横穴は倭人の墓制である。熊津にも倭国からの「渡来人」が入っているのである。

熊津が、臨時の都としての色彩が強かったのに対し、泗沘は、本格的な都であり、計画的な整備がなされた。その中心は王宮である扶蘇山城《プソサンソン》である。さらにその麓の官北里《カンポクリ》遺跡には建物群や倉庫・氷庫などが配置された。また周辺をとり囲む羅城が築かれ、王興寺《ワンフンサ》・陵寺《ヌンサ》など本格的寺院も次々と造営された。

王興寺は錦江西岸に造営された寺院で、塔心礎南側に設けられた舎利孔から金製・銀製・青銅製の三重の入れ子になった舎利容器が出土した（図29）。もっとも外側の青銅製舎利容器には「丁酉年（五七七）百済王昌が子のため、刹柱を建て、舎利二枚を安置したところ、神秘的なことがおこり、三枚

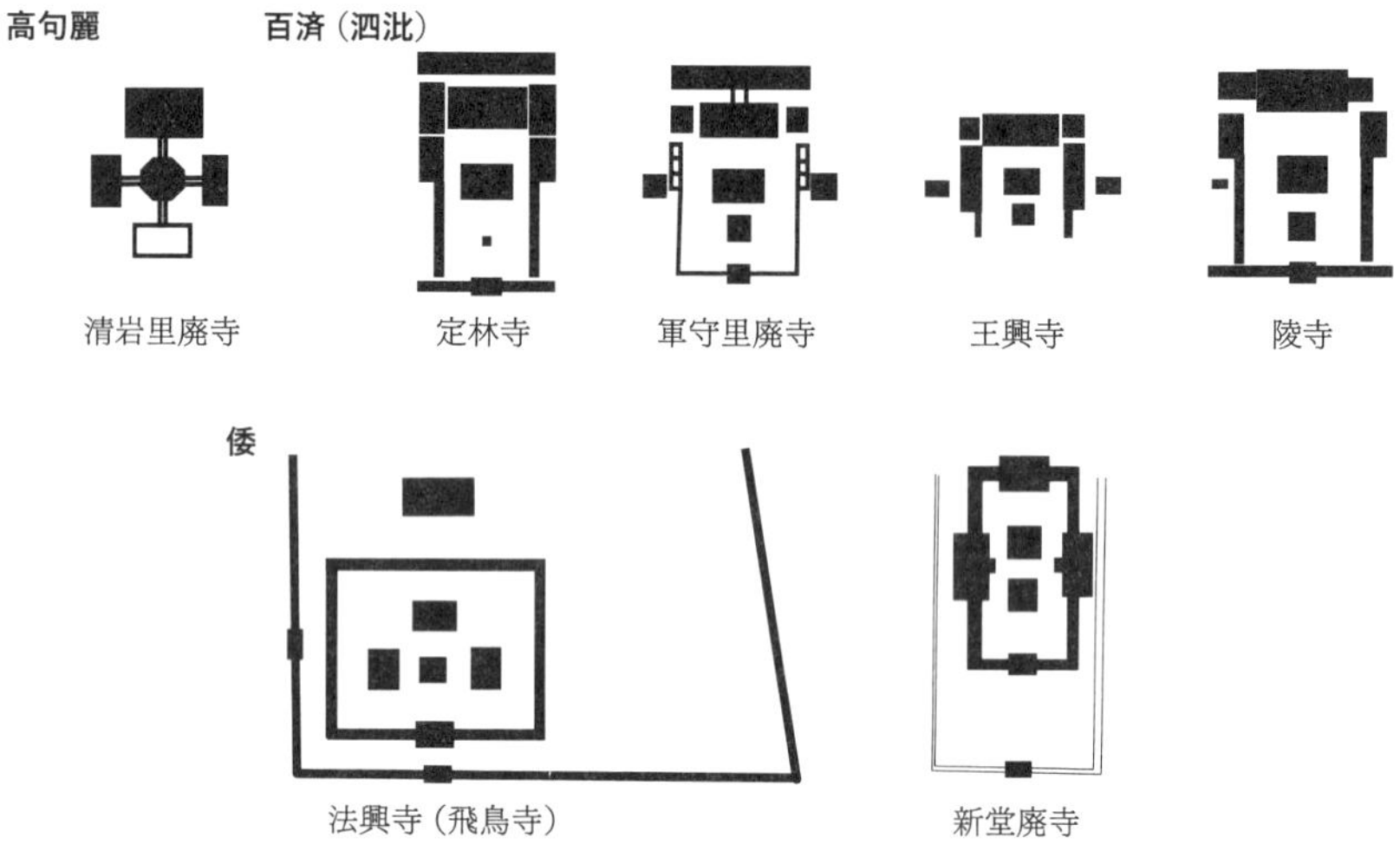

図30　高句麗・百済（泗沘）の寺院と法興寺・新堂廃寺の伽藍配置

となった」という銘文が刻まれる。王興寺の造営年代と、昌王という百済王の名が刻まれていた。王名そのものが刻まれることはほとんど例のないことであり、また、法興寺（飛鳥寺）に近い造営年代から注目できる。法興寺は、後述するように（一八三ページ）蘇我馬子が発願し、百済から工人、高句麗から僧を呼び寄せ、造営したものである。

王興寺の伽藍配置は、塔・金堂・講堂が一列に並ぶいわゆる四天王寺式であるが、東西に僧房などの別機能を備えた付属建物が並ぶ。扶余市街の東側にある陵寺も同様の四天王寺式であるが、付属建物の様相が共通する。こうした付属建物のありかたと、法興寺の一塔三金堂式の伽藍配置の共通性が注目されている〔李二〇一二〕。

すなわち、飛鳥の法興寺の一塔三金堂式は、高句麗の直接的な影響ではなく、百済において扶余定林寺で金堂の周囲にある四方の付属建物の配置が、軍守里廃寺・王興寺・陵寺など金堂の東西に付属建物を並べるものに変化する状況に対応するものであり、百済の影響のもと、日本列島で成立した新たな伽藍配置と考えられるのである。百済と同様に、付属建物をともなう形の伽藍配置をとるものが日本列島にもあって、大阪府富田林市の新堂廃寺がこれにあたるという（図30）。

羅城と陵寺の中間の丘陵上に築かれた王陵が陵山里《ヌンサンリ》古墳群である。そして、そこに採用された埋葬施設が、レンガ状の切石を積んだ横穴式石室である。天井部は横断面をみると整然とした台形になる特色をもっていて、陵山里型石室と呼ばれる。

飛鳥の南方丘陵上、奈良県高取町の束明神《つかみょうじん》古墳（幅二〇メートルの八角墳）は七世紀後半代に築かれた古墳で、その埋葬施設は、この陵山里型石室の影響を色濃く受けており、草壁皇子の墓と推定されている。こうした例ばかりでなく、飛鳥と扶余のつながりは深い。飛鳥の仏教文化ばかりでなく、さまざまな思想・技術・生活習慣などは、この扶余を故地とした渡来人がもたらしたものである。

飛鳥時代と七世紀に開花した飛鳥文化は、百済泗沘の影響なしには語れない。百済は、新羅の支援をうけた唐軍の攻撃により六六〇年に滅亡し、泗沘時代（五三八〜六六〇）は終焉する。その後も倭は百済の復興運動に肩入れして、六六三年に白馬江《ペクマガン》（白村江）での歴史的敗北へといたる。蘇我氏の時代から斉明・天智政権にいたるまで、政治的にみても倭国は百済と一蓮托生であったといえる。

武寧王から聖王の時代は、熊津時代から泗沘時代への過渡期にあたる。この時代に、百済王権は南進をすすめ、栄山江流域を中心とした全羅道地域を徐々に支配領域とし、さらに、東進して蟾津江《サムジンガン》上流部の在地勢力へ攻勢をかける。百済は泗沘時代以降、はじめて広域支配を実現するのである。

全羅道地域に存続していた
馬韓諸国

このとき、百済王権とヤマト王権の中間で翻弄され、両者をつなぐ役割を果たしたのが全羅道地域の在地勢力である。全羅道地域の在地勢力を、馬韓残余勢力と呼んでいる。朝鮮半島東南部においては、

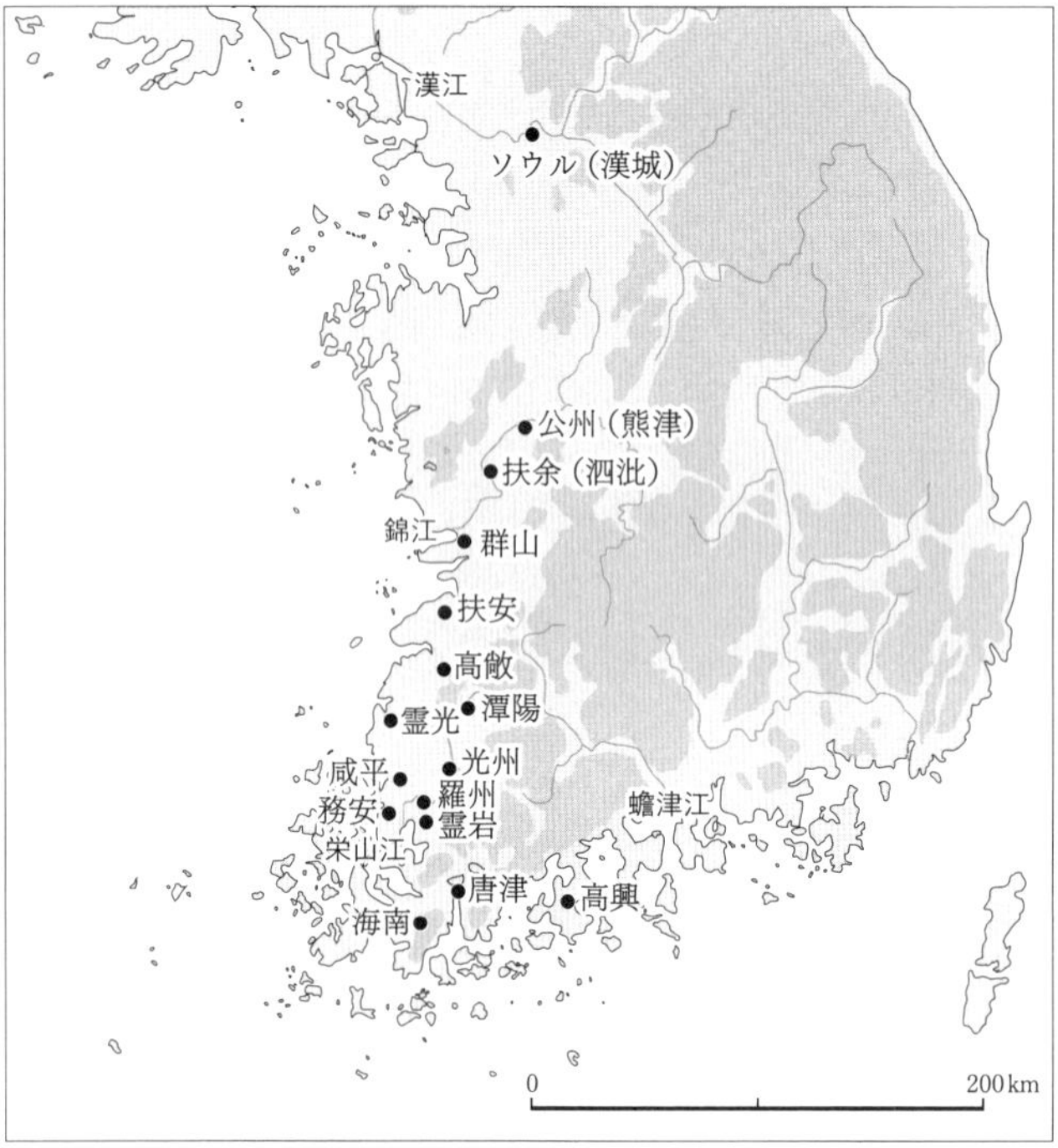

図31　朝鮮半島西南部の関連地名

二～三世紀の弁辰一二カ国が五～六世紀になっても、伽耶諸国として小国が分立したままの状態がつづいていたが、六世紀中葉頃、最終的には新羅に征圧される。それと同様に朝鮮半島西南部においても、全羅道地域の馬韓諸国は、六世紀中葉頃に百済に制圧されるまで小国が分立したままの状態がつづいていた。

　ヤマト王権の外交集団として活躍したのは、全羅道地域とかかわりの深い額田部地域の星塚二号墳の被葬者であった。それはかりでなく、奈良盆地の渡来人の多くは、この地域からやってきた。葛城氏のもとにあった渡

来人や、蘇我氏とかかわる飛鳥の渡来人も含まれている。また、北部九州には、ヤマト王権と百済王権の間をつないだ倭人がいた。交易集団であり、明白な国家への帰属意識を有していたとは考えられない。

南海岸部の交易集団

全羅道地域の南端、朝鮮半島西南海岸部の航海上の要地である高興吉頭里《コフンキルドウリ》にある雁洞《アンドン》古墳は、直径三四メートルの円墳で竪穴式石室から百済王権との関係を示す金銅冠と飾履のほか、倭系の眉庇付冑、長方板革綴短甲などが出土している。また、近在する高興郡野幕《ヤマク》の野幕古墳は直径二四メートルの円墳で、墳丘には葺石が葺かれ、竪穴式石室から、三角板革綴短甲や衝角付冑、銅鏡〈位至三公鏡・素文鏡〉、勾玉、竪櫛、土師器系土器、鑷子《せっし》〈ピンセット・毛抜き〉、ミニチュア農工具が出土している。これらを倭人の墳墓とし、交易船の寄港や航海の案内を担ったものとする見解〈権二〇一六、高田二〇一七〉や、百済王権のもとにあった倭系の兵士とする見解などが提示されている。一方、その定着性からみて北部九州の海人集団との関係が特に密接な在地集団の墓とみる見解〈金二〇一六〉も提示されている。これを倭人の墓とみるか、在地集団の墓とみるか見解の分かれるところだが、いずれの場合であれ国家への帰属意識は明瞭ではなかっただろう。ヤマト王権と百済王権の中間にあった交易集団であると考えられる。倭との対外交渉を通じて、在地で強い実力を有するにいたったのである。

馬韓残余勢力の威勢

全羅道地域一帯では、五世紀代には、大型甕棺や石室を埋葬施設とする大型の方台形古墳や円墳が数多く築かれた。

全羅北道の高敞《コチャン》には鳳徳里《ポントクリ》一号墳がある。東西七〇メートル・南北五〇メートルの方台形の墳丘に五基の石室と二基の甕棺が配置されていた。そのなかの四号石室からは、百済王権との直接的関係を示す金銅冠・飾履のほか金象嵌大刀、胡籙、金銀製の装身具などが出土している。さらに、中国東晋との関係を示す青磁盤口壺などが出土している。盛んな対外交流をおこなった在地首長墓である。

全羅道地域の中心部、栄山江下流部にあたる羅州《ナジュ》の潘南面《パンナムミョン》には大安里《テアンリ》古墳群、新村里《シンチョンリ》古墳群、徳山里《トクサンリ》古墳群などの古墳群があり、その下流部には伏岩里《ポガンリ》古墳群などがある。大型の方台形古墳、円墳などが五世紀〜六世紀初頭にかけて連綿と築造され、馬韓残余勢力の威勢を示している。羅州の古墳群に葬ら

金銅冠

埴輪

図32　新村里９号墳の出土遺物

れたのは、栄山江流域一帯のなかでもぬきんでた実力を保持した在地首長であったと考えられる。

このうち、新村里九号墳は、まずは第一次墳丘をつくり、その上におおいかぶせて第二次墳丘をつくるといういわば二階建ての古墳である。一次墳丘でも二次墳丘でも、多数の甕棺を埋葬施設としている。その甕棺の一基からは一九一七年の有光教一氏らの調査で、金銅冠や飾履・環頭大刀が出土した。冠の外冠は伽耶、冠帽・飾履は百済、環頭大刀・須恵器はヤマト王権との関係が考えられる。

さらに、一九九九年に、金洛中《キムナクチュン》氏を中心とした韓国国立文化財研究所の調査で、最初につくられた第一次墳丘を囲むように円筒埴輪や壺形埴輪が樹立されていることが明らかになった。周知のように、埴輪は日本列島の古墳文化を特徴づける資料であり、これらが日本列島の影響をうけて樹立されたものであることは疑うべくもない。ただし、タタキを施し、独特の形状をもつものであり、朝鮮半島で生産されたものである。

朝鮮半島の埴輪

朝鮮半島では、こうした在地で製作した独特の埴輪が全羅道地域を中心に三〇例ほどが知られている（**図33・巻末資料1**）。錦江下流部から南海岸地域までの広がりがあり、年代も四世紀代まで遡るものから六世紀代まで継続している。前方後円墳に樹立されている場合もあれば、一見、倭とはかかわりのない墳墓や集落の縁辺などに樹立されている場合もある。しかし、これらを子細に検討すればすべて在地勢力が、倭との関係を示すために樹立したものであることがわかる。倭との関係は、在地勢力にとってステイタスであった。倭へ渡り、故地に戻った人びとや、倭との強いつながりもっていた人びとによって埴輪が樹立されたと考えられる。

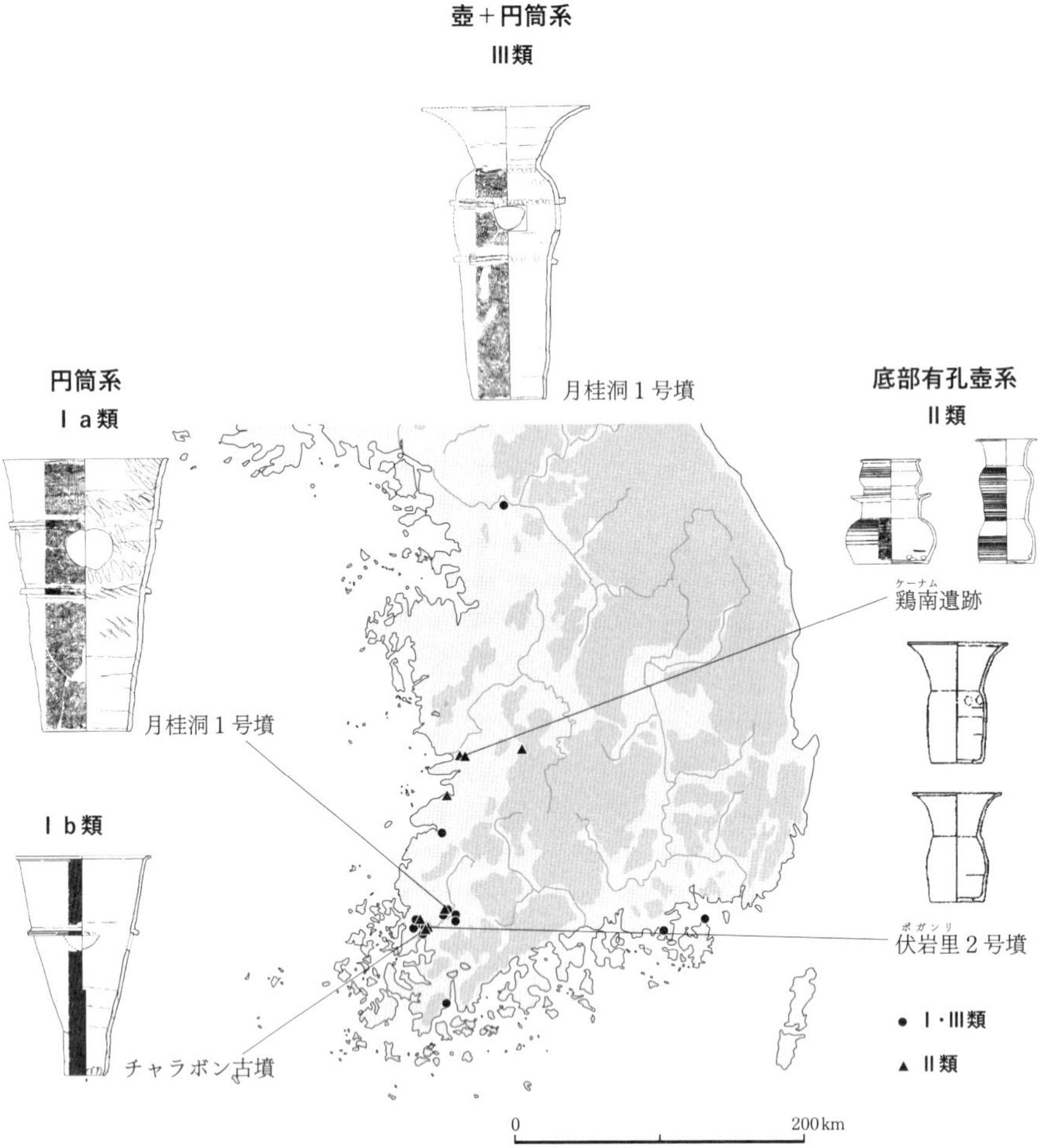
壺＋円筒系
Ⅲ類
月桂洞１号墳
円筒系
Ⅰａ類
月桂洞１号墳
Ⅰｂ類
チャラボン古墳
底部有孔壺系
Ⅱ類
鶏南《ケーナム》遺跡
伏岩里《ポガンリ》２号墳
● Ⅰ・Ⅲ類
▲ Ⅱ類
0
200km

図33　朝鮮半島の埴輪

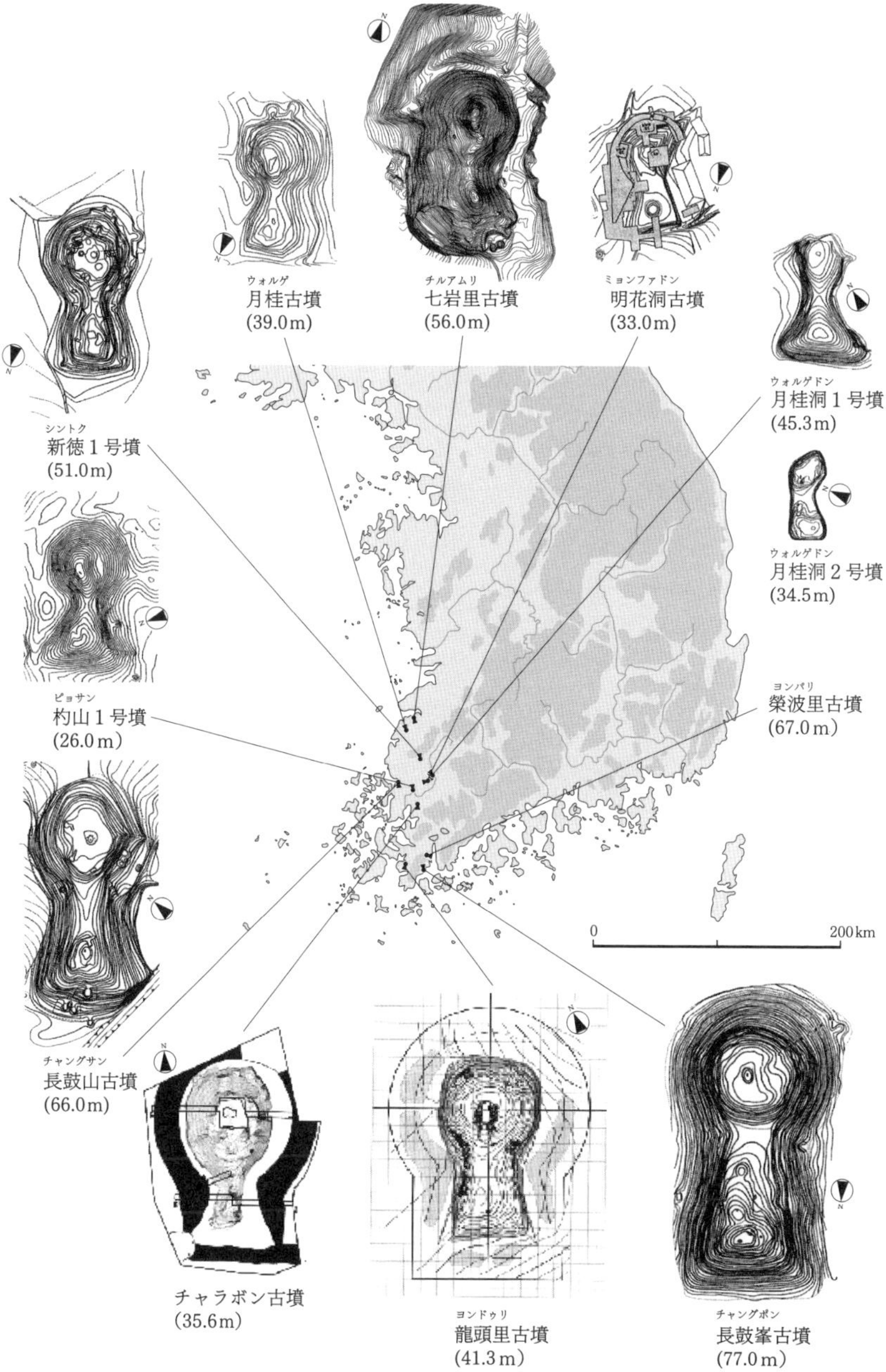

図34　朝鮮半島の前方後円墳

ただし、それは倭との関係ばかりではない。百済王権や伽耶諸国、中国南朝とも同時に交渉をおこなっていた。唯一、鶏形埴輪や馬形埴輪などの形象埴輪が出土し、墳丘に葺石も葺かれ、外部施設には倭の要素がきわめて強くみてとれる咸平《ハムピョン》の金山里《クムサンリ》方台形古墳においても、中国製陶磁器類が出土している。この対外交渉が全羅道地域の在地勢力の特色であり、五世紀代の在地勢力の古墳をみれば中国系、百済系、伽耶系、倭系の要素が混在している。

全羅道地域に集中する前方後円墳

全羅道地域には、一二基の前方後円墳が知られている（**図34・巻末資料2**）。確実に前方後円墳とわかるものは、ほぼ六世紀初頭頃の築造であり、継体大王と武寧王の時代である。

この前方後円墳の被葬者については倭人説、百済の倭系官僚説、在地首長説があり議論が交わされているが、私は、在地首長説である。在地のなかでもトップ層は、五世紀代にひきつづき、方台形古墳を築いており、前方後円墳の被葬者はそれぞれの地域のナンバー2の地位にあった。対外交渉に秀でた集団であり、倭の要素は濃厚だが、百済王権からの一定の影響も認められる。まさに、継体大王と武寧王の両方との交渉をもった在地勢力と位置づけられる。これら前方後円墳の築造を最後に、全羅道地域の支配権は在地勢力から百済王権の手にわたったのである。

それが象徴的に示されているのが咸平《ハムピョン》の新徳《シントク》一号墳と二号墳で、一号墳は六世紀前半に築造された墳丘長五一メートルの前方後円墳で、葺石を施し、北部九州型の横穴式石室を採用するなど倭系の要素が濃厚である。ただし、棺は環座金具を使用した木棺で百済系といえる。

その様相が、一変するのが、北に隣接する二号墳の築造である。六世紀中葉に築造された直径二〇〜

二一メートルの二号墳は、埋葬施設が陵山里型横穴式石室であり、百済王権中央の直接的な影響が明らかである。百済王権から派遣された人物がここに古墳を造営したのか、あるいは在地層が百済王権のもと古墳を造営したのかはわからないが、いずれにせよ、その支配下の人物といえる。

蘇我氏の出自は全羅道地域の馬韓残余勢力

このように、五世紀中頃〜六世紀はじめ頃の朝鮮半島全羅道地域の馬韓残余勢力は、ヤマト王権と百済王権の中間で翻弄されつつも、その両方と深いかかわりを有していた。倭にわたり、再び故地に戻ったものもいた。一方、倭に渡来し定着したものも大勢いた。奈良盆地や大阪平野など、政権中枢の地にも、さまざまな理由でやって来た。こうした全羅道地域を故地とする渡来人のなかに、蘇我氏の祖が存在したのではないだろうか。

この前提で、仮説を提示してみよう。

ヤマト王権と百済王権の中間にあり、両方の文化に精通しつつも、在地では実力を発揮できなかった蘇我氏の祖が、五世紀代にヤマト王権の招きに応じて、飛鳥に居住した。奈良盆地には、これまでみたように、さまざまな階層の、さまざまな故地をもつ渡来人がいた。そのなかで飛鳥の渡来人のリーダーとして徐々に頭角をあらわしてきたのが蘇我氏の祖である。継体大王の時代までは古墳をつくるような力はまだなかったが、政権運営のなかで百済の思想や技術の受け入れが最重要の課題となったとき、蘇我稲目がその能力を遺憾なく発揮したのである。

ヤマト王権と百済王権の中間で、多くの渡来人をたばねたリーダーを輩出した場所としては、この全羅道地域が蘇我氏の故地といえるであろう。

飛鳥の渡来人

百済系土器の分布

五世紀の飛鳥に、全羅道地域からの渡来人が多数いたことは、百済系の陶質土器・瓦質土器や韓式系軟質土器が集中して分布していることでわかる（図35・36）。

奈良盆地において、百済の中心部、つまり漢江流域や錦江流域と関連するような土器は少ない。百済土器の代表は、陶質や瓦質の土器では坏の下に三本の足がついた三足器だ。また、平底の口縁部の短い壺や頸の細い瓶などの器種も多くみられる。韓式系軟質土器では、甑《こしき》・長胴甕・平底鉢などの器種がある。

新沢千塚二八二号墳で出土した陶質土器の平底瓶は、百済中心部から搬入されたものである可能性があり、そのほか、葛城市の寺口忍海《てらぐちおしみ》古墳群、御所市の石光山《せっこうざん》古墳群、前述した桜井市の忍坂古墳群など群集墳を構成する小型の円墳に平底瓶や壺などが副葬されることがあって、これらは百済中心部と関連するものであるかもしれない。また、現在奈良文化財研究所飛鳥・藤原調査部が建てられている天香久山西側山麓部（橿原市木之本町）の、藤原宮下層から百済土器の壺の蓋が出土している。これも百済中心

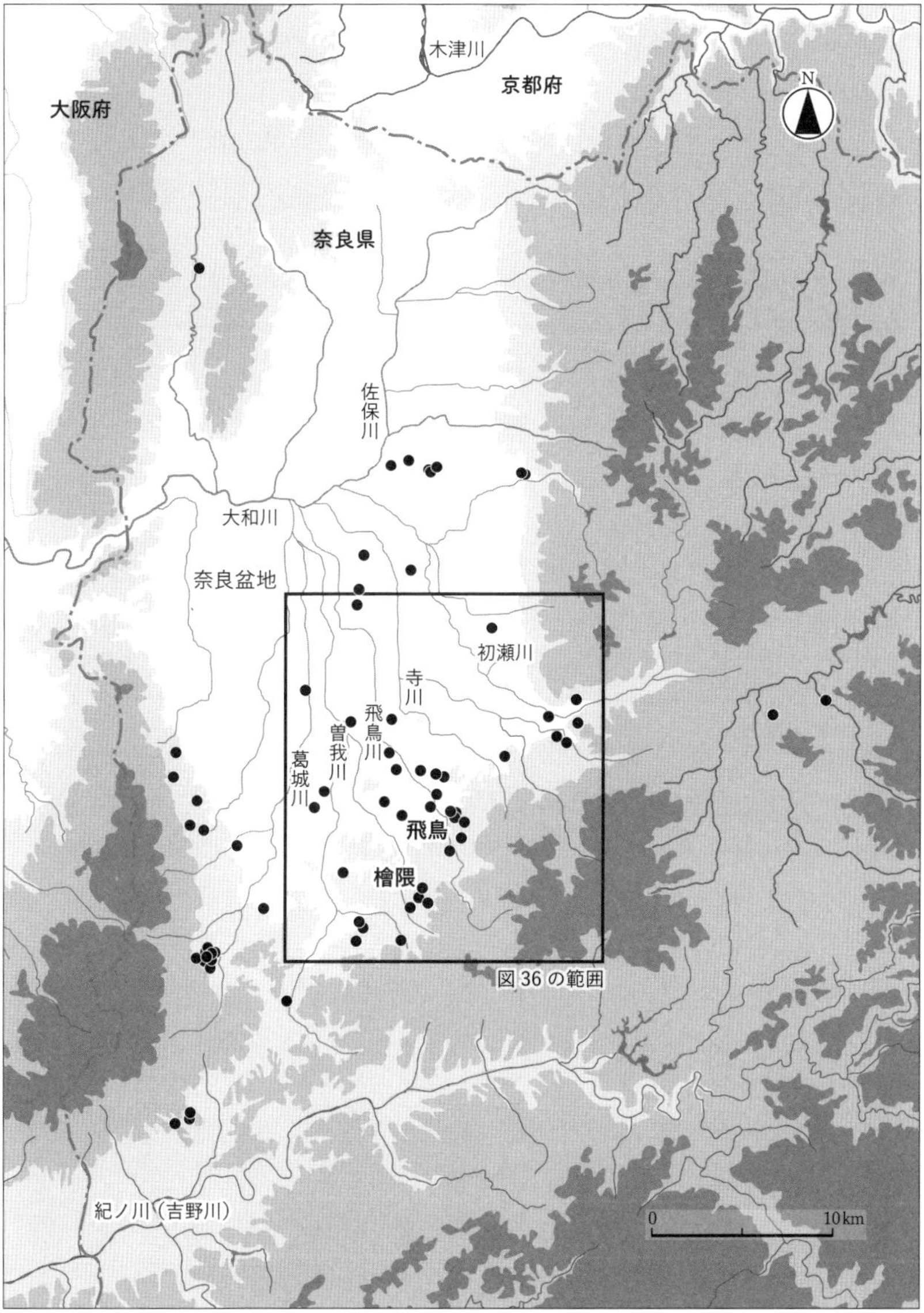

図35　奈良盆地の百済系土器の分布

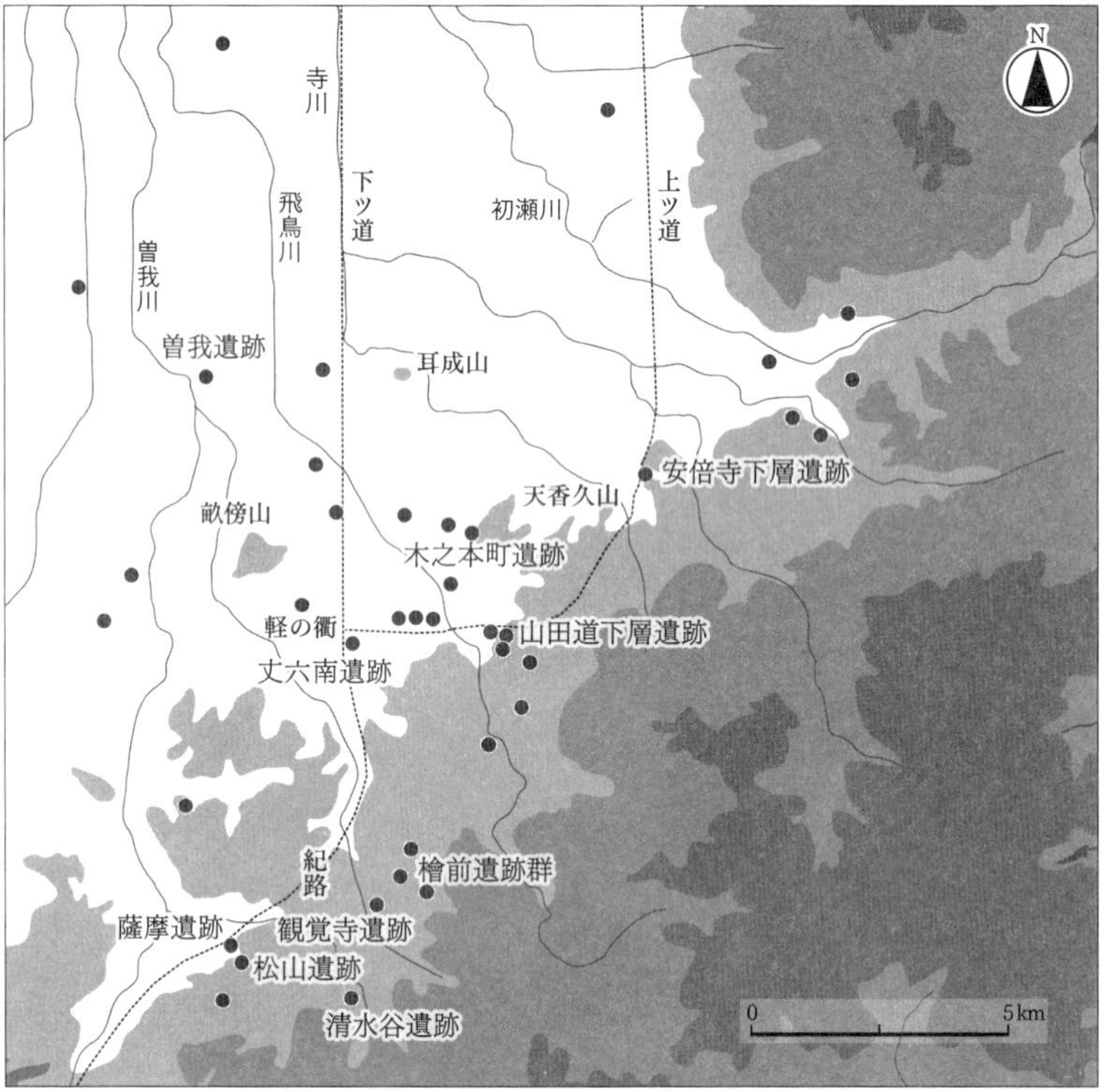

図36　奈良盆地南部の百済系土器の分布と7世紀の官道

部と関連するものだろう。

それに対し、全羅道地域と関連する軟質の甑や長胴甕は、奈良盆地の多数の遺跡から出土している。また在来の土師器と折衷したような形態をとるものもある。

甑は、寸胴形で外面に格子タタキ・平行タタキ・縄蓆文タタキを施し、底部は平底で、円形の蒸気孔を穿つ。新羅や伽耶諸国の甑が丸底であるのとは、形を大きく違える（**六七ページ図18参照**）。それとセットとなるのが長胴甕で、全体に胴部が長く、底部がやや尖っている。土器を横倒しして焼成するので、土器に細長い黒斑がみられる。また、竈にかけたときのススのつき方に特徴がある。百済中心部では一カ所に集中していて、はめ殺しの状態で火にかけていたのに対し、全羅道地域ではさまざまな場所にススが付着しており何度も竈への掛け替えがおこなわれたことがわかる。

また、鳥足文タタキを施した土器は、陶質土器でも韓式系軟質土器でもみられ、分布範囲も百済中心部から全羅道地域まで広がるが、全羅道地域と関連づけるのがよい。寸胴型で格子タタキを施す軟質の平底鉢も同様の広がりをみせるが、やはり全羅道地域との関連だろう。ちなみに朝鮮半島南部の洛東江下流部を中心とした伽耶諸国にかかわる地域の平底鉢は体部に丸みがあり、形が大きくちがう。

山田道下層遺跡

明日香村の山田道下層遺跡では、五世紀代の小さな河川と竪穴住居・掘立柱建物が検出されており、百済系の甑や伽耶系の鉢が両方出土している。一定量の韓式系軟質土器や陶質土器が出土しており、朝鮮半島各地からの渡来人集団が居住した集落遺跡である。そして、この山田道に沿った場所に、点々と四～五世紀の集落遺跡があって、韓式系軟質土器も出土している。山田道は、山田寺から飛鳥北側を通り、丸山古墳北側の下ツ道との交差点（軽の衢《ちまた》）へ至る飛鳥時代の幹線道路である。七世紀後半代に道路として機能していたことが発掘調査によって確かめられているが、飛鳥寺

図37　山田道下層遺跡の韓式系軟質土器

の北辺を通る古山田道が、七世紀前半代に機能していたという説もある（相原二〇一三）。古山田道と新山田道の間に斉明朝の饗宴・迎賓施設、天武朝の軍事施設として機能した石神《いしがみ》遺跡がある。

山田道下層遺跡は、飛鳥の大規模開発の端緒を開いた重要な遺跡である。ヤマト王権が、五世紀の段階で渡来人集団を主導しながら、このような土地開発をおこなったことが、これより南の、飛鳥川両岸一帯で次々と宮殿や寺院、諸施設などを造営する基盤となったといえる。

そして、蘇我稲目の居宅は、「向原《むくはら》の家」「小墾田《おはりだ》の家」、あるいは欽明天皇二三年（五六二）に高句麗を討ったという大伴氏から献上され、妻として娶った媛《みおひめ》と吾田子《あたこ》という二人の女性を住まわせたという「軽の曲殿《まがりどの》」がある。それぞれ、その詳細については一六七ページで触れることとするが、まさにこの山田道沿いである。また、欽明天皇十七年（五五六）に蘇我稲目を遣わして、高市郡に韓人（百済）の大身《おおむ》狭屯倉《さのみやけ》、高麗人の小身狭屯倉《こむさのみやけ》を置いたという記述もある。身狭は現在の橿原市見瀬町付近、やはり山田道沿いである。

近年、山田道下層遺跡の西側、雷丘の北側から飛鳥川を挟んで橿原市和田町・栄和町などを通り、国道一六九号線にいたる東西道（県道「橿原神宮停車場線」）が開通した。その工事にともなう発掘調査で、藤原京の遺構の下層で、連続的に古墳時代の流路や集落遺跡の存在が明らかになっている。また、軽の周辺では、丈六南《じょうろくみなみ》遺跡があり、五世紀の渡来人集落がある。韓式系軟質土器・陶質土器の出土も顕著であり、明日香村から橿原市にいたるこのルート一帯を開発した集団のリーダーこそが、蘇我氏の祖であったのではないだろうか。いまのところ資料が不足はしているが、安倍寺から山田寺、さらに軽へ至るいわゆる阿倍山田道沿いの周辺開発に従事した渡来人が、ヤマト王権の厚遇をうけ、そのリーダーとして成長していったのではないかと私は考えている。

檜隈地域

一方、明日香村南方から高取町にかけての檜隈《ひのくま》地域でも、五世紀の韓式系軟質土器が出土しており、渡来人集落が点々と確認されている。檜隈の中心は、のちに東漢《やまとのあや》氏の氏寺が築かれる檜隈寺周辺である。また、キトラ古墳や高松塚古墳があり、周辺を含め歴史公園として整備されている。現在の明日香村の大字檜前《ひのくま》一帯である。檜隈寺のある丘陵周辺一帯の檜前遺跡群内でも五世紀に遡る渡来人集落がある。ただし、建物規模や集落が大きくなるのは、六世紀後半以降であり、その中心となる時期は飛鳥～奈良時代である。檜隈地域では檜隈寺北西に隣接して石組のオンドル状の竈をとり付けた竪穴住居が検出されているほか、寺の南側で大壁建物や大規模な掘立柱建物が検出された檜前大田遺跡、寺の東側一三〇メートルの位置の檜前門田《ひのくまもんでん》遺跡では一辺五〇メートルと推定される区画のなかに大規模な建物群が検出されている。さらに、寺の北西側には、大規模な土塁と建物跡が検出されている。このあたりは七～八世紀を中心とした渡来人集落と寺院が集中している（相原二〇一七）。

檜隈の範囲は今よりもっと広い地域を指し、飛鳥と同様に広域の地名であった（一七八ページ図56参照）。南側は、高取町薩摩・松山あたりまで及ぶ。高取町清水谷遺跡・観覚寺《かんがくじ》遺跡・松山遺跡でも五世紀に遡る百済系渡来人の居住した集落遺跡が検出されている。さらに、観覚寺遺跡近傍には、稲村山古墳（墳形・規模不詳）があり、百済系の甑と指輪・釵子《さいし》などの遺物が横穴式石室と考えられる埋葬施設から出土している。六世紀初頭の渡来人の墳墓である。

松山遺跡・薩摩遺跡では、百済および全羅道地域の平底鉢や長胴甕が出土している。後者の薩摩遺跡の長胴甕は棺として使用されているが、全羅道地域から搬入されたものと考えられる。

北側は、後述するように、橿原市大軽町・見瀬町あたりまで及んでいたものと考えられる。山田道の終点である軽の衢のあった場所である。前述のように五世紀代の渡来人にかかわる集落遺跡として丈六南遺跡がある。

このように、檜隈は渡来人の居住地であり、その墳墓が営まれた場所である。檜隈の一角に阿倍山田道沿いの軽の地までが含まれるとしたら、檜隈の開発の先鞭をつけたのもまた、蘇我氏であったといえる。

蘇我氏と東漢氏

東漢氏

檜隈の東漢氏

檜隈は、東漢氏の居住地である。

『日本書紀』応神天皇二十年の条に、

倭漢（東漢）直の祖である阿知使主《あちのおみ》とその子の都加使主《つかのおみ》が自己の党類十七県を率いて来帰した。

の記載がある。

坂上氏は、東漢氏の末裔であることを自称した。鎮守府将軍・征夷大将軍に任じられ、蝦夷征討をおこなった坂上《さかのうえの》田村麻呂《たむらまろ》も坂上氏である。この坂上田村麻呂の父に坂上苅田麻呂《かりたまろ》がいる。『日本書紀』につづいて平安時代に編纂された『続日本紀』の宝亀三年（七七二）の条には、坂上苅田麻呂の奏上の記事がある。

> 大和高市郡の郡司職は檜前忌寸である。阿知使主を先祖とし、応神天皇（軽嶋豊明宮にしろしめす天皇）の御世に十七県の人を率いて、夫婦となり詔を賜い、代々檜前に居住してきた。およそ、高市郡内は檜前忌寸および十七県の人びとが地にみちあふれるほど居住し、東漢氏と関連のないものは、十のうち一か二にすぎない。

高市郡の郡司職を自らの同族の檜前氏に任じることの正当性を訴えでたものだが、応神天皇の代から檜前が各地から渡来してきた東漢氏の居住地であり、檜前氏が同族となってそれを引き継いだといういきさつを述べたものである。

このように、東漢氏は、血縁集団ではなく、国外に出自をもつ（渡来人である）ことによる同族意識をもった集団であった（加藤二〇〇二）。

蘇我馬子は、崇峻天皇の暗殺を東漢駒に命じる。『日本書紀』崇峻天皇五年の条に、

> 冬十月、崇峻天皇に山猪を献上するものがあった。天皇は猪を指さして「いつかはこの猪の頸を斬

るように自分のきらいな男を斬ってやりたいものだ」といい、いつになく多くの武器を用意した。蘇我馬子宿禰は、天皇の詔を聞き、自分が憎まれることを恐れ徒党を招集して天皇を弑することを謀った。（中略）十一月、馬子宿禰は群臣に偽り、「今日、東国の調をたてまつることにする」といい、東《やまとの》漢《あや》直《のあたい》駒《こま》に命じて天皇を弑させた（或本には東漢直磐井の子であるという）。この日、天皇を倉梯岡陵《くらはしのおかのみささぎ》（奈良県桜井市倉橋）に葬りたてまつった。

序章に述べた乙巳の変で、最後まで蘇我蝦夷・入鹿に従ったのも東漢氏である。東漢氏は、常に蘇我氏のもとにあった渡来人集団であった。

東漢氏の墳墓の階層性（「飛鳥型」石室）

東漢氏の居住地、檜前から檜前川を遡った東岸に貝吹山がある。新沢千塚古墳群のある千塚山のすぐ南の山塊で、貝吹山にある古墳も新沢千塚古墳群に含められることもある。しかし、新沢千塚古墳群とは異なり、六～七世紀の横穴式石室を埋葬施設とする古墳群である。これらは東漢氏の古墳と性格づけされる場合が多い。

貝吹山北側には沼山古墳（直径一八メートルの円墳）、南側には真弓《まゆみ》鑵子《かんす》塚《づか》古墳（直径四〇メートルの円墳）・与楽《ようらく》鑵子塚古墳（直径二八メートルの円墳）・カンジョ古墳（一辺三六メートルの方墳）など大型横穴式石室を埋葬施設とし、規模がやや大きく独立的に立地する古墳がある。

これらの横穴式石室はドーム形天井で石室高が著しく高く、玄室の平面形が正方形に近い「飛鳥型」石室〔坂二〇〇九〕である（**一八一ページ図58参照**）。従来から、滋賀県大津市北郊や平群《へぐり》谷などに、同様の

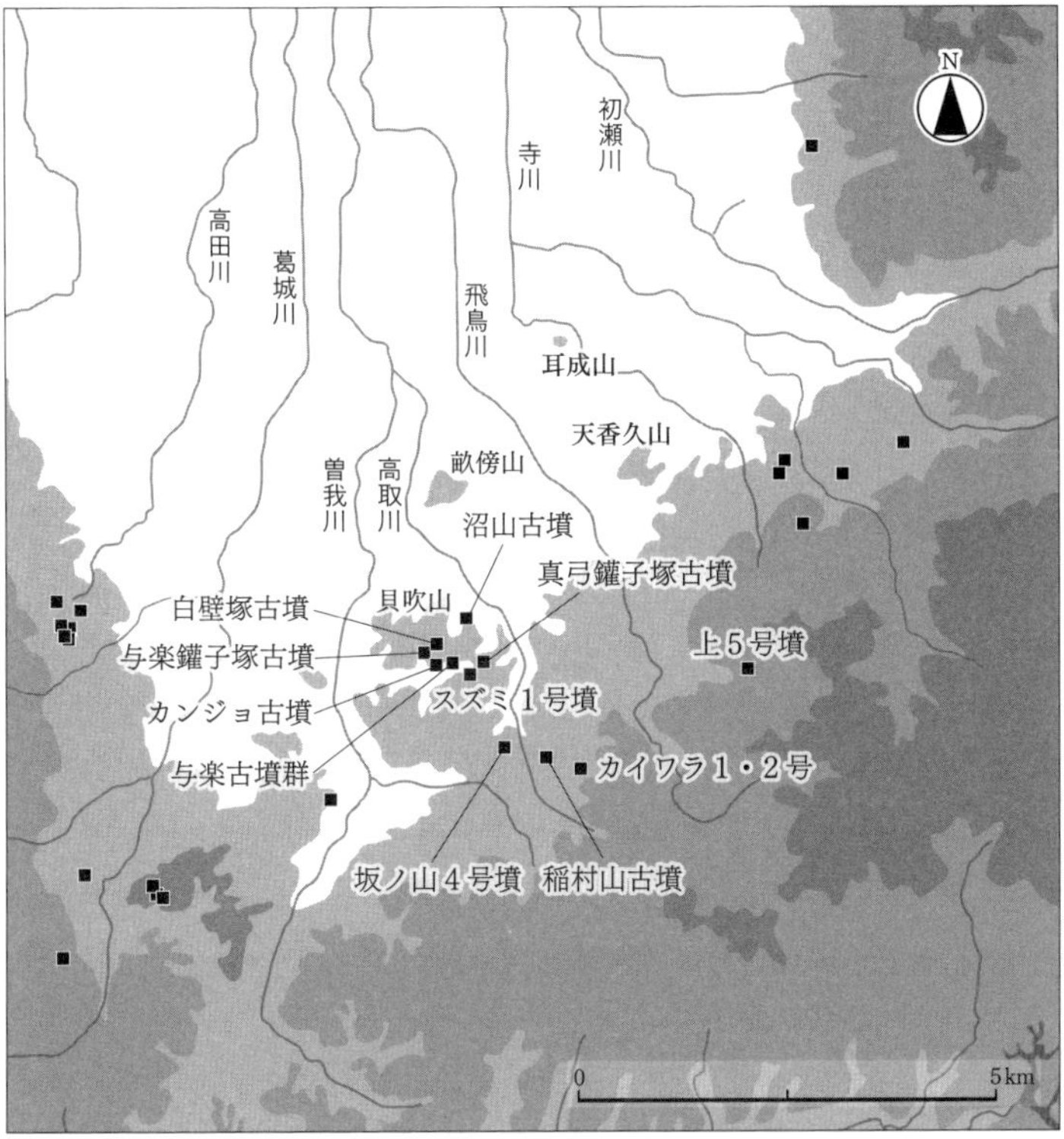

図38　ミニチュア炊飯具・釵子の分布

石室構造をもつ古墳群があり、いずれも渡来人集団との関連性が指摘されていた。

　さらに、近年の調査で飛鳥地域の古墳すべてに、ミニチュア炊飯具が副葬されていることが明らかになり、これらの古墳と渡来人集団との関連性がますます濃厚になったといえる。ドーム形天井の石室でミニチュア炊飯具をもつ古墳は、カンジョ古墳のすぐ東側に位置する群集墳の与楽古墳群内に数多く知られるほか、飛鳥地域東縁部にあたる細川谷の上《かむら》五号墳（直径一七メートルの円墳）にもある。また、真弓鑵子塚古墳の南側の真弓スズミ一号墳（一辺一〇メートルの方墳）、檜隈地域に含まれる阿

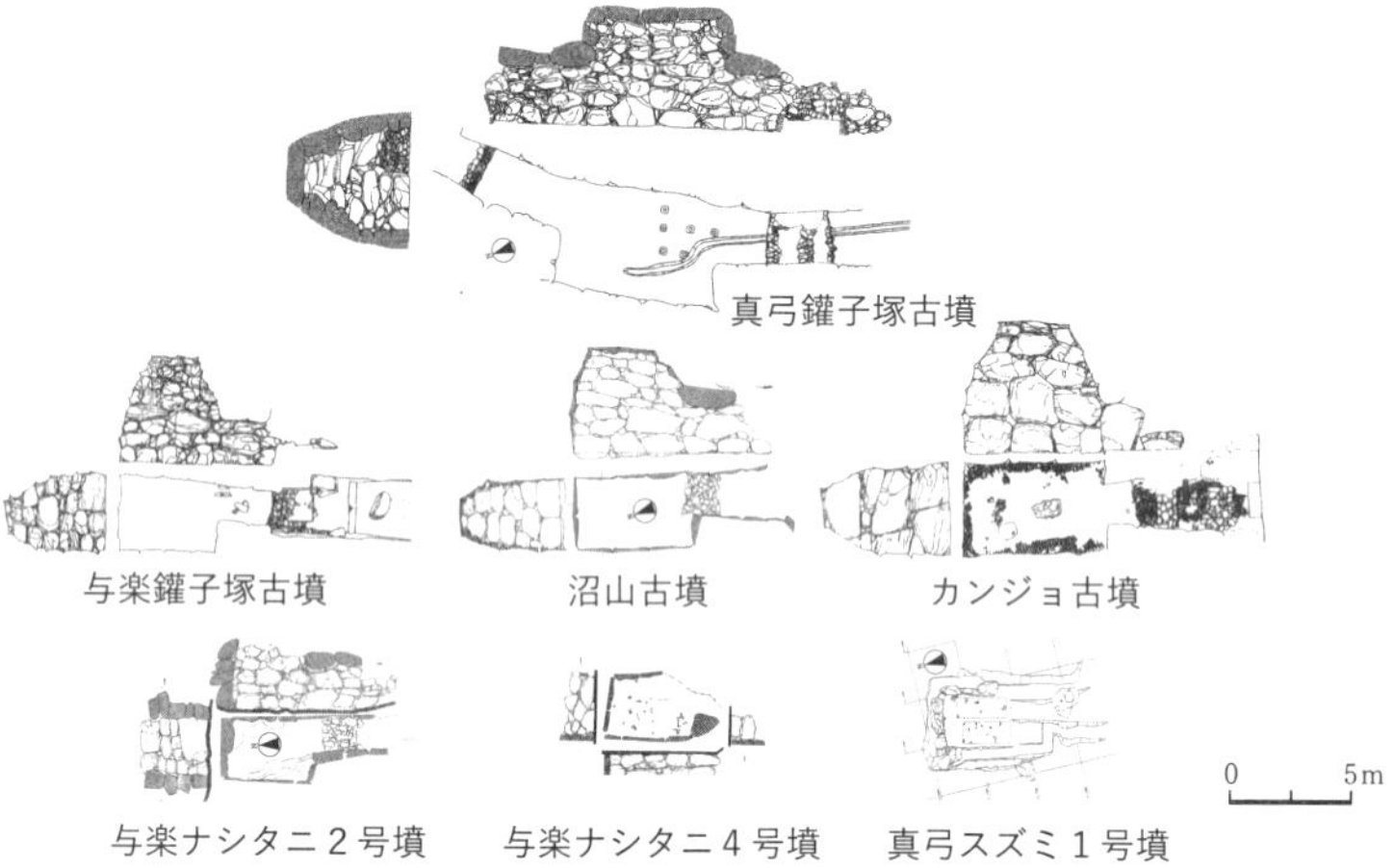

図39　貝吹山古墳周辺の横穴式石室の階層性

図40　真弓鑵子塚古墳の横穴式石室

図41　与楽鑵子塚古墳のミニチュア炊飯具

部山のカイワラ一・二号墳（一辺一〇～一一メートルの方墳）などの小規模古墳でもミニチュア炊飯具の副葬がみられる。

これらは古墳の規模、石室の規模がさまざまであり、その階層性が明らかである。このなかで、貝吹山南側に位置する真弓鑵子塚古墳を頂点に、与楽鑵子塚古墳、カンジョ古墳、沼山古墳の三基は墳丘規模・石室規模も突出して大きく、首長墳として累代的に築造されたものである。

この階層秩序は、蘇我氏と東漢氏の関係そのものである。ここで頂点として意義づけた首長墳については、東漢氏を統括していた階層が営んだものであると理解できる。七八ページで述べたとおり、この真弓鑵子塚古墳こそ、蘇我氏の墳墓であると考えることができるだろう。

蘇我満智・韓子・高麗

蘇我韓子

蘇我稲目の祖父か

『紀氏家牒』（成立年不詳）に

系図伝曰、蘇我稲目宿祢者、蘇我石河宿祢之玄孫、満智宿祢之曽孫、韓子宿祢之孫、馬背宿祢亦曰高麗之子、歴事宣化・欽明両朝、為大臣。

の記載がある。

　これによれば、蘇我韓子は、蘇我稲目の祖父ということになる。

蘇我韓子は、『日本書紀』雄略天皇九年三月の条のなかで、紀小弓宿禰《きのおゆみのすくね》・大伴談連《おおとものかたりのむらじ》・小鹿火宿禰《おかひのすくね》らとともに新羅征伐の将軍として登場する。

　紀小弓宿禰・大伴談連は、喙《とく》（慶尚北道慶山）まで攻め入ったが、そこで大伴談連は戦死する。（中略）そののち新羅兵を追撃したが、大将軍の紀小弓宿禰が病死してしまった。夏五月に、紀大磐宿禰が、父が亡くなったことを聞いて、ただちに新羅にむかったが、小鹿火宿禰の兵馬・船官・および諸小官を指揮下におき、自分勝手にふるまった。小鹿火宿禰は、紀大磐宿禰を深く怨んだ。そして、偽って蘇我韓子宿禰に告げ

「大磐宿禰が韓子宿禰の官を掌握するのが間近だと言っている。あなたの掌っている官を守りなさい」

と言った。こうして、韓子宿禰と紀大磐宿禰のあいだに仲たがいがおこった。

　そこで、その仲裁にたったのが百済の王で、人を韓子宿禰たちのもとに遣わした。

「国の境をお見せしたいと思う。どうぞ、おでかけください」

韓子宿禰たちは轡《くつわ》を並べ出かけて行ったが、大磐宿禰が馬に河で水を飲ませようとしたとき、韓子宿禰がうしろから鞍橋《くらぼね》の横木を射た。大磐宿禰は驚き、振り向きざまに韓子宿禰を射落としてしまった。韓子宿禰は河の中流で死んだ。三人の臣は、以前から秩序を乱すおこないがあり、百済の王宮に至らないで帰還してしまった。

このの ち、雄略天皇が大伴室屋に命じ、紀小弓宿禰の功績を称えるとともに、田身輪邑（淡輪）に墓をつくったという。この記事の中心は、紀小弓宿禰の偉大な人物像と、紀大磐・蘇我韓子・小鹿火の対立である。

新羅への出兵があったかどうか、あるいは、それぞれの人物が実在したかどうかがまず疑われる。特定人物の事績としてこれを評価することはできないだろう。

有力地域集団、紀氏

そうしたなか、紀氏も葛城氏と同様、五世紀において紀ノ川下流部を支配領域とした有力地域集団と評価することが可能である。紀ノ川北岸部に位置する和歌山市鳴滝遺跡の大型倉庫群、西ノ庄遺跡をはじめとした製塩遺跡、楠見遺跡の初期須恵器、金製勾玉の出土で著名な車駕之古址《しゃがのこし》古墳（墳丘長八六メートルの前方後円墳）や、馬冑の出土で著名な大谷古墳（墳丘長約七〇メートル）の前方後円墳など新羅・伽耶方面とつながりながら、地域支配を実現している様子が確認できる。

さらに、この紀ノ川北岸域を支配した有力地域集団の支配者層が大型前方後円墳を築いた場所が淡輪古墳群である。紀ノ川北岸部で生産した埴輪や須恵器が淡輪古墳群まで運ばれている。この埴輪には、藤蔓などを輪にしてその上に粘土を積み上げながら埴輪をつくるという輪台技法〔辻川二〇〇七〕やタタキなど、朝鮮半島の技術が採用されている。淡輪古墳群の被葬者は、紀小弓の人物像と重なっていて、紀氏の遡源は、まさにこの五世紀の有力地域集団といえる。

　この記事において、百済王の仲裁は、功を奏したわけではなかったが、蘇我韓子と百済の関係は注目されてよい。そもそも韓子というのは、倭人と朝鮮諸国出身の女との間に産まれた子のことだという。『日本書紀』の継体天皇二十四年の条、任那への近江毛野臣の派遣から、その死にいたる過程のなかで、毛野臣が吉備韓子那多利《きびのからこなたり》・斯布利《しふり》を殺したという記事がある。また、任那では、日本人と任那人の間によく子どもが生まれたが、その帰属を決めるため、熱湯に身をいれて爛《ただ》れがでるかどうかでその嘘を判断するという誓湯《うけいゆ》をして、毛野臣が多くの人を殺したという。ここで、吉備韓子那多利・斯布利の名前の注釈として、「大日本の人、蕃《となりのくに》の女《め》を娶《と》って産んだ子が韓子である」と記されている。

　蘇我韓子がそのままの記載どおり実在したとは思えないが、韓子の名前から蘇我氏の出自と役割が暗示されているように思えてならない。

蘇我満智と高麗

　次に満智である。

『紀氏家牒』では、韓子の父が満智とあり、稲目の曾祖父ということになる。

　第一章で述べたように、百済高官木劦満致と同一人物であるかどうかはわからない。ただし、百済と蘇我氏とのかかわりは考慮すべきであろう。

　また、蘇我満智の名は『日本書紀』の履中天皇二年の条にある。

冬十月に磐余に都をつくり、平群木菟宿禰《つくのすくね》、蘇我満智宿禰、物部伊莒弗大連《いこうのおおむらじ》、円《つぶら》（円、これを豆夫羅という）大使主《おおみ》が、ともに国事を執った。

これらの人物のうち、円大使主は、葛城円大臣のことだが、氏の名が記されていない。こうした氏名を書かない表記法が古い。氏族の成立はこれよりのちのことだからである。蘇我満智という氏名をもった人物が存在するとすれば、これよりあとの時代である（平林二〇一六）。

蘇我満智が存在するなら、『古語拾遺』の雄略朝に登場する蘇我麻智のことだろう。

秦氏が雄略朝に太秦（宇豆麻佐）を賜姓されたことにつづき、「更に大蔵を立てて、蘇我麻智宿禰をして、三蔵―斎蔵《いみくら》・内蔵《うちつくら》・大蔵《おおくら》―をして、秦氏をして其の物の出納せしめ、東西の文氏をして、其の簿を勘《かんが》へ録せしむ」と記している。

大蔵・内蔵などが実際に設置されるのは、斉明朝以降のことだから、史実としてはうけとめられない。しかし、蘇我氏が、秦氏・東西の文（漢）氏という渡来系氏族の上位にあり、蔵の管理をおこなっていた記事として重要である。

その意味で注目されるのが、『日本書紀』の雄略天皇七年の条、さきほどの蘇我韓子が登場する二年前の記載である。

雄略天皇が西漢才伎《かわちのあやのてひと》歓因知利《かんいんちり》の進言に応じて、百済から今来の才伎《てひと》（新来の工人）を呼び寄せようとした。大嶋に滞在していた手末《たなすえ》の才伎（手先を使う諸種の技術をもつ職人）を倭国の吾礪《あと》（河内国渋川郡跡部郷）の広津邑《ひろきつむら》に安置する。病死するものが多かったので、大伴大連室屋に詔して、東漢直掬《やまとのあやのあたいつか》に命じて、新漢陶部高貴《いまきのあやのすえつくりこうき》、鞍部堅貴《くらつくりけんき》、画部因斯羅我《えかきいんしらぎ》、錦部定安那錦《にしごりじょうあんなこむ》、訳語卯安那《おさめうあんな》らを上桃原《かみつももはら》、下桃原《しもつももはら》、真神原《まかみのはら》の三カ所に居住させた。

というものである。

百済から渡来した陶工・馬鞍工・画工・錦工・訳語といったさまざまな技術をもった職人集団が、最終的に飛鳥の上桃原、下桃原、真神原に居住したという内容であり、渡来人集団を呼び寄せることを進言したのが西漢氏、居住地を提供したのが東漢氏である。

ここに、蘇我氏の名前はないが、真神原こそ、蘇我馬子が発願した法興寺が建立された土地である。法興寺の創建の前には、ここに飛鳥衣縫造《あすかきぬぬいのみやつこ》の祖先である樹葉《このは》の家があったという（『日本書紀』崇峻天皇元年の条）。蘇我氏は、この頃には渡来人のリーダーとして活動していたと考えられる。

そして、蘇我高麗である。

先述の『紀氏家牒』では韓子の子、馬背の別名が高麗である。稲目の父にもかかわらずこの人物の記録が少ない。『古事記』『日本書紀』に記載はない。蘇我稲目の父がどのような人物であったのか、文献資料からはうかがうことはできないが、この頃には渡来人集団のリーダーとして、飛鳥にしっかり根をおろしていたと考えられる。

蘇我氏の出自をめぐる諸説

河内石川説

河内石川説の根拠は、蘇我石川宿禰である。

『古事記』の孝元天皇の段に建内宿禰の子として、波多八代《はたのやしろ》宿禰・許勢小柄《こせのおから》宿禰・平群都久《へぐりのつく》宿禰・木角《きのつの》宿禰・葛城長江曽都比古《かづらきのながえのそつびこ》・若子《わくこ》宿禰と並んで、蘇我石河宿禰の名がある。蘇我石河宿禰は、蘇我臣・川辺臣・田中臣・高向《たかむく》臣・小治田《おはりだ》臣・桜井臣・岸田臣らの祖とされる。五代の天皇に仕えた理想の臣下としてつくりあげられた建内宿禰のもとに、七つの氏族を一塊にした擬制的な同族関係が、実在しない欠史八代の一人の孝元天皇のもとに形成されている。この七人はそれぞれの氏族の祖であるとここで位置づけられた伝説的な存在である。

『日本書紀』の応神天皇三年の条にも石川宿禰が登場する。

> 百済の辰斯《しんし》王が立って、貴国の天皇に対し例を失した。そこで紀角宿禰、羽田矢代宿禰・石川宿禰・木菟《つく》宿禰を遣わして、その礼がないありさまを詰責させた。それによって、百済国は辰斯王を殺して謝罪した。紀角宿禰らは阿花を立てて王とし帰ってきた。

こうした記事が年代観やその人物の実在性についての疑義から、それぞれ信憑性のないものとして一蹴するとしても、河内石川説は、後世の蘇我氏の系譜のうち、確実に稲目以前に遡ると考えられる蘇我氏から枝分かれした高向氏、川辺氏の本貫地が河内にあることを根拠としている（黛一九九五）。
高向は石川郡（錦部郡）高向で、大阪府河内長野市高向、川辺は石川郡川野辺で、南河内郡千早赤阪村川野辺であり、それぞれ発掘調査がおこなわれている。いずれも古代～中世を主体とした遺跡であり、古墳時代まで遡る遺物は少ない。

蘇我氏が河内石川地域と強いかかわりをもつのは、やはり蘇我倉山田石川麻呂が登場してからだろう。年代的には、六世紀後半以降のことである。蘇我倉山田石川麻呂は、乙巳の変の首謀者の一人だが、序章にもあるように大化五年（六四九）に自害して果てる。しかし、連子《むらじこ》の系譜が石川氏を名乗り、政治中枢をしめる。あるいは、石川麻呂の女の乳娘《ちのいらつめ》は孝徳天皇の妃として、遠智娘《おちのいらつめ》は中大兄（天智）の妃となっている。

一須賀古墳群

河内石川で、まず注目されるのは「近つ飛鳥」と呼ばれるあたりで、六世紀代を中心とした時期の、渡来人集団の墓を含む総数二六〇基以上の群集墳である一須賀《いちすか》古墳群がある。古墳群の麓には大阪府立近つ飛鳥博物館がある。

博物館に向かう谷筋の入り口部付近、古墳群の北側あるのが葉室塚《はむろづか》（越前塚）古墳（東西七五メートル・南北五五メートルの方墳）・葉室石塚古墳（一辺三〇メートルの方墳）で、六世紀末～七世紀前半に築造されたものである。周辺には敏達陵に治定されている太子西山古墳（墳丘長九三メートルの前方後円墳）、推古陵に治定されている山田高塚古墳（東西六六メートル×南北五八メートルの方墳）、用明陵に治定されている春日向山古墳（東西六六メートル×南北六〇メートルの方墳）、聖徳太子墓に治定されている叡福寺北古墳（直径五二メートルの円墳）などがある。それぞれの治定にほぼ問題はないものと思われるが、敏達陵は円筒埴輪の年代観に若干の齟齬があり、年代が確定していない巨大前方後円墳である松原市の河内大塚山古墳をこれに比定する説もある（森二〇一二）。

いずれにせよ、近つ飛鳥の周辺には六世紀末～七世紀前半の王家の墓が集中している。「王陵の谷」と称される所以である。これらを総称した古墳群は名称が磯長谷《しながだに》古墳群である。磯長谷古墳群は蘇我氏の墓域とみるより、王家の墓域とみてよいだろう。

平石谷古墳群

一方、磯長谷古墳群の南側、河南町に平石谷古墳群がある。シショツカ古墳は六世紀後半～末葉に築造された花崗岩の切石を使用した横穴式石室を埋葬施設とする方墳（東西六〇メートル×南北五三メートル）である。金・銀の象嵌が施された大刀や金銅製指輪、ガラス玉などが出土している。棺は、漆塗りの籠棺《かごかん》である。

シショツカ古墳の北東三七〇メートルには、アカハゲ古墳がある。一辺四五メートルの三段築成の方墳で、墳丘の下段の下にさらに幅約七〇メートルの基部を付け足している。埋葬施設は切石を使用した横口式石槨であった。築造年代は出土土器が古く、従来の年代観より遡るが七世紀初頭におくのが妥当だろう。

飛鳥時代になると、古墳の埋葬施設はこの横口式石槨に変化する。官人や貴族層が採用したもので、シショツカ古墳のような棺を入れる部屋（玄室部）と通路（羨道部）を何枚かの石で組むものから、一枚の石で組んだ狭い部屋（石槨部）と、その手前に前室、羨道を接続するものへと変わっていく。シショツカ古墳の埋葬施設は、その過渡期のものだ。

塚廻《つかまり》古墳は、アカハゲ古墳の北東一五〇メートルに位置し、アカハゲ古墳と同様、最下段に基底部をもち一段目の幅は八〇メートルに達する。埋葬施設は横口式石槨で、石槨部と前室の境に扉石が残る。棺は漆塗籠棺で、棺を飾った七宝飾金具や螺旋状の金線、金象嵌大刀などが出土している。アカハゲ古墳の次代に築造された大型古墳である。

平石谷古墳群をめぐっては、白石太一郎氏は蘇我連子から連なる石川氏の墓であるとみている（白石

図42　シシヨツカ古墳の横穴式石室

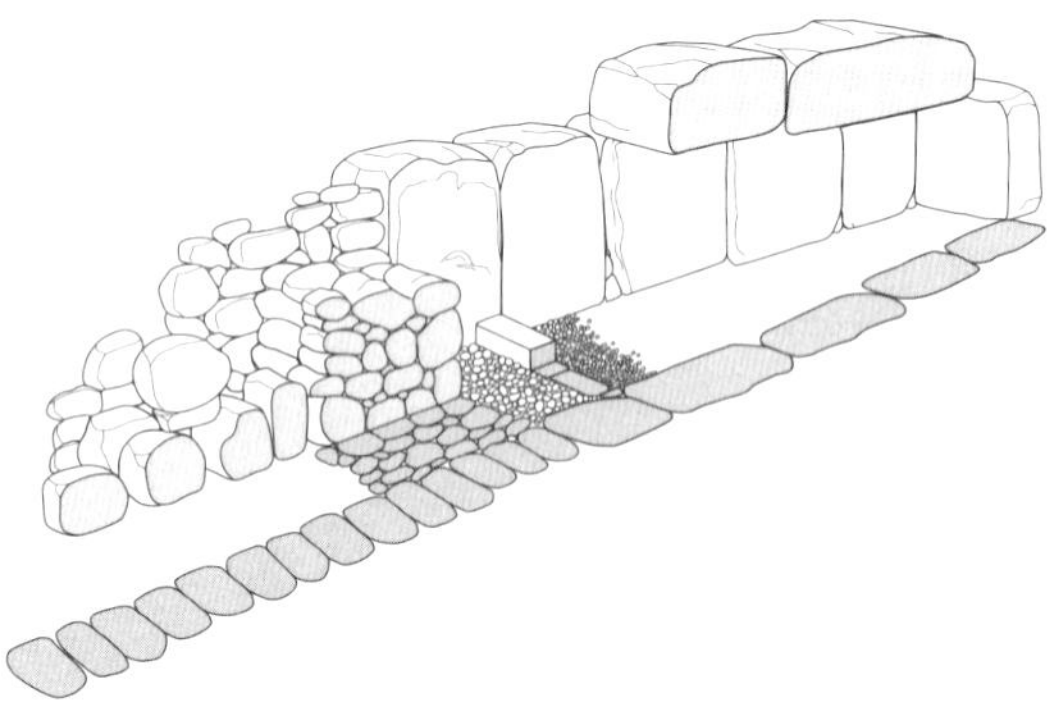

図43　シシヨツカ古墳透視図

二〇一〇）。また、大伴氏との関連を指摘する説もある（大阪府立近つ飛鳥博物館二〇〇六）。さらに、奥田尚氏や西川寿勝氏は、平石谷古墳群を蘇我氏の墳墓と考え、シショツカ古墳を蘇我稲目の墓とした（奥田二〇一一・西川二〇一六）。

いずれにせよ、これらの古墳は六世紀後半代以降の築造であり、蘇我氏の出自とは無関係であるといわざるをえない。蘇我馬子の墳墓については、次章でくわしく触れることにしよう。

大和曽我説

大和曽我説は、地名を重視した説である。最近出版された書籍は、大半がこの説をとる（水谷二〇〇六・吉村二〇一五・佐藤二〇一六・平林二〇一六・遠山二〇一七）。その場合、もともとの出身地は曽我で、蘇我稲目の代になってから飛鳥に移動したとみなさなければならない。

近鉄大阪線真菅駅のあたりが橿原市曽我町である。ここに、宗我坐《そがにいます》宗我都比古《そがつひこ》神社がある。『延喜式』にある社名であり、社地が移動していなければ平安時代にまで遡る可能性がある。祭神はソガツヒコとソガツヒメである。蘇我氏の一族、境部摩理勢《さかいべのまりせ》が蘇我に田家《たどころ》（豪族の私有地）を構えていたという記載がある（**後述一九四ページ**）。この曽我と関連するなら、七世紀になって蘇我氏が勢力を伸長してから、ここに進出したのかもしれない。

五世紀代の遺跡としては、曽我遺跡がある。この神社の東方六〇〇メートルの、国道24号線橿原バイパスの建設にともなって発掘調査された大規模な玉生産遺跡である。

東北久慈産と推定される琥珀《こはく》、糸魚川姫川産の翡翠《ひすい》、出雲・北陸産の碧玉《へきぎょく》、水晶、滑石《かっせき》など日本列島各地から石材が集積され、ここで管玉・勾玉・有孔円板などさまざまな製品に加工された。原石と、それを形割りして研ぎ出したり、孔をあけたりするまでの各段階を示す未製品、加工の際に出たクズやチップ、孔をあけるときに使った鉄の錐や、石を研いだり磨いたりするためのさまざまな形の砥石などが出土した。五世紀の玉作り工房としては、日本列島では質・量とも最大である。日本列島各地で玉作り工房はみつかっているが、小規模なものが多く、また、専業的に玉だけを作ったような工房はほかには見当たらない。ヤマト王権直営の専業的な玉作り工房と評価できる。

この状況は、大阪府堺市の陶邑古窯跡群とその周辺で、須恵器を一元的・集中的に生産していた様子

図44　宗我坐宗我都比古神社

図45　曽我遺跡の玉作り関連遺物

とよく似ている。五世紀のヤマト王権は、鉄器生産、玉生産、須恵器生産、埴輪生産などの工房や、窯などを各地に配置していた。その一方で、葛城氏や物部氏などそれぞれの有力地域集団も、それぞれ自らが支配する領域のなかで、独自の生産活動をおこなっていた。いずれも、その技術者として渡来人集団がかかわっていたと考えられる〔坂二〇一三〕。

曽我遺跡でも、全羅道地域の甑が出土しており、渡来人が玉生産にかかわっていた。また曽我遺跡からさらに東側三七〇メートル、ホームセンターの建設にともない発掘調査された南曽我遺跡では、古墳時代の馬を埋葬した墓もみつかっている。渡来人がなんらかの形で関与していたことは疑いがない。こうしたところから、この周辺にまず居住し、それを出発点に上流部へ移動したという可能性もある。

地名を最重要視した場合、この説が成立する余地は残るが、やはり最初から蘇我氏は飛鳥に根をおろし、そこで力をつけていったとみたほうがわかりやすい。その意味で、稲目が居宅をおいた軽の地が蘇我氏の本拠地〔本貫〕とする前田晴人氏の説は魅力的である。もちろん、渡来人出自説ではないが、蘇我氏の発祥が軽であることを文献資料から考察している〔前田二〇一一〕。

葛城の曽我説

曽我は葛城に含まれるか

この曽我周辺を葛城氏の支配領域のなかにあるとみて、葛城地域の一部である曽我が蘇我氏の出発点とみる見解〔倉本二〇一五〕もある。五世紀の葛城の各地域集団のなかで、六世紀には大半の勢力は、その力が衰えたものの、曽我の地域勢力が逆に力をつけていったという考えである。この説も、飛鳥への移動を前提にしたもので、受け入れがたい。

ただし、葛城氏の支配領域については検討する必要があるだろう。

『日本書紀』の雄略天皇四年の条に、

雄略天皇が葛城山で狩猟したときに、葛城一言主神《ひとことぬし》に遭遇し、ともに鹿狩りをして、轡をならべて馳《は》しりまわった。日が暮れて、猟がおわり、一言主神は来目《くめ》河のほとりで天皇を見送った。

という説話がある。

来目というのは、現在の橿原市久米町で畝傍山の南のあたり、そこを流れるのは高取川、つまり曽我川の上流であり、東に分岐した支流の名称である。さらに高取川はその南上流部で、東に檜前川に分岐する。現在の久米町の高取川沿いは、平安時代に開削された益田池の堤があり、そこから、葛城山を正面にのぞむことができる。

直木孝次郎氏は、こうした説話をふまえながら、雄略は葛城氏と対等的立場であり、そのうえで、五世紀は葛城氏と大王家の両頭政権とした〔直木一九八三〕。葛城氏が大王に匹敵する実力を保持していたとみたのである。

塚口義信氏は、葛城氏の系譜に奈良盆地西南部の御所市・葛城市あたりを本拠地にした玉田宿禰系と、西部の北葛城郡河合町・上牧町あたりを本拠地にした葦田宿禰系の系譜があるとした〔塚口一九八四〕。

大葛城説

さらに、四～五世紀代に次々と大型前方後円墳が築かれた馬見古墳群を、葛城氏と関連づける考えがある。馬見古墳群の北群は河合町川合に川合大塚山古墳（墳丘長約二一五メートル）があり、中央群は現在、県立馬見丘陵公園として整備されているあたりで、巣山古墳（墳丘長約二二〇メートル）・新木山《にきやま》古墳（墳丘長約二〇〇メートル）、南群には近鉄大阪線の築山《つきやま》駅のある大和高田市築山古墳（墳丘長二一〇メートル）など、南北七キロに及ぶ大型古墳群である。

これに加えて、奈良盆地中央部、寺川と飛鳥川が合流するあたり、磯城郡川西町に所在する大型前方後円墳である島の山古墳（墳丘長二〇〇メートル）までをも含めて、葛城氏と関連づける説もある（白石二〇〇〇）。さらに、小笠原好彦氏は、島の山古墳の前方部の被葬者を神功皇后の母、葛城高顙媛《たかぬかひめ》であるとした（小笠原二〇一七）。

このように、葛城氏の勢力範囲を広くとらえるのが、いわゆる「大葛城説」で、大王と拮抗するような一大勢力であったとする説である。この大葛城説に立てば、確かに「葛城の曽我」も成立する余地がある。

大葛城説は成り立つか

しかし、私はこの立場には立たない。文献の記載と遺跡のありかたからみて、大葛城説は成立しないと考えている。

馬見古墳群を葛城氏の支配領域としてとらえる場合でも、葛城氏のなかに複数の系統を認めて、北側一帯を支配する南側とは別の地域集団を考えなければならない。しかし、馬見丘陵周辺では、古墳のほかは、五世紀の有力地域集団が活動した痕跡はほとんど認められない。

これまでの考古学者は古墳の存在だけで、支配者の動向を理解しようとしていた。遺跡の発掘調査が

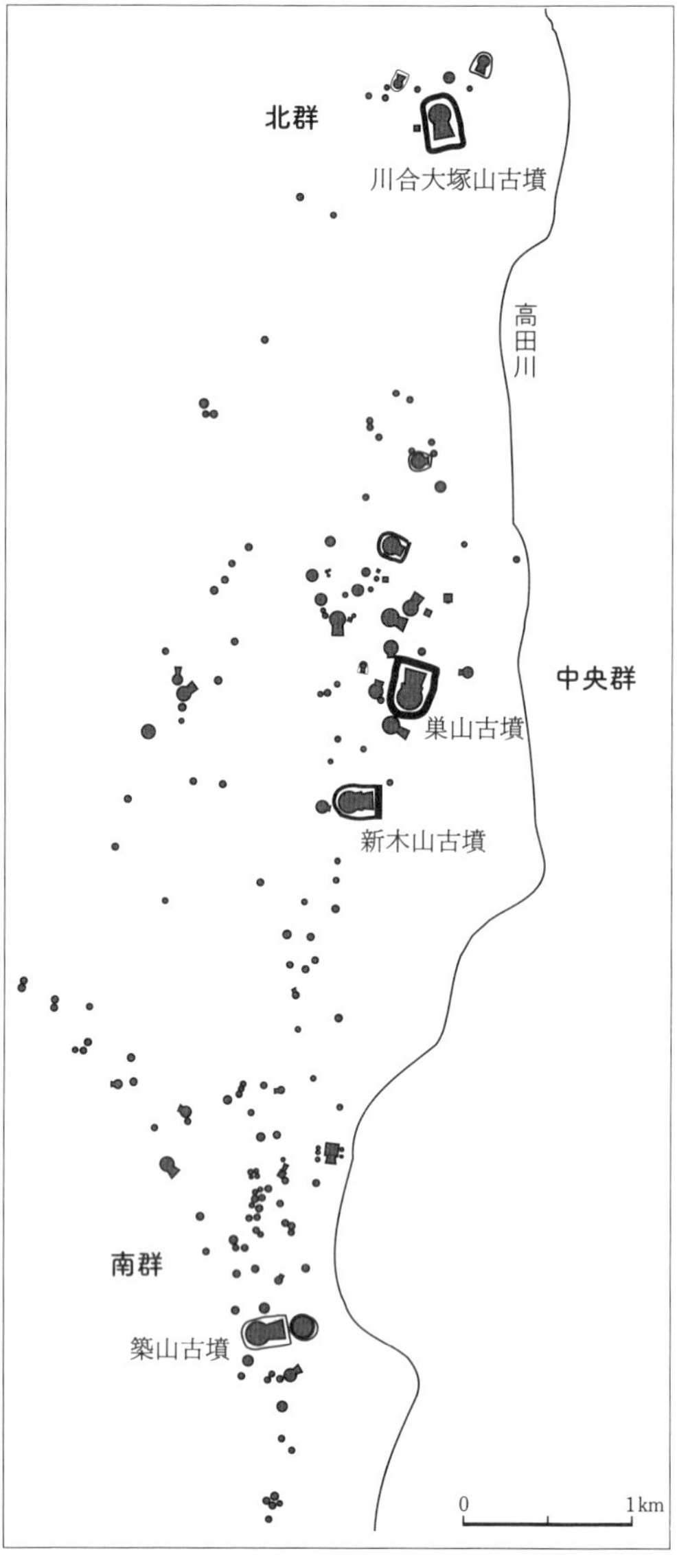

図46　馬見古墳群分布図

すすんでいなかったからである。それでは不十分なことは明らかであり、支配者がどのような場所に住んで、実際の政治をおこなっていたか、それがわからなければその証明ができない。馬見丘陵には、そうした支配者が政治をおこなった場所はみつかっていない。

馬見丘陵の西側、広く傍丘（片岡）と呼称される地域をみた場合も、下田東遺跡などの古墳時代の集落があり、五世紀末～六世紀初頭に築造が想定される狐井《きつい》城山《しろやま》古墳（墳丘長約一五〇メートルの前方後円墳）がある。『日本書紀』には顕宗・武烈の陵墓として傍丘磐坏丘陵《かたおかいわつきのおかのみささぎ》の記載がある。馬見丘陵と片岡周辺では、そののち、敏達天皇の子である押坂彦人大兄皇子《おしさかひこひとのおおえのみこ》と茅渟王《ちぬのおう》が墳墓を営む。

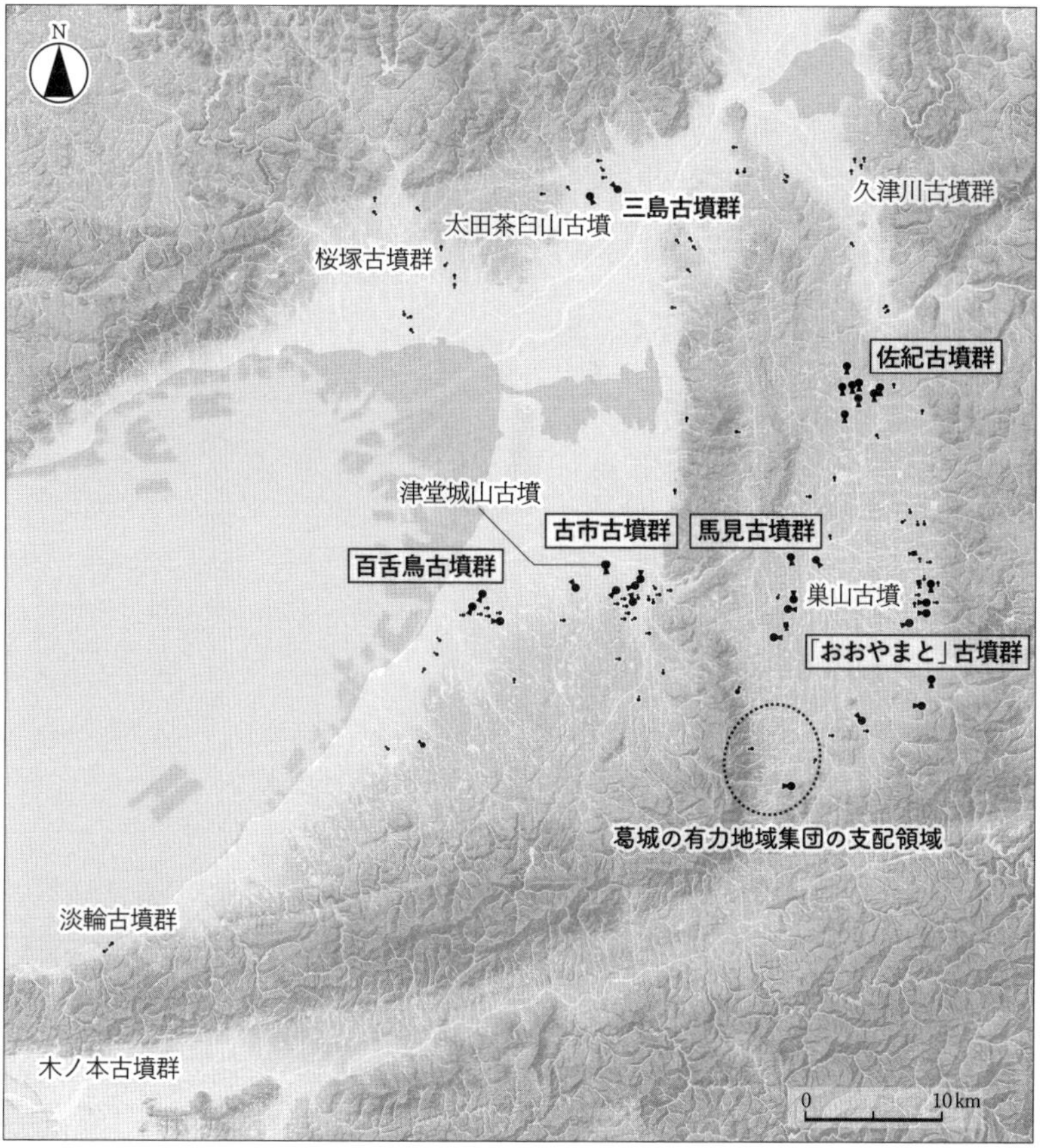

図47　大型古墳と葛城の有力集団の勢力範囲

馬見古墳群は、奈良盆地東南部のオオヤマト古墳群と大阪平野の古市・百舌鳥古墳群の中間にあり、まずは倭国王の墓域としてとらえられるべきであろう。地域支配者による政治的な活動の実態はないので、大王とそれに付随した有力集団の墓域であったと理解すべきだろうと考える。つまり、馬見古墳群は、葛城氏の支配領域からは除外されるのである。

曽我が、葛城氏の支配領域に含まれない理由はもっと明快である。

宗我都比古神社の北側一帯は、弥生時代には拠点集落遺跡である中曽司《なかそじ》遺跡があった。古墳時代前期には地域集団が古墳を造営することはなく、そのままヤマト王権の直接支配領域のなかに入ったものと考えられ、在地勢力が勃興することはなかったといえる。五世紀の曽我遺跡も渡来人集団などを介在させながらヤマト王権が直営した。早くから、ヤマト王権の直接支配領域であったのである。

ともかく、曽我は葛城氏の支配領域からは遠い。

葛城高宮と蘇我氏

葛城四邑

葛城氏は大王とは別に、独自に支配領域を確保し、独自に渡来人を抱え、独自の生産活動をおこなった有力集団である。独自の外交をおこなっていたともいえる。こうした手法を模倣したのが、蘇我氏である。葛城氏の支配領域は、奈良盆地西南部の葛城市や御所市のあたり、すなわち葛城四邑の範囲にとどまる。

『日本書紀』神功皇后摂政五年の条、葛城四邑の記事についてはこれまで述べてきた（六八ページ）。「葛城襲津彦が、新羅に行き蹈鞴津《たたらつ》（釜山）に宿泊し、草羅城《さわらのき》（慶尚南道梁山）を攻め落とし帰還した。このときの俘人《とりこ》らが高宮・桑原・忍海《おしみ》・佐糜《さび》の四邑の漢人の始祖である」というものである。

前述したように、神功皇后や葛城襲津彦の存在そのものは、神話的・伝説的であり、史実とはいえないし、渡来人は戦闘による捕虜ではない。そうしたなか、御所市名柄遺跡や南郷遺跡群の調査によって、葛城氏の支配拠点と渡来人の活動の実態が明らかになり、葛城市・御所市あたりに比定される四邑と遺跡の実態が整合することが証明された。

葛城四邑の中心が葛城高宮である。『日本書紀』仁徳天皇三十年の条に、仁徳天皇の皇后で葛城襲津彦の女である磐之媛《いわのひめ》が詠んだ歌がある。

つぎねふ　山背河を　宮泝《のぼ》り　我が泝れば　青丹よし　那羅を過ぎ　小楯　倭《やまと》を過ぎ　我が見が欲し国は　葛城高宮　我家あたり

（山背河をさかのぼると奈良を過ぎ、倭を過ぎ、私が見たいと思う国は、葛城の高宮のわが家あたりです。）

この歌が詠まれる前段には仁徳天皇が八田皇女を召したことに、磐之媛がはげしく嫉妬して難波を離れ、山背、倭へ向かったという件《くだり》がある。その真偽はおくとしても、葛城高宮が、磐之媛の実家、つまり葛城氏の中心人物が居住した場所であったということは間違いがないところであろう。

そして、序章で述べたように、乙巳の変の伏線として描かれている『日本書紀』皇極天皇元年（六四二）の条の、蘇我蝦夷による葛城高宮での祖廟の建立と、その前での八佾《やつら》の舞の挙行の記事がある。推古天皇三十二年（六二四）の条の蘇我馬子が、葛城県は自らの本居であるとして、その割譲を願い出て、それを拒否された件についても三二ページでふれた。これらが蘇我氏＝葛城氏出自説の出発点である。

葛城高宮はどこか

ここで、蘇我蝦夷が祖廟を建てたという葛城高宮を探ってみよう。

高宮は、地名としては今に名を残していない。金剛山中腹の御所市鴨神《かもがみ》に、奈良時代に大規模な伽藍を構え、礎石・瓦などが確認されている高宮廃寺があり、この場所も葛城高宮の有力候補地である。ただし、五世紀代の遺構・遺物は一切なく、葛城氏や蘇我氏と相関させることはできない。

一方、葛城山南東麓の御所市森脇に一言主神社があり、このあたりにも高宮の名が残る。すなわち、『釈日本紀』（鎌倉時代に成立）所引の『暦録』で一言主神社が高宮岡上に奉祭されたとある。一言主神社の社地にかかわりがなければ一言主神社の麓一帯を高宮に比定することが可能である。

御所市森脇から、その南側の名柄・南郷にかけての一帯で、葛城氏・蘇我氏に関連する遺跡が濃厚に分布している。私は、この名柄遺跡および南郷遺跡群を、葛城高宮に比定している（坂・青柳二〇一一）。

奈良盆地西南部と大阪府南東部の境をなすのが葛城山と金剛山で、この二つの山全体を古代には葛城山と称していた。葛城山と金剛山の間をぬける峠が、水越峠であり、名柄はその峠の中間点、南に五條、紀ノ川へ至る交通の結節点である。

室宮山古墳

名柄遺跡から峠を下り、葛城川を渡って、巨勢山の北麓にこの地域最大の前方後円墳である室宮山《むろみややま》古墳（墳丘長二三八メートル）がある。この古墳の後円部には二つの埋葬施設があり、前方部にも埋葬施設がある。三角縁神獣鏡をはじめとする銅鏡一〇枚などが出土しているが、現在はその所在が不明である。

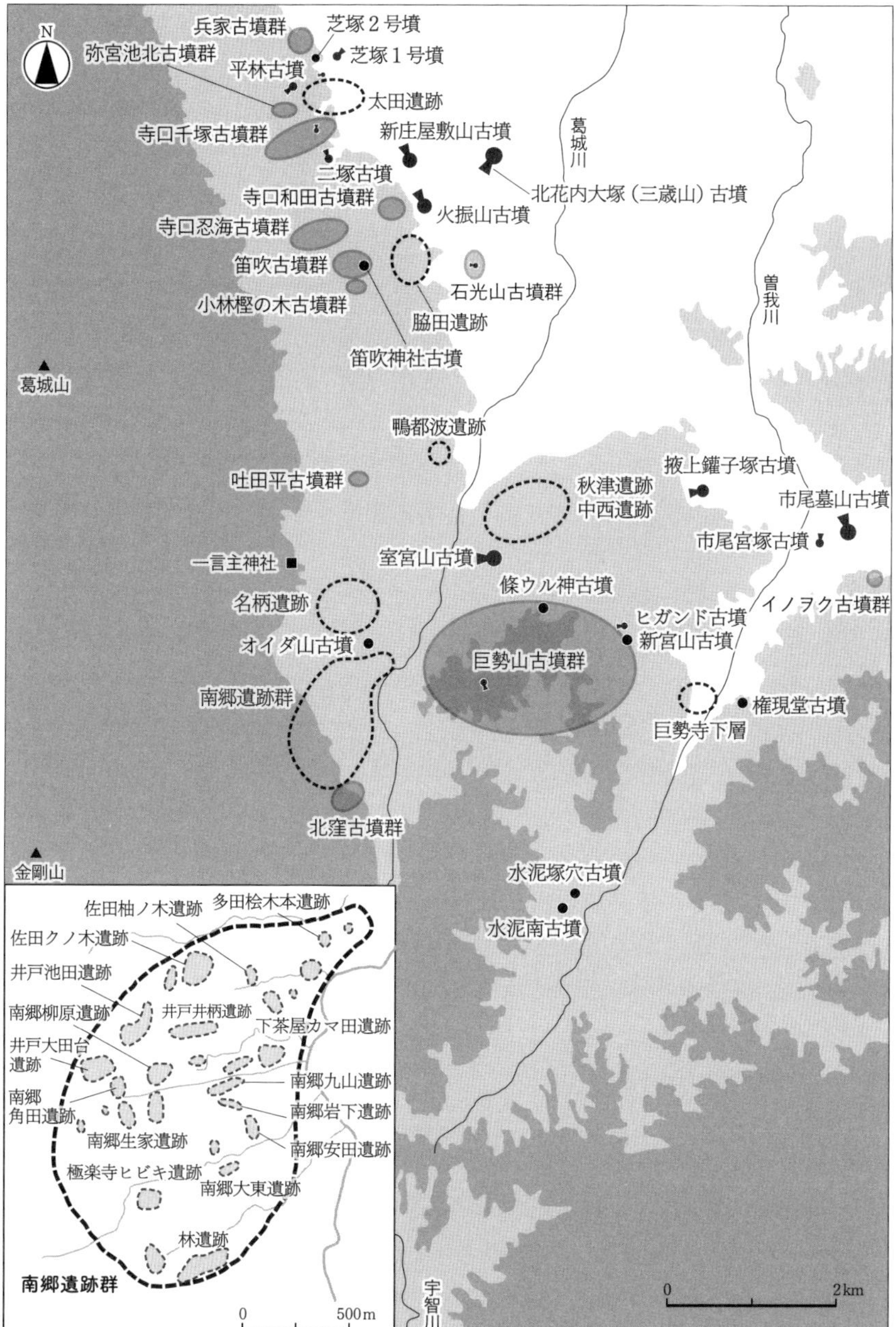

図48　5～6世紀の葛城・巨勢谷の遺跡

後円部の二つの埋葬施設のうち、南側の一つは一九五〇年に発掘調査がおこなわれた。竪穴式石室と王者の棺である長持形石棺は、現地で見学することができる。またそれをとり囲んだ家形埴輪や靫《ゆき》形埴輪をはじめとする巨大な形象埴輪群は、奈良県立橿原考古学研究所附属博物館の展示遺物の中でも中心的なもののひとつである。また、北側の埋葬施設は、調査はおこなわれていないが、近年、台風による倒木があり、根元から掘り起こされた土から朝鮮半島南部の伽耶系の船形陶質土器が突然出土した（**図22参照**）。

室宮山古墳の築造年代は五世紀初頭で、次に述べる名柄遺跡や南郷遺跡群は五世紀中葉以降に盛期をむかえる。一方、室宮山古墳の北側一帯に広がるのが、四世紀代の首長層にかかわる建物群や方形区画などが検出された秋津遺跡・中西遺跡である。

名柄遺跡・南郷遺跡群

名柄遺跡や南郷遺跡群の範囲内では次のような性格をもつ遺構が検出された。

●地域支配者層の祭儀施設（極楽寺ヒビキ遺跡・南郷安田《やしだ》遺跡・南郷大東遺跡）

●地域支配者層の居館（多田《おいだ》桧《ひのき》木本《もと》遺跡・名柄遺跡）

●金銅製品や武器などの生産をおこなった特殊工房（南郷角田《かどた》遺跡）

●大型倉庫群（井戸大田台遺跡）

●技術者集団の統括層の居住地（南郷柳原遺跡・井戸井柄《いがら》遺跡）

●鉄器生産・玉生産・窯業生産など盛んな手工業生産をおこなった一般層の居住地（下茶屋カマ田遺跡・南郷千部《せんぶ》遺跡・南郷生家《しょうけ》遺跡・南郷田鶴《たづ》遺跡・佐田柚《ゆ》ノ木《き》遺跡・佐田クノ木遺跡・林遺跡）

●再葬の土器棺墓からなる一般層の墓域（南郷九山《くやま》遺跡・南郷生坪《しょうのつぼ》遺跡・南郷岩下遺跡・井戸池田遺跡）
などである。

このように、名柄遺跡や南郷遺跡群内では、五世紀代を中心に渡来人集団がさまざまな生産活動に従事したこと、地域支配を貫徹するためにさまざまなまつりがおこなわれたこと、地域を支配し、統治するためのさまざまな施設がおかれたことなどが明らかになった。名柄遺跡では新羅系の、南郷遺跡群では伽耶系・百済系の渡来人が関与して、武器生産や鉄器生産がおこなわれている。

そして、渡来人のなかには、三五〇平方メートルという屋敷地を確保したうえで、石垣の基壇をもつ建物に居住するものもおり、また小規模な円墳ではあるが、東側の巨勢山古墳群に古墳を築くものもあった。鉄器生産者集団のリーダー格、工人の親方として優遇されていたのである。

このような室宮山古墳・名柄遺跡・南郷遺跡群の様態は、『日本書紀』に記された四〜五世紀の葛城氏の動向と一致する部分が多い。葛城襲津彦は、これらの古墳や遺跡にかかわった何世代かの複数の人物を合成し、伝説化したものであると考えられる。

さらに、『日本書紀』では、允恭天皇五年の条に、葛城玉田宿禰が反正天皇の殯を契機に、允恭天皇の兵に家を囲まれて殺されてしまったという記事がある。また、雄略天皇即位前紀には、葛城円大臣《つぶらのおおみ》が即位前の雄略天皇によって焼き殺されたという記事もある。すなわち、眉輪《まゆわ》王が雄略の前代の穴穂（安康）天皇を殺し、葛城円大臣の宅に逃げ込んだので、円大臣が女《むすめ》の韓媛と宅七区を差し出し、許しを請うたにもかかわらず、雄略は眉輪王と坂合黒彦《さかいのくろひこ》皇子、円大臣を宅もろとも焼き殺してしまったというものである。

南郷遺跡群もこうした記事に符合するかのように、五世紀が盛期であり六世紀に入ると、その拠点性は喪失する。しかし、地域集団としての葛城氏が衰えたわけではない。六世紀になっても、南郷遺跡群は集落として存続しつづけ、高宮の北、四邑のひとつである忍海を中心に大型古墳の造営がつづく。葛城の地域支配拠点が忍海に移動しただけであり、ただちにヤマト王権が直接支配するような状況はなかったと考えられる。

葛城忍海

近鉄南大阪線の尺度駅から分岐する御所線に忍海駅がある。忍海駅のすぐ西にあるのが葛城市立葛城歴史博物館である。忍海駅の北の駅が新庄駅で、新庄駅から忍海駅の西側の葛城山東麓部に、五〜六世紀の大型古墳が築造されている。

新庄屋敷山古墳は、王者の棺である兵庫県竜山《たつやま》石製の長持形石棺の存在が知られている墳丘長一五〇メートルの前方後円墳である。五世紀中葉に築造されたものである。この古墳の南五〇〇メートルに、埋葬施設などその詳細はわからないが、採集された埴輪から屋敷山古墳の前後の時期に築造された墳丘長九五メートルの前方後円墳である火振山《ひふりやま》（神塚《こうづか》）古墳がある。

さらに、火振山古墳から東五〇〇メートル、新庄駅の南側にあるのが宮内庁により飯豊陵に治定されている北花内大塚《きたはなうちおおつか》（三歳山）古墳である。墳丘長九〇メートルの前方後円墳で、出土品として埴輪や木製品が知られ、築造年代は五世紀末葉〜六世紀初頭である。さらに、新庄屋敷山古墳の北側の道を葛城山の方に向かい西へ登っていくと、二塚《ふたつか》古墳がある。後円部・前方部・造出し部の三カ所に埋葬施設の横穴式石室が存在し、それぞれから副葬品の馬具・土器などの遺物が出土した。六世紀中葉の築造である。

忍海の中心部にあるのが、東西に奈良時代の大規模伽藍を構え、新羅系鬼面文瓦の出土がよく知られる地光寺《じこうじ》である。その地光寺の東西伽藍の中間や、伽藍の下層にかけての広い範囲には、弥生時代〜古墳時代にかけての複合遺跡である脇田遺跡がある。この遺跡で注目できるのは、五〜七世紀にかけての竪穴住居・掘立柱建物が検出されているほか、韓式系軟質土器や鉄滓、鞴羽口など鍛冶関連遺物が出土していることだ。

こうした大型古墳の系譜と、脇田遺跡の様態、さらには周辺の寺口和田古墳群・寺口忍海古墳群・寺口千塚古墳群・笛吹古墳群など五〜六世紀の群集墳の様態をあわせるなら、葛城四邑のひとつの忍海として出発した有力地域集団の営みが、奈良時代に及ぶまで営々と継続したことが、みごとに証明されるのである。

『日本書紀』清寧天皇の三年の条に、父は履中天皇または市辺押磐皇子、母は葛城黒媛または荑媛《はえ》とされる飯豊皇女が角刺宮《つのさしのみや》で、夫とはじめて性交し、そのあと一度も交わることがなかったという記事がある。そののち、顕宗天皇即位前紀のなかに、清寧天皇が亡くなり、顕宗、仁賢兄弟が皇位を譲りあったので顕宗天皇の姉という飯豊青皇女（『古事記』では忍海郎女、仁賢・顕宗の叔母）が忍海角刺宮で朝政をとり、自ら忍海飯豊青尊と名乗ったという記事がつづく。

さらに『日本書紀』には、以下の歌が載る。

倭辺に見が欲しものは忍海のこの高城なる角刺宮

（大和のあたりで見ようと思うものは忍海の地のこの高城である角刺宮です）

飯豊皇女は葛城埴口丘陵《はにくちのおか》に葬られたという。

説話の真偽はおくとしても、北花内大塚古墳の年代と整合する。この時期の古墳としては規模も大きく、忍海の地域集団がこの地に支配拠点をおきながら、政権中枢の地位を占めていたことを示すものであるといえる。

六世紀の葛城氏

「葛城型」石室

北花内大塚古墳の埋葬施設は不明だが、六世紀の葛城氏の族長たちは、特有の「葛城型」石室を構築していて、これによってその勢力範囲がわかる。

「葛城型」石室は、先に蘇我氏や東漢氏に関連するとした「飛鳥型」石室（一八一ページ図58参照）と同様に石室の高さが高い。玄室の平面形は長方形、奥壁はゆっくりと持ち送りながら石材が積み上げられているのに対して、前壁は垂直に積み上げられる形状となっている。二塚古墳後円部石室のほか、忍海では、六世紀の王者の棺である刳抜式家形石棺を内蔵する笛吹神社古墳（直径二五メートルの円墳）や、忍海の北側にある當麻《たいま》地域にある平林古墳（墳丘長六二メートルの前方後円墳）、巨勢山の北側にある條《じょう》ウル神古墳（墳丘長七〇メートルの前方後円墳）も同様の特徴をもつ。條ウル神古墳は、玄室の平面形が細長い長方形の「巨勢谷型」（二二〇ページで後述）の特徴ももつが、全体的にはこの「葛城型」である。縄掛突起を六個もつ特徴的な刳抜式家形石棺を内蔵し、六世紀後半に築造された大型古墳であり、その被葬者像が注目されるところだが、石室の特徴は葛城氏のものとみてよい。

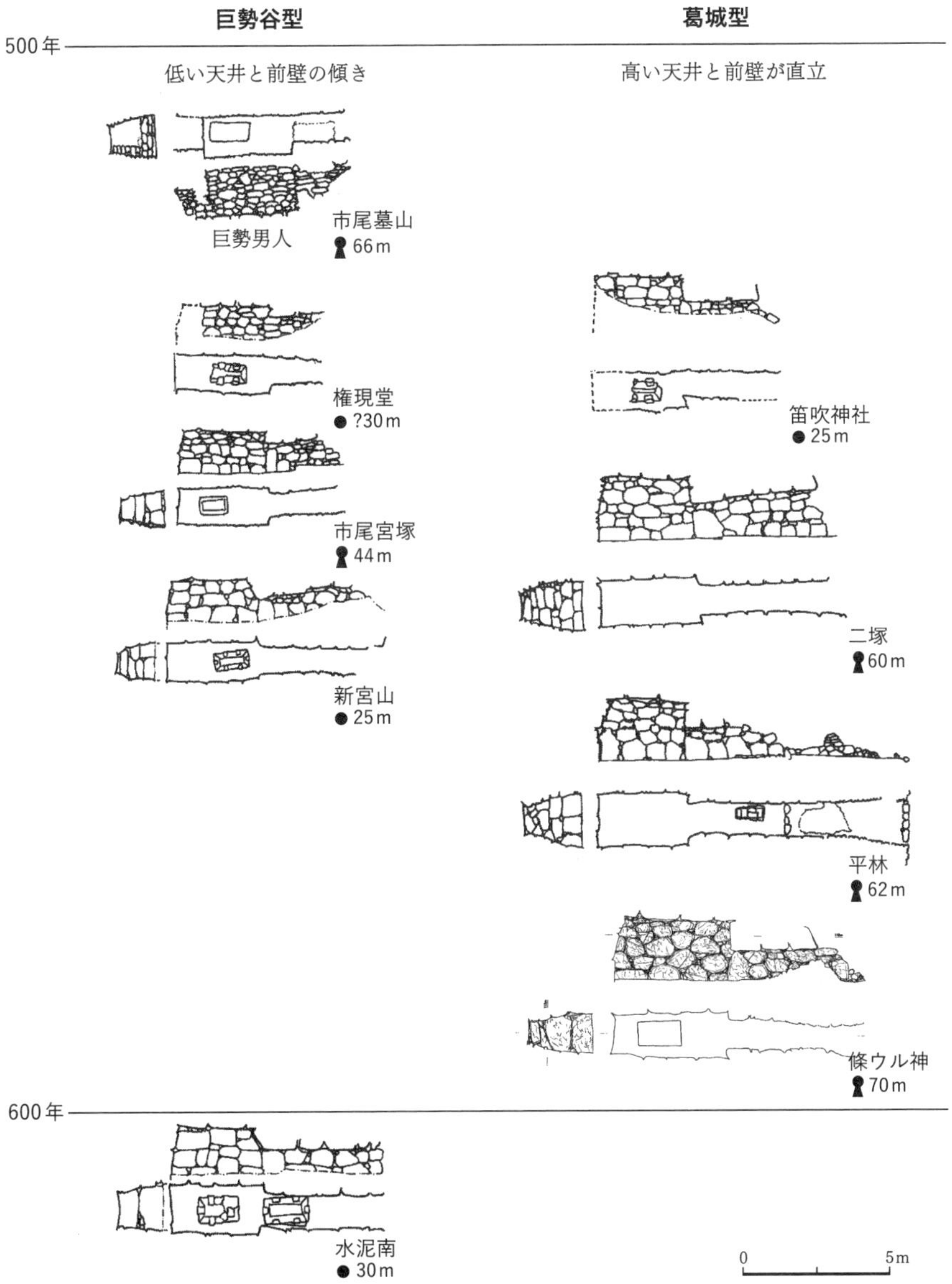

図49　「巨勢谷型」・「葛城型」横穴式石室の変遷

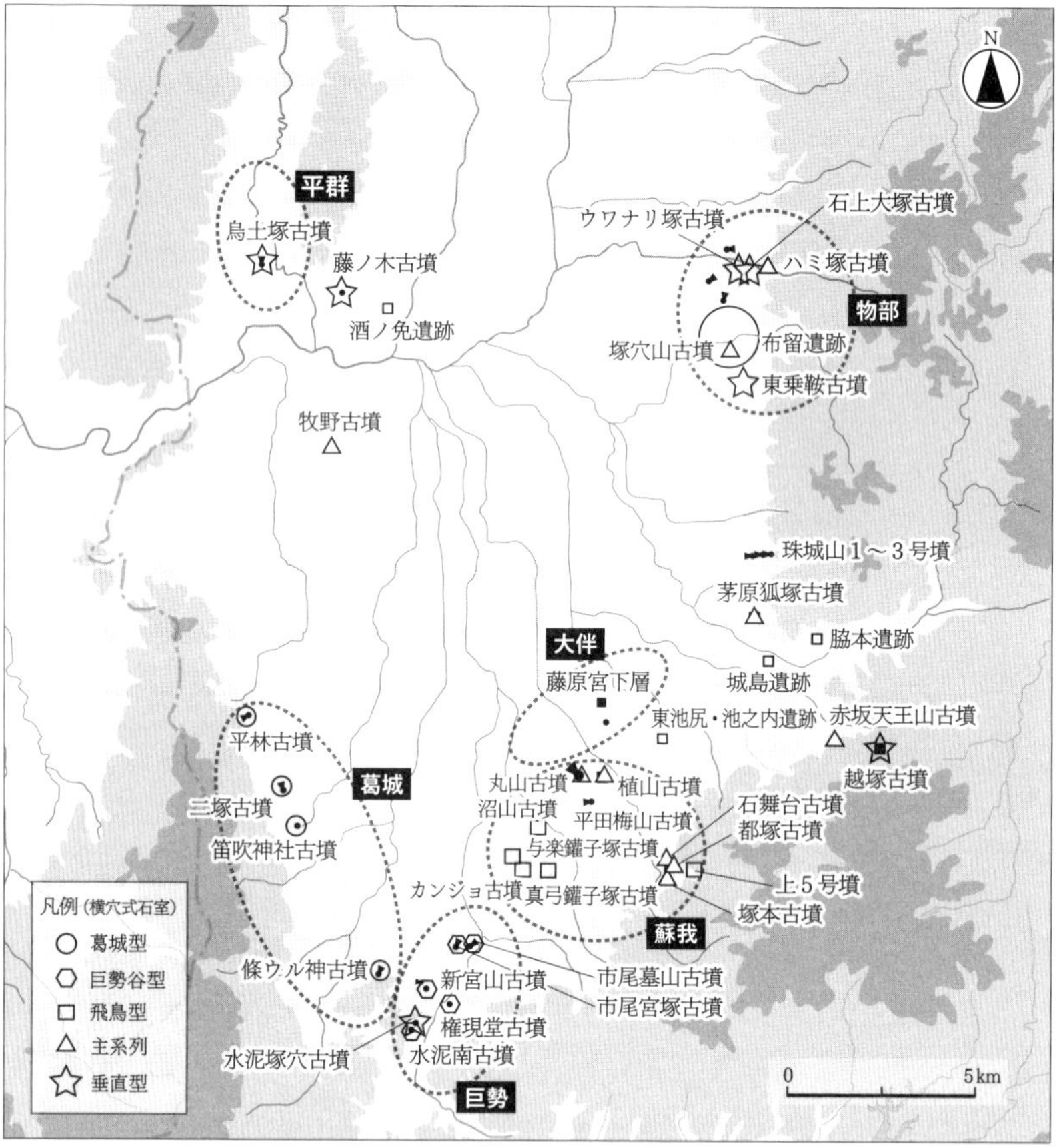

図50　横穴式石室・居館の分布からみた6世紀の氏族

一方、葛城氏の勢力範囲では六世紀の渡来人集団の活動も活発である。葛城市では寺口千塚古墳群・寺口忍海古墳群・笛吹古墳群、御所市では小林古墳群・石光山《せっこうざん》古墳群・オイダ山古墳・北窪古墳群・巨勢山古墳群などで、百済系土器、鍛冶関連遺物、ミニチュア炊飯具、釵子などの遺物が出土している。

ともかく、葛城の地域集団の勢威は、六世紀になっても衰えることはなかったと考えられる。

葛城氏の外交

『日本書紀』欽明天皇十七年（五五六）の条に、蘇我大臣稲目宿禰らを備前児島郡に遣わし、屯倉《みやけ》をおき、葛城山田直瑞子《みずこ》を田令《たつかい》としたという記事がある。さらに、同二十二年（五六一）の条には、新羅が奴氏大舎《ぬてださ》を遣わし調をたてまつったときに、難波大郡で額田部連とともに葛城直が外交使節を接待するための掌客の任についたという記事がある。そのとき、百済の下に新羅を列して引率したので、大舎は怒り、館客（難波の館）の中に入らず、穴門《あなと》（山口県）まで船で帰ったという。穴門館では、この建物の工事にあたっていた河内馬飼首押勝が「西の無礼な国を問いただすための使節をここに宿泊させる」とわざと答えたので、新羅は阿羅波斯山《あらはしむれ》（安羅の波斯山とも読める）に城を築いて、日本が攻めてくることに備えたと記載されている。

さらに、欽明天皇三十一年（五七〇）の条では欽明天皇が蘇我稲目の死後、泊瀬柴籬宮《はつせしばがきのみや》に行幸した記事がある。そこで、高句麗の使人が越の国に漂着したことを知り、山背国相楽郡に館を建て、厚くもてなすよう指示したという。そして、泊瀬柴籬宮から戻り、東漢氏直糠児《あらこ》・葛城直難波を遣わして、高句麗の使人を呼びよせたと記されている。

額田部氏が継体以降の外交集団であったことは、一〇三ページで述べたところだが、六世紀の葛城氏が蘇我氏のもとにあり、外交集団となっていたことはもっと注目されてよい。額田部氏と蘇我氏は、新来の馬匹文化とかかわっていることも共通している（平林二〇一六）。また、用明天皇の即位前紀に記されている用明天皇の妃のなかに、田目《ため》皇子を産んだ石寸名《いしきな》（蘇我稲目宿禰の女）とともに、麻呂子《まろこ》皇子を含む一男一女を産んだ広子（葛城直磐村《いわむら》の女）の名がある。

葛城高宮と蘇我葛城臣

蘇我葛木臣

崇峻天皇の即位前紀と四年の条に登場するのが葛城臣烏那羅《おなら》である。すなわち、用明天皇二年（五八七）、蘇我馬子による物部守屋の追討の件で、泊瀬部皇子（崇峻天皇）・竹田皇子・厩戸皇子らの皇子の名につづき、蘇我馬子宿禰大臣・紀男麻呂《きのおまろ》宿禰・巨勢臣比良夫・膳《かしわで》臣賀拕夫《かたぶ》（傾子《かたぶこ》）とこの葛城臣烏那羅が追討軍を率いたとある。

崇峻天皇四年（五九一）の条では任那復興を企図し、紀男麻呂宿禰・巨勢猿臣・大伴囓《くい》連とともに葛城烏奈良が大将軍に任じられ、二万余の軍兵を率いて筑紫に向かわせたとある。なお、蘇我氏＝葛城氏出自説をとる加藤謙吉氏は、葛城臣烏那羅（烏奈良）と『聖徳太子伝暦』の「葛城寺。又名妙安寺。賜蘇我葛木臣」を対応させ、これを同一人物とみて、この葛城烏那羅は、蘇我氏の一族と位置づけた（加藤二〇〇二）。葛木（城）寺は、聖徳太子建立七寺のひとつだが、所在地がわからない。香芝市の尼寺廃寺説、御所市の朝妻廃寺説、橿原市の和田廃寺説がある。ただし、『続日本紀』の光仁天皇即位前紀に、童謡が記され「葛城寺の前なるや、豊浦寺の西なるや」とあり、平城京遷都直前には、豊浦寺の近傍にあったことが知れる。蘇我蝦夷の豊浦大臣や蘇我豊浦蝦夷臣という名が想起される。ところが、『紀氏家牒』には「馬子宿祢男、蝦夷宿祢家、葛城県豊浦里。故名曰豊浦大臣。」の記述がある。葛城にも豊浦があったという記載である。

南郷ハカナベ古墳

先に、葛城の高宮の一角とみた南郷遺跡群とその周辺は、六世紀後半代以降、蘇我氏の強い影響をうけている。南郷遺跡群のほぼ中央、七世紀初頭に築造された南郷ハカナベ古墳は、ミニ石舞台古墳と形容されるような構造であり、「はじめに」で述べたように石舞台古墳が蘇我馬子の墓であるとするなら、この古墳の被葬者として「蘇我葛城臣」が浮かび上がってくる。

南郷ハカナベ古墳は一辺一九メートルの方墳で、墳丘の斜面と濠の内側の斜面部分に貼石を施していた。また、埋葬施設の横穴式石室は石材が残らずぬかれるなど著しく破壊されていたが、凝灰岩製の家形石棺の破片や、金銅製馬具、帯金具などが出土した。規模は小さいが、古墳の外観が石舞台古墳と近似している（図51・52）。

先に述べた『日本書紀』皇極元年の蘇我蝦夷による葛城高宮での祖廟の建立と、その前での八佾の舞の記事のすぐ後につづくのが、今来に蝦夷と入鹿の双墓をつくるという記事である。平林章仁氏は、延久二年（一〇七〇）の『興福寺大和国雑役坪付帳』の興福寺の庄園である今木庄が金剛山麓一帯まで広がり、御所市朝妻あたりの葛上郡四十一条二里二十六坪の固有名が「今木垣内」であることから、今木が高市郡から葛上郡一帯の広域地名にあたるとし、南郷ハカナベ古墳を蝦夷・入鹿の今来の双墓であると推定したことがある（平林一九九五）。

しかし、年代が合致しないし、規模が小さすぎるので、南郷ハカナベ古墳が蘇我蝦夷・入鹿の墓とは到底考えられない。蘇我氏の麾下にあった葛城氏の墳墓とみるのが適当である。南郷ハカナベ古墳は、葛城氏を蘇我氏が掌握したことの証しであって、この古墳造営前後に、蘇我氏は葛城氏とその配下の渡来人生産者集団を麾下においたものと考えられる。

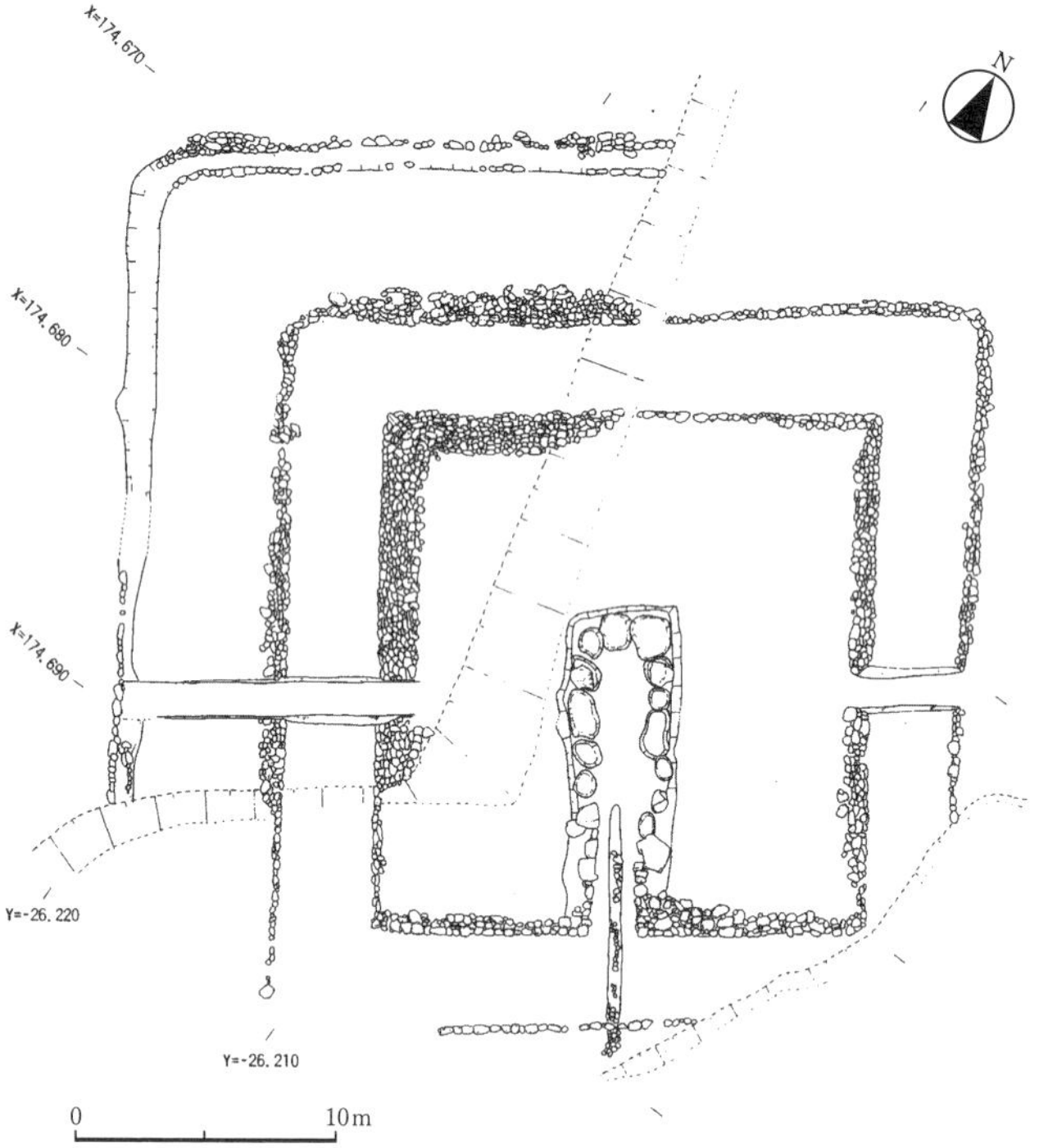

図51　南郷ハカナベ古墳平面図

図52　南郷ハカナベ古墳全景（南西から）

葛城の渡来人生産者集団と蘇我氏

法興寺の建立

まず、『日本書紀』崇峻天皇即位前紀において、先に葛城烏那羅が参戦したことを記した用明天皇二年の物部守屋追討に際し、戦勝を祈願し、厩戸皇子が四天王の像を頭にいただいて、寺塔の発願をおこない、のちに四天王寺を建立する。つづけて蘇我馬子が寺塔の建立を発願し、のちに法興寺（飛鳥寺）を建立したという記事がある。

以下は、『日本書紀』崇峻天皇元年（五八八）の条にみえるのが法興寺の創建記事である。

百済は（中略）仏舎利と僧の聆照律師《りょうしょうりつし》・令威《りょうい》・恵衆《えしゅ》・恵宿《えしゅく》・道厳《どうごん》・令開《りょうけ》ら、それに寺工の太良未太《たらみだ》・文賈古子《もんけこし》、鑪盤博士《ろばんのはかせ》（塔相輪など鋳造技術者）の将徳白昧淳《しょうとくはくまいじゅん》、瓦博士の麻奈文奴《まなもんぬ》・陽貴文《ようきもん》・㥄貴文《りょうきもん》・昔麻帝弥《しゃくまいたいみ》、画工の白加《びゃくか》を献上した。蘇我馬子宿禰は、百済の僧らを請じて、受戒の法をたずね、また善信尼たちを百済国の使恩率首信《おんそちすしん》らに託して学問のために遣わした。そして、飛鳥衣縫造の祖先である樹葉《このは》の家をこわし、法興寺を創建した。この地の名を飛鳥真神原《まかみのはら》、または飛鳥の苫田《とまた》という。

このように飛鳥寺の建立には、百済からの僧と渡来人技術者がかかわった。

飛鳥寺の瓦

飛鳥寺の瓦は、瓦頭の蓮華文の蓮弁の形状により「花組」と「星組」に大きく分類されている。「花

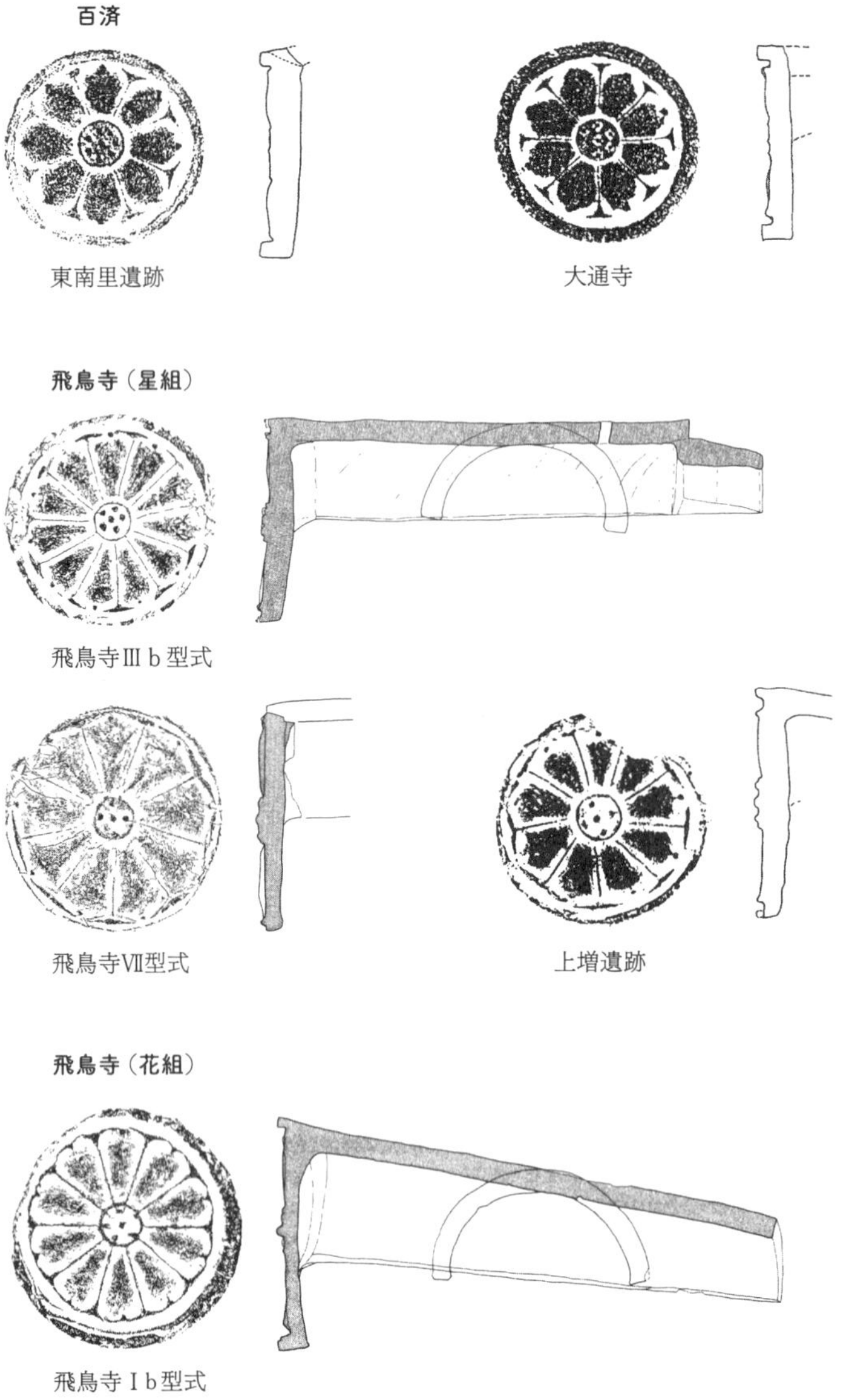

図53　飛鳥寺の瓦（花組と星組）と百済の瓦

組」は、蓮弁の先端が丸く桜の花のようになっているものであり、「星組」は、角張っていて先端に珠点をもつものである（納谷二〇〇三）。百済から、文様や製作技術が伝えられたのであるが、その源流はやはり中国南朝にある。

飛鳥寺の造営にあたり、寺の東南に飛鳥寺瓦窯が設けられたことはよく知られている。そこで生産されたのは「花組」の瓦である。

一方、「星組」のうち、Ⅶ型式として設定されている九弁の蓮華文で、中房（蓮華文の中央部の円形部分、蓮華の花托部）中央に一個とその周囲に四個の蓮子《れんし》（珠点）を施したものが南郷遺跡群内の佐田《さだ》遺跡と遺跡群の西北にあたる上増《かみまし》遺跡で出土している。瓦窯の存在が想定されており、この地域の百済系工人が飛鳥寺の瓦生産に深くかかわっていたものとみられる。

さらに、飛鳥寺は平城京に元興寺として移転しており、『元興寺伽藍縁起幷流記資材帳』の塔露盤銘に四人の「作金人」（金属工人）の名があり、意奴弥首《おしぬみのおびと》（忍海首）辰星、阿沙都麻首《あさづまのおびと》（朝妻首）未沙乃の名がある。もちろん、『元興寺伽藍縁起幷流記資材帳』の成立年代が平安時代末期まで降る可能性が指摘されており、そのまま飛鳥寺の塔露盤に葛城の工人が直接かかわっていたことまでは断定できない。しかし、六世紀後半以降も南郷遺跡群とその周辺では、鍛冶生産を中心に渡来人技術者を中心とした活発な生産活動が継続していたのである。

蘇我氏麾下の金工集団

南郷ハカナベ古墳近傍では、鞴羽口と鉄滓が出土しており、この時期の鍛冶生産の痕跡として重要である。また忍海では、脇田遺跡での鍛冶生産が白鳳時代の寺院建立まで継続する。

朝妻は南郷遺跡群の南側に位置し、持統天皇の時代には行幸の記録がある。また、朝妻と南郷遺跡群の間にある北窪《きたくぼ》遺跡では七世紀後半代の建物群が検出されている。また、南郷遺跡群の南方の北窪古墳群でも副葬品としてわずかではあるが、鍛冶関連遺物（鉄滓）と渡来系遺物（ミニチュア炊飯具・銀製釵《さい》子《し》）がある。渡来人の鍛冶集団の墓域である。

さらに、朝妻の集落東側の丘陵上にドント垣内《かいと》五号墳が築かれている。周濠の斜面に石貼りをもつ石舞台古墳や南郷ハカナベ古墳と同様の方墳である。墳丘前面には前述したシショツカ古墳など、六世紀後半以降の蘇我本宗家や石川氏などとの関連が指摘されている大阪府の平石谷古墳群と同様の石貼りの基壇がある。規模は東西一六・五メートル、南北二〇メートルである。埋葬施設の横穴式石室は、保存のため基底部まで調査されていないが、高いドーム形天井をもつ「飛鳥型」石室である。築造時期はハカナベ古墳と同時期の七世紀初頭と考えられる。朝妻の渡来人金工集団を麾下においた「蘇我葛城臣系」の墳墓とみてさしつかえないだろう。

葛城県と葛城高宮

葛城の割譲を願い出る蘇我氏

このような葛城の地の割譲を願い出るのは蘇我馬子の最晩年である。すなわち、『日本書紀』の推古天皇三十四年（六二六）の条に、馬子が薨じ桃原墓に葬ったという記事があるが、その二年前の三十二年（六二四）の条である。

葛城県は本居《うぶすな》であり、その県に因み姓名を名乗っています。そこで永久にこの県を賜って、私の封県としたい。

この要求に対し、推古天皇は将来に禍根を残し、大臣も不忠といわれることになるとしてそれをただちに拒否する。

これをそのまま受け取れば、一四九ページで触れたように雄略天皇による葛城円大臣の宅七区の没収ののち、葛城県をおいて天皇が管理していたものが、そのまま継続されたと理解できる。

しかし、これまで述べてきたように、葛城氏の領域が天皇の直接支配領域になったことはない。六世紀中葉まで、地域支配者により支配拠点の経営が維持され、大型古墳の造営がつづき、六世紀後半に蘇我氏の影響力がこの地に及んだと理解される。こうした動向を、天皇中心の政治が早い段階に達成されていたとする『日本書紀』の編纂者の意図で書き込まれたのが、この記述であった。

そして、皇極天皇元年（六四二）の蘇我蝦夷による葛城高宮への祖廟の建立と八佾の舞の挙行の記事である。もちろん、実際に祖廟が建立され、八佾の舞が挙行されたかどうかはわからない。

葛城高宮の再開発は蘇我氏主導か

そうしたなか、先に葛城高宮と推定した南郷遺跡群において、注目すべき遺構が残っている。多田桧木本《おいだひのきもと》遺跡は南郷遺跡群の北端近く、名柄遺跡に接する位置にあるが、ここで五世紀代の地域支配者の居館が検出されている。遺構の残りはよくないが、石垣基壇と流路で区画された占有面籍は最低でも七五〇〇平方メートルに達し、先に二六ページで掲げた群馬県の三ツ寺I遺跡を凌駕する規模をもつ。葛城氏の族長の居住空間にふさわしい規模を誇る。六世紀の断絶後、七世紀に再び同じ場所に建物・溝などによる屋敷地が形成され、奈良時代にまで継続する。門の軸をうける大型の礎石も検出されている。

この南側には下茶屋地蔵谷遺跡があり、飛鳥～奈良時代の川跡が検出されている。掌にのるような小型の鴟尾《しび》、子持ち勾玉などの石製品、帯金具、「□奴原五十戸」と記された木簡、斎串《いぐし》なども出土している。五〇戸を一単位とする里（郡・郷の下の行政単位）が付近にあり、□奴原と呼ばれていたらしい。瓦の出土もあり、小型鴟尾をのせた厨子が建物の中にあり、それが信仰の対象となっていたのであろう。

南郷遺跡群における飛鳥から奈良時代の大規模な再開発は、高宮の所在地にふさわしいものである。蘇我氏四代のうちは蘇我氏が主導しながら、そののちは天皇が主導して、この地の開発や寺院建立がおしすすめられていったと考えられる。

「親飛鳥」と「反飛鳥」

稲目・馬子・蝦夷・入鹿の蘇我氏四代が飛鳥に拠点をおき、渡来人生産者集団を統括しながら、政権の中心にあったことは、誰もが認めるところだろう。

しかし、六世紀の大王は最初から飛鳥に宮などの政治、支配拠点をおいたわけではない。六世紀、時代は古墳時代である。ようやく氏族としてのかたちができはじめた有力地域集団と大王が血なまぐさい権力抗争をくり広げながら、ようやく大王が実力をつけ、大王を中心とした専制的な政治体制が萌芽したといえる。

飛鳥に大王を招き入れたのが蘇我氏である。蘇我氏が渡来人のリーダーとなり、先進的、開明的な思想をバックボーンにもちながら、飛鳥の地を大規模開発し、そこに大王を招き入れたのである。飛鳥時代のはじまりである。蘇我氏はまさに飛鳥とともにあり、「親飛鳥」の立場だといえる。

しかしながら、必ずしもこの飛鳥を是としない人びともいたし、その間に王家の内部と氏族との間でやはり権力抗争がくり広げられた。飛鳥を是としない人びとをここでは、単純化して「反飛鳥」の立場ととらえることにしよう。

政治権力を掌握した蘇我氏四代の居宅と墳墓が、飛鳥の地にあったことは厳然たる歴史の事実である。蘇我氏の権力の源泉は、飛鳥の渡来人としての外交力・技術力・生産力であり、そこですさまじい権力抗争をくり広げながら、この四代は飛鳥の地で終焉をとげることになる。次章で蘇我氏四代の居宅と墳墓について検討しよう。

四章

蘇我氏がつくった飛鳥

蘇我氏四代の居宅と墳墓

石舞台古墳の横穴式石室（奥壁から羨道部をのぞむ）

蘇我稲目の居宅と墳墓

稲目の居宅

稲目は女《むすめ》の堅塩媛《きたしひめ》・小姉君《おあねのきみ》を欽明の妃とし、その義父として権勢をふるった。欽明と堅塩媛の間に生まれたのが用明・推古であり、小姉君との間に生まれたのが崇峻である。

九五ページで述べたとおり、蘇我稲目は『日本書紀』に宣化天皇元年、大臣として記載されるのが初出である。継体天皇を擁立したという大伴金村・物部麁鹿火・巨勢男人らが失脚したり薨じたりしているのと相前後しての登場である。

同じ宣化天皇元年の条に、諸氏の屯倉への派遣のなかで、蘇我稲目には尾張連を遣わして尾張国屯倉の穀を運ばせたという記載がある。屯倉という大王の直轄地にも尾張連が仲介に入っていることから、この段階での大王の権限が制限されていることがわかる〔吉村二〇一五〕。

そして、欽明天皇即位前紀で大伴金村と物部尾輿を大連に、稲目を大臣としたと記している。

稲目の居宅に関しては、有名な仏教公伝の記事のなかで描写される。

すなわち、欽明天皇十三年（五五二）の条に、

百済の聖明王（武寧王の子、聖王）は、西部姫氏達率《せいほうきしたっそつ》、怒唎斯致契《ぬりしちけい》を遣わし、釈迦仏の金銅の像一軀、幡蓋《はたきぬがさ》若干、経論若干巻をたてまつった。

（中略）

天皇は喜ばれ、使者に詔して「これほどすばらしい法は聞いたことがない。しかし自分ではどちらとも決めかねる」といわれ、群臣ひとりひとりに「西蕃のたてまつった仏の相貌はおごそかで、今までにまったくなかったものだ。礼拝すべきか否か」と尋ねた。蘇我大臣稲目宿禰は「西蕃の諸国がみな礼拝しています。日本だけがそれに背くべきではない」と申し上げた。

物部大連尾輿と中臣連鎌子とは、ともに「我が国家を統治される王はつねに天地社稷の百八十神を春夏秋冬にお祭りすることをそのつとめとしておられます。今それを改めて蕃神を礼拝されるならば国神の怒りをまねくでしょう」と申した。

天皇は、「礼拝を願っている稲目宿禰にさずけ、試みに礼拝させよう」といい、大臣（稲目）はひざまずいてそれをうけ、大変喜んで小墾田《おはりだ》の家に安置し、一心に悟りのための修業をし、また向原の家を喜捨して寺とした。

この年紀については、二一ページで述べたとおり『上宮聖徳法王帝説』『元興寺伽藍縁起幷流記資財帳』など五三八年をとる立場がある。五三八年は『日本書紀』の年紀では宣化朝であるが、『上宮聖徳法王帝説』でも仏教公伝は欽明朝の戊午年のこととしている。戊午年は『日本書紀』の欽明朝にはない

干支であり、欽明朝と安閑・宣化朝の二朝並立説などが提起されている。

仏教をめぐる思想的対立については、物部氏の領域でも初期の寺院が認められることから決して単純で図式的なものではない。ただし、蘇我稲目と馬子が百済を中心とした朝鮮半島および極東アジアの文化に精通し、あつく仏教を崇拝した人物であったことは間違いがないところである。乙巳の変の後の大化元年の孝徳天皇の詔においても、彼らを賞賛している。

いずれにせよ奈良盆地の東北部、布留遺跡周辺を権力基盤とした五世紀の有力地域集団を端緒として、そこから成長した物部氏と、飛鳥を権力基盤に急速に成長した蘇我氏のすさまじい権力抗争がここからくり広げられるのである。

小墾田の家

稲目の小墾田の家は、明日香村豊浦北側の古宮《ふるみや》遺跡周辺がその候補地である。推古天皇小墾田宮の推定地であった「古宮土壇」が一九七〇年と一九七三年に発掘調査され、飛鳥時代前半期の建物や石組の庭園跡が検出されている（**図54**）。

小墾田宮については、ここから飛鳥川を挟んだ東方約四六〇メートルの明日香村雷の雷丘東方遺跡の発掘調査で、八世紀末～九世紀初頭の井戸から「小治田宮」と書かれた墨書土器が出土したことにより、奈良時代末～平安時代の小治田宮の存在が確認された。この遺跡からは、飛鳥時代前半期の建物も確認されているので、これが推古天皇の小墾田宮の遺構そのものである可能性が高い。ただし遺跡の範囲はさらに東方へ広がるものと考えられる。小墾田宮がこの場所でよいとするなら、古宮遺跡が小墾田の家である蓋然性が高まる。ただし、小墾田宮の範囲を広くとらえ、古宮遺跡もまたその一角とする説もあり、断定はできない。

向原の家

また、稲目の向原の家は、明日香村豊浦の豊浦寺跡の下層から六世紀後半代の石組溝や柱穴などが確認されていて、それが有力な候補地である。広範囲に発掘調査をおこなったわけではないので断定はできない。

なお、豊浦は推古天皇の豊浦宮と蘇我氏本宗家の尼寺とされる豊浦寺、また蝦夷が豊浦大臣と呼ばれたことから蝦夷の邸宅があった可能性がある。図式的には向原の家が向原寺（仏堂）、そののち豊浦宮がおかれ、豊浦寺へと変遷したことになる（二〇二ページで後述）。

軽の曲殿

蘇我稲目の邸宅としていまひとつが、『日本書紀』欽明天皇二十三年（五六二）八月の条にみえる軽の曲殿である。

欽明天皇が大将軍大伴連狭手彦《さでひこ》を遣わし、兵数万

図54　古宮遺跡で検出された庭園

を率いて高句麗を討った。狭手彦は百済の計略を用い、高句麗を打ち破った。

（中略）

狭手彦は、七織帳《ななへのおりもののとばり》を天皇にたてまつり、甲二領、金飾の刀二口、銅鏤鍾《あかがねのえりたるかね》三口、五色の幡二竿、美女媛《みおなひめ》（媛は名前である）とその従女《まかだち》吾田子《あたこ》を蘇我稲目宿禰大臣に送った。大臣はこの二人の女を召し、妻として軽の曲殿に住まわせた。

蘇我稲目の権勢をしのばせるには十分な記事であるが、軽の曲殿を含めその真偽は不明である。

軽は軽の衢《ちまた》、軽市、軽池、軽寺などがあった場所で、下ツ道と山田道の交差点が軽の衢であり、この要衝に市が設けられた。現在地でいうと近鉄橿原神宮前駅の東出口の東側、丈六《じょうろく》の交差点付近である。この交差点北側、ロイヤルホテル付近の丈六遺跡からは、藤原宮期と推定される柱根の出土がある。また、南側の丈六南遺跡では、六世紀代の土坑などの遺構と鍛冶関連遺物の出土がある。

前述のとおり、小墾田、向原、軽という稲目の居宅のあった場所は、山田道沿いにあたる。東にすすむと、蘇我倉山田石川麻呂の山田寺を通って阿倍氏の氏寺、安倍寺のある阿部付近で上ツ道として北上する。安倍寺下層でも、五世紀代の韓式系軟質土器と集落跡が検出されている。

阿倍山田道沿いの土地開発を推進し、整備してここに大王を招き入れたのが蘇我氏である。蘇我氏の原動力は、まさにこの土地開発と道路整備にあった。

安倍寺下層遺跡から、北東の初瀬川中流部の狭隘部が初瀬谷である。三輪山南側と初瀬川北岸の狭い河岸段丘上に脇本遺跡がある。安倍寺下層遺跡からは直線距離で、わずか四キロであり、伊勢方面へむかう交通の要衝である。

二六ページで述べたとおり、脇本遺跡では五世紀の大型掘立柱建物や石垣などが検出された。雄略天皇の泊瀬朝倉宮と関連する遺構群である。それに重なって六世紀後半代の大型掘立柱建物が検出されており、葛城直に関連して述べた『日本書紀』欽明天皇三十一年の条（**一五五ページ参照**）にみえる泊瀬柴籬宮の遺構である可能性が高い。

安倍寺下層遺跡と脇本遺跡の中間、初瀬谷の入り口部、初瀬川南岸一帯に広がるのが城島《しきしま》遺跡である（**図50参照**）。城島遺跡の中央付近に欽明天皇磯城嶋金刺《しきしまかねさし》宮の石碑が立つ。石碑自体は近年に立てられたものであり、宮の所在地を示すものではないが、遺跡内からは六世紀後半代の掘立柱建物・鍛冶関連遺物・煙突などが出土している。城島の地名が示すとおり、欽明天皇の支配拠点は、この付近だったのだろう。

欽明天皇は、飛鳥に支配拠点を設けることはなかった。六世紀の大王家は、磐余・泊瀬・城島・倉梯《くらはし》などに支配拠点をおいた。ただし、注意すべきはこの支配拠点が「宮」と呼称されてはいるが、この頃に群臣が集う朝廷の政治が展開されていたわけではないことである。五〜六世紀の大王の支配拠点が実態的に把握されているのは、脇本遺跡の事例にとどまる。大王と有力地域集団のあいだに大きな差違を認めることはできない。確かにいえることは、第三章冒頭で述べたように、六世紀以降、継体大王の代になって、ようやく大王の政権基盤が広域的に認められるようになったことだ。

大王が本格的に飛鳥に支配拠点をおくのは蘇我馬子の代になってからである。飛鳥におかれた支配拠点こそ、宮と呼ぶにふさわしい構造である。その先駆けが、推古天皇の小墾田宮であり、宮廷の構造をもつ可能性が指摘されている。遺跡としては、朝堂や朝廷の存在は把握できないし、その後も飛鳥の宮殿では朝堂院が遺構として確認できているわけではないので、なお問題は残る。しかし、このあたりでようやく、その端緒をむかえるのである。まさに、蘇我氏が先んじて開発したルート上を移動するかたちで、宮の位置が飛鳥に選定されたといえるだろう。

ところで、『日本書紀』によれば、安閑天皇は勾金橋宮《まがりのかなはし》、陵墓が旧市高屋丘陵《ふるいちたかやのおか》、宣化天皇は檜隈廬入野宮《いほいりの》、陵墓が身狭桃花鳥坂上陵《むさのつきさかのうえ》である。安閑天皇の旧市高屋丘陵をのぞき、飛鳥およびその周辺部に比定される。

これは、本格的に飛鳥に大王の支配拠点が移動する前の状況として注目できる。安閑・宣化ともに在位期間が短く、欽明との二朝並立説があることは本章冒頭に述べたとおりであり、その実態には疑義がある。そうしたなか、蘇我稲目が台頭する段階で、大王が飛鳥周辺に支配拠点や墳墓を設けたと『日本書紀』に記述しているのである。

安閑、宣化の宮については、遺跡としては確認できないので実態はまったくわからない。一方、陵墓については、安閑陵が古市古墳群の高屋城山古墳《たかやしろやま》（墳丘長約一二〇メートル）に、宣化陵が新沢千塚古墳群の北東にある鳥屋《とりや》ミサンザイ古墳（墳丘長一四〇メートル）に治定されている。それぞれ埴輪から五世紀後半〜六世紀前半の築造年代が想定でき、年代的に大きな齟齬はないものの、異説も提示されている。またかつて、身狭という地名のかかわりから宣化陵についても、丸山古墳をこれにあてるべきという説が提起されたこともある（和田一九九五）。しかし、丸山古墳については、築造年代がほぼ確定したことにより、後述するように欽明陵にあてることが適当であると私は考えている。

稲目・欽明・堅塩媛の墳墓

「檜隈大陵」と「檜隈陵」

欽明天皇三十二年（五七一）に欽明は没した。蘇我稲目の没年は、その前年の三十一年（五七〇）である。蘇我稲目の葬地や墓の情報はまったくない。

欽明については、陵墓名が「檜隈坂合陵」である。さらに、『日本書紀』推古天皇二十年（六一二）の条には、稲目の女《むすめ》にして、推古の母である堅塩媛を「檜隈大陵」に改葬し、この日、軽の路上で誄《しのびごと》をしたという記事がある。

さらに頭を悩ますのが、推古天皇二十八年（六二〇）の条の記事である。

> 砂礫を「檜隈陵」の上に葺いた。陵域のまわりに土を山盛りにして、氏ごとに割り当てて大きな柱をその土山の上に立てた。倭漢坂上直《やまとのあやのさかのうえのあたい》の柱がほかよりはるかに高かったので、人びとは坂上直のことを大柱直といった。

東漢氏の威勢とその功績を示す記事である。

近年までは、『日本書紀』に記載された「檜隈坂合陵」「檜隈大陵」「檜隈陵」は同じで、すべて欽明陵のことを指すものと考えられていた。それぞれが別である可能性が増田一裕氏によってはじめて指摘された（増田一九九二）。檜隈に「大陵」と「陵」の二基が存在するという考えである。

檜隈に相当する地域にあり、陵墓である蓋然性が高い大型前方後円墳は二基である。前述の丸山古墳と、現在宮内庁が欽明陵に治定している梅山《うめやま》古墳（墳丘長一四〇メートルの前方後円墳）である。

増田氏は「檜隈陵」と「檜隈大陵」は別の陵であるとし、檜隈陵は梅山古墳で、堅塩媛の墓として新たに造営されたもの、「檜隈大陵」は、丸山古墳で欽明陵とした。一方、今尾文昭氏は、欽明陵が二基あるとして、欽明がまず丸山古墳に初葬され、梅山古墳に堅塩媛とともに改葬されたとした（今尾二〇〇八）。

檜前川東岸部の平坦地北端に所在する梅山古墳が、檜隈地域の一角であることに異論はなく、「檜隈陵」である蓋然性は高い。その位置と古墳の年代観、あるいは砂礫（葺石）の改修記事などが整合的である。丸山古墳には今のところ葺石が検出されていないのに対し、梅山古墳では墳丘表面の精美な葺石が発掘調査で確認されているからである。「檜隈陵」と「檜隈大陵」が同じ陵をさしているならば、梅山古墳が治定のまま欽明陵ということになる。

ところで、「檜隈陵」と「檜隈大陵」が別の場合、「檜隈陵」は欽明とまったく無関係であるという見方も可能である。そこで浮上したのが未完の敏達陵説である（高橋二〇一二）。欽明の次代が敏達で、その陵墓の磯長陵は前述のとおり近つ飛鳥の太子西山古墳（墳丘長九三メートルの前方後円墳）に治定されている（**一三四ページ**）。梅山古墳の造営は改葬などを目的として敏達の初葬墓として施行されたものの未完成におわり、実際の墓は磯長谷につくられたというものだ。そののち、これが推古二十八年に改修されたというものである。この説の弱点は、敏達の初葬墓を檜隈におくことの必然性と、文献にそれにかかわる記載が一切ないことである。敏達は、「反飛鳥」の立場にあったとみるのがよいだろう。

私は増田説にしたがって、「檜隈陵」は梅山古墳で、当初は堅塩媛の墓として造営されたとみる。堅塩媛は、「檜隈大陵」(丸山古墳)に改葬されたのち、その主がいなくなった初葬墓を「檜隈陵」として推古が母のために整備したと考える。

梅山古墳を、蘇我稲目の墓とみる説もある(白石一九九九)。稲目の実力を大王と同等のものとみた場合に考えられるが、改修された「檜隈陵」の所在地すらわからなくなってしまう。

丸山古墳

一方、丸山古墳は、欽明陵とするのに十分な内容をもっている。

まずはその規模である。墳丘長三一〇メートルの奈良県最大の前方後円墳である。橿原市五条野町・見瀬町・大軽町の境界に位置し、かつては見瀬丸山古墳と呼ばれていたが、近年は史跡の名称である丸山古墳と呼ばれることが多い。江戸時代には天武・持統陵とされたこともあり、明治時代のゴーランドや江戸時代の記録などから埋葬施設が横穴式石室で、二基の石棺があることはわかっていたが、詳細は不明であった。

ところが、一九九一年にその石室が突然開口して、宮内庁により石室の写真撮影や実測などがおこなわれ、その詳細なデータが公開された。

全長二八・四メートルという長大で、巨大な横穴式石室である。玄室の底部は土砂に埋もれており、高さは不明だが、玄室長八・三メートル、玄室幅四・一〇メートルである。

玄室やその入り口の玄門部の巨石は石舞台古墳のそれを彷彿とさせるものである。奥壁は二〜三段、側壁は二〜三段の巨石を積み、前壁・奥壁ともゆるやかに持ち送る。一方、羨道は小型の石材を何段にも積んでいる。最高位の実力者に採用された主系列（「汎大和型」石室、**図58参照**）の横穴式石室である。石室の築造年代は六世紀後半代である。

石室内には二基の刳抜式家形石棺が安置されている。石棺の蓋を屋根に見立てた場合、新しくなるに従い屋根の高さが低くなり、棟にあたる部分の幅が広くなって扁平になる。奥にある石棺が六世紀末葉の年代を示し、手前の石棺は六世紀後半の年代を示し、奥の石棺より古い。

つまり、手前の棺は欽明のもので、奥に堅塩媛を改葬したと考えるわけである。新しい棺が奥にある点は、どのように棺を搬入したか、わからない点があって不思議ではある。しかし、主人公の堅塩媛が改葬されたこととは、辻褄があう。古墳の規模、年代、石室の状態などについて整合し、私は丸山古

横穴式石室と奥の家形石棺

手前の家形石棺

図55　丸山古墳

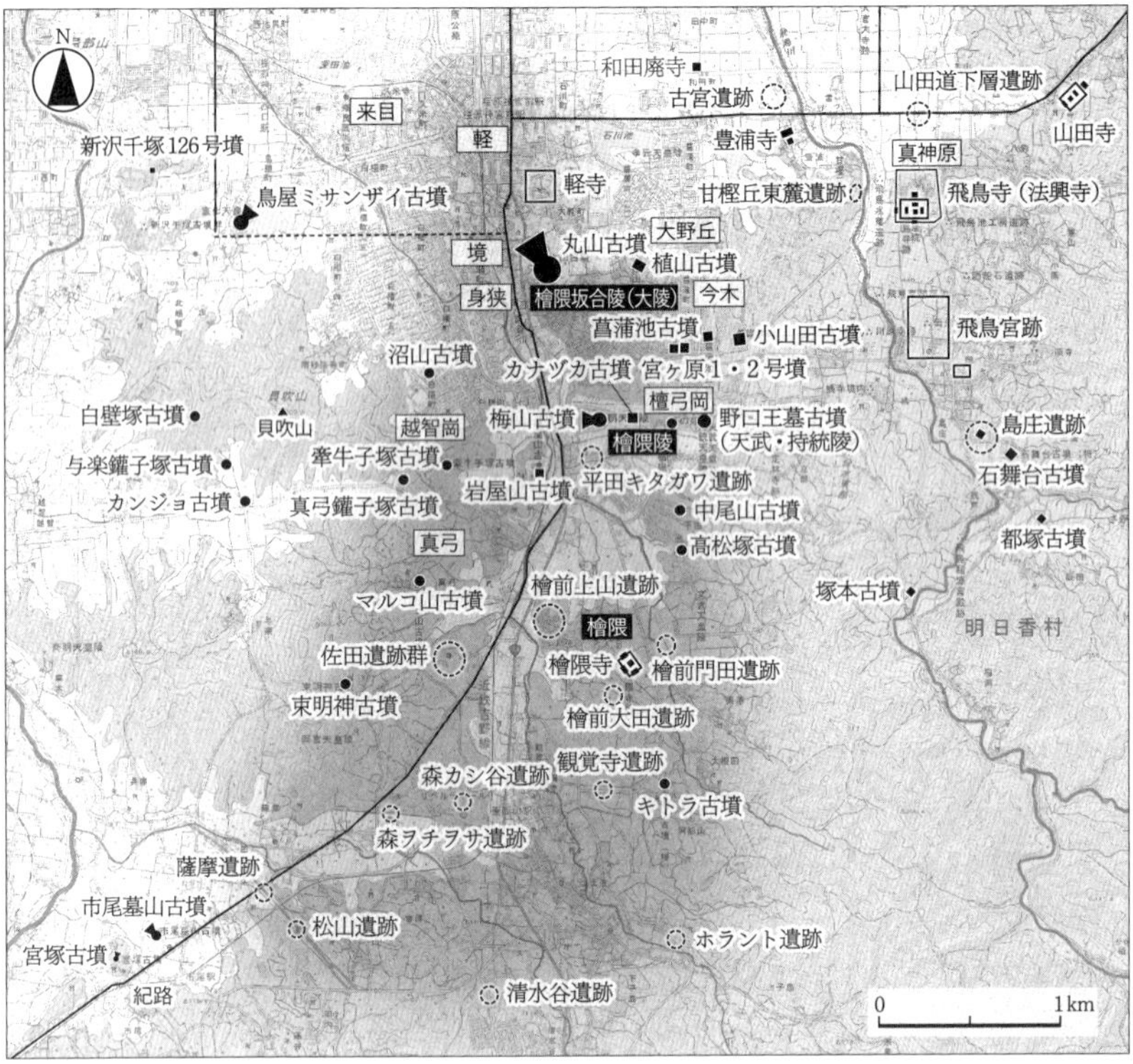

図56　遺跡と地名から推定した檜隈の範囲（濃いグレーの部分）

墳＝欽明陵（檜隈坂合陵・檜隈大陵）説をとる。

ただし、丸山古墳のある場所が檜隈の範囲にあたるかどうかは、やはりむずかしい問題である。檜隈が前述したとおり、東漢氏の居住地であり、かなり広範囲を指す呼称であったことは確かである。これより広範囲を指す呼称が「今来」で、その範囲を広げつつ今来郡から高市郡へ名称が変わっていく。今来の旧来の範囲は、和田萃氏の詳細な検討により、石舞台・坂田・檜前（明日香村・高取町）、身狭《むさ》・軽・来目（橿原市）一帯と考えられる（和田一九九四）。そのうえで、『日本書紀』の孝元天皇四年の条の〝軽の地に遷都した。

境原宮という〟という記事や『古事記』で懿徳天皇の「軽境岡宮」という宮号から、軽のなかに境（坂合）が含まれると指摘したのが、高橋照彦氏である（高橋二〇一三）。このような広域地名の観点から、軽の坂合に丸山古墳があり、広域的には檜隈であった可能性がある。

丸山古墳の被葬者を蘇我稲目とみる説もある。手前の棺を稲目、奥にはその女の堅塩媛が葬られ、のちに、堅塩媛は「檜隈大陵」＝「檜隈陵」である梅山古墳に改葬されたとみるわけである（小沢二〇〇二）。

この場合は、蘇我稲目は欽明を凌駕するほどの実力者であったと評価することになる。大王だけが唯一の実力者でなかったことは明白ではあるが、稲目がこの段階でそこまでの権勢があったかどうかははなはだ疑問である。

都塚古墳

石舞台古墳近傍にある明日香村阪田の都塚古墳（一辺四〇メートルの方墳）は、二〇一四年に墳丘の調査がおこなわれた。石垣状に六～七段積まれた葺石の様態が高句麗の積石塚を思わせるという。ただし、部分的な調査にとどまるため、それが当初からのものであるかどうかはわからない。積石塚といえるようなものではないだろう。かねてより、二上山産出の凝灰岩製刳抜式家形石棺を内蔵する横穴式石室が開口することが知られており、一九六八年には関西大学考古学研究室が発掘調査をおこなった。さらに、冬野川の上流部には、同じく刳抜式家形石棺を内蔵する横穴式石室を埋葬主体とする塚本古墳（一辺三九メートルの方墳）があり、この都塚古墳と塚本古墳は蘇我氏一族の墳墓と認識されていた。

私も、これらの古墳を蘇我氏の古墳とすることに異議はない。問題は築造年代である。蘇我稲目の

図57　都塚古墳の横穴式石室と家形石棺

ものとするには新しい。都塚古墳の横穴式石室の全長は、一二・二メートルである。都塚古墳の玄室は、石舞台古墳と同じ三段積みである。奥壁と前壁の持送りはドーム形に近いもので、主系列（「汎大和型」石室）と「飛鳥型」石室の要素が混淆する。羨道は石舞台が一枚石で構成されているのに対し都塚古墳は、二段積みである。要するに、石舞台古墳に類似するものの、それよりやや古い構造的特色をもつのである。石室の築造年代は六世紀末~七世紀初頭である。

ただし、家形石棺は古い型式である。石棺頂部の平坦面の幅は、丸山古墳の手前の棺と同じくらいであり、六世紀後半のものとみて差し支えない。そうすると、稲目の時代に石棺がつくられ一旦葬られたあと、古墳がつくられて石棺ごと改葬したとすれば、一応解釈は成り立つ。しかし、これはやや強引であり、石棺は先に発注されていたが、主人公が亡くなって古墳がつくられたとみるほうが自然である。塚本古墳の築造年代は七世紀前葉であり、馬子の世代の蘇我氏の墳墓とみるのが妥当である。

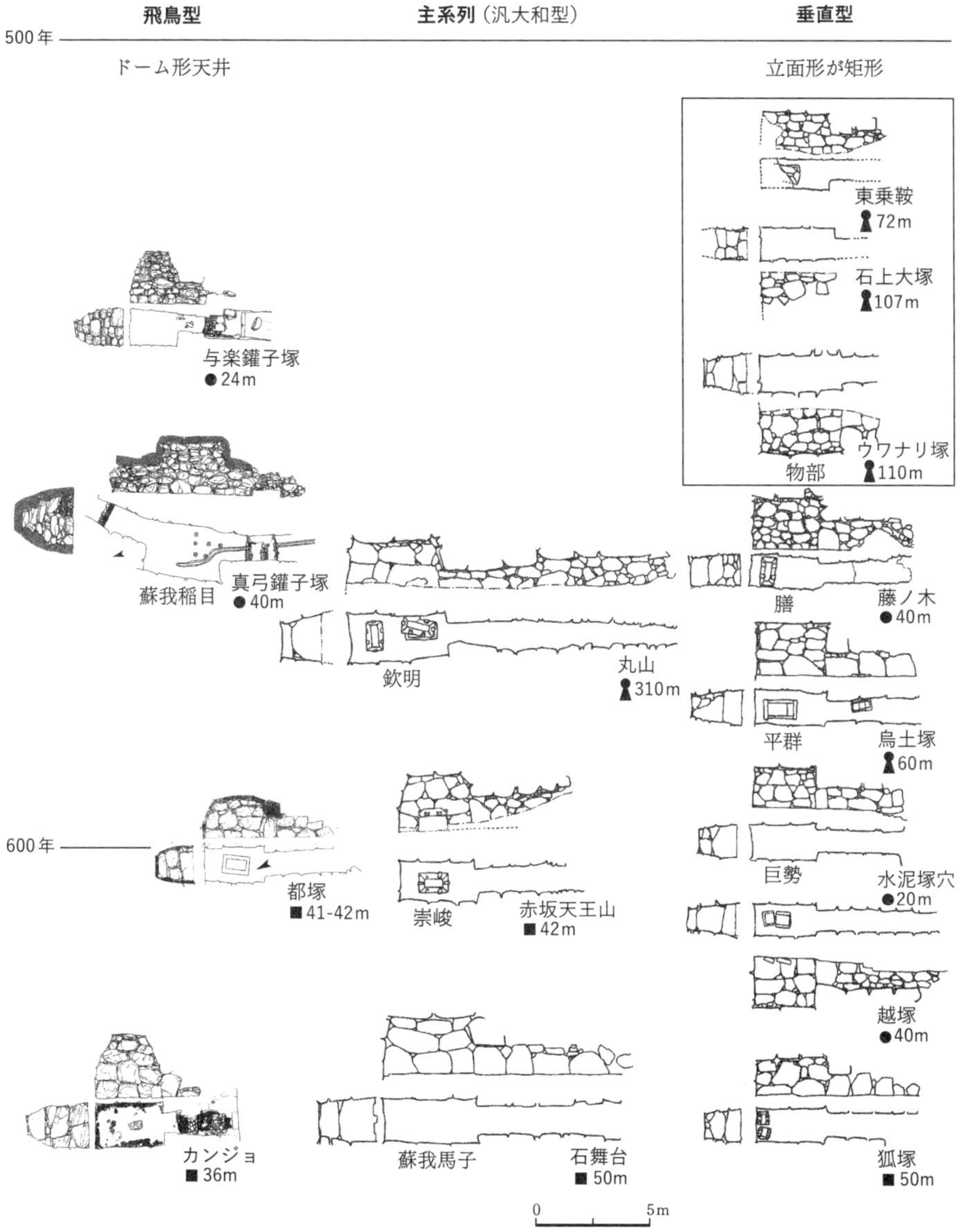

図58　飛鳥型・主系列（汎大和型）・垂直型横穴式石室の変遷

このようにみるなら、これまで渡来人のリーダーとしての蘇我氏の墳墓と位置づけてきた真弓鑵子塚古墳こそ稲目の墓にふさわしいものと考える。

真弓鑵子塚古墳は、貝吹山南東部から派生した尾根頂部に築造された直径四〇メートルの円墳である。玄室の両側に羨道状の石積みをもつ特異な構造をもつが、南側が羨道、北側が奥室で、全長一七・八メートル、玄室長六・六メートル、同幅四・三メートルである。玄室の壁面は七段に積まれ、天井はドーム形を呈する「飛鳥型」石室である（図40）。玄室高の四・七メートルは、石舞台古墳の高さと同じで、玄室の平面積は丸山古墳に匹敵するような大型横穴式石室である。

金銅製馬具、銀象嵌刀装具、獅子の頭を刻んだ金銅装の帯金具（図59）、方形の鉄地金銅張りの帯金具、ミニチュア炊飯具などが出土している。

前述のとおり、貝吹山周辺の渡来人集団にかかわる墳墓のなかでも突出した規模・内容をもっていて（一二七ページ参照）、蘇我稲目の人物像と、まさに重なるのである。ただし、出土した須恵器をみると、主体は六世紀後葉のものではあるが、それよりやや古い六世紀中葉の年代を示すものも含まれる。陶邑窯跡群の陶器山（ＭＴ）地区の八五号窯と同型式（ＭＴ85型式）のものが出土している。また、壁面の石積みを何段にも積む構造は、横穴式石室のなかでは古い特徴である。石室のありかたや土器からみれば、稲目の前の世代の墳墓である可能性は否定しがたい。その場合、実在性に疑問はある

図59　真弓鑵子塚古墳出土の
金銅装帯金具

が、稲目の父という高麗（馬背）の墓であるとみてもよい。

蘇我馬子の居宅と墳墓

法興寺（飛鳥寺）の造営

法興寺（飛鳥寺）の創建は、蘇我馬子の発願によるものである。蘇我氏を語るうえでは欠かせない存在である。

『日本書紀』の崇峻天皇即位前紀の、用明天皇二年（五八七）の物部守屋追討の戦勝祈願により馬子が法興寺を、厩戸皇子が四天王寺を発願したこと、また、崇峻天皇元年（五八八）、百済から僧と工人を呼び寄せ、飛鳥真神原で法興寺の造営がはじまったことが記述されていることは、前述（**一五九ページ**）したとおりである。

そして、崇峻天皇五年（五九二）東漢氏に天皇暗殺を謀った月に、法興寺仏堂（金堂）と歩廊（回廊）の工を起こす。さらに、推古元年（五九三）に仏の舎利を塔の心礎に安置し、塔の心柱を建てた。同四年（五九六）冬十一月に法興寺造営が完了し、馬子の子善徳を寺司に任じ、慧慈《えじ》・慧聡《えそう》の二僧が法興寺に住んだという。

推古十四年（六〇六）には、鞍作鳥（止利仏師）に命じてつくらせていた銅および繍の丈六の仏像が完成し、金堂に安置した。仏像が金堂の戸より高かったため、どのように仏像を入れるか案じられたが、鞍作鳥が巧みにそれを入れたという著名な逸話がある。

法興寺は、建久七年（一一九六）に落雷のため炎上し、寺塔はことごとく消失した。このとき法興寺の金堂の本尊も、仏頭と手だけが残ったといわれている。天和元年（一六八一）には両手を補修した記録が残っている。

この仏像は、止利様式の代表例である法隆寺の釈迦三尊像と同様に、飛鳥時代の当初は釈迦三尊像として金堂に安置されていたと考えられるが、そのほとんどを失ってしまった。頭部の額・両眉・両目・鼻梁、左手の掌の一部、右膝上の掌の一部、左足裏と指、右手中指、足指だけが残っていることが、「飛鳥大仏」の記録と表面の観察からうかがうことができる。

現在、法興寺金堂の跡には安居院が建ち、この飛鳥大仏が安置されている（図60）。

飛鳥大仏は近年、ハンディタイプの蛍光X線分析により、銅の成分が一致することから、その大半が当初のままであるという見解も提示されているが、表面にみえる補修の痕跡と必ずしも一致しないことや、成分分析の精度の問題などもあり、疑問点は多い。

発掘調査で、法興寺の一塔三金堂という特異な伽藍配置が明らかになったのは、一九五六〜五七年である。その後も周囲の発掘調査がおこなわれ、講堂、西門、南門、東南院や東南方の寺に瓦を供給した瓦窯などの存在も明らかになっている。最近では、南門南側の石敷きの広がりと、飛鳥宮跡の北限が近接した位置にあることや、北にある水落遺跡・石神遺跡から西門側への連接の状況、さらには西門西側にバラス敷きが広がり、中大兄と中臣鎌子の出会いで著名な槻の木広場との関連性などが注目された。

六世紀末に瓦をのせた大規模建造物が、飛鳥真神原に忽然と姿をあらわし、それが飛鳥の象徴的・中

図60　飛鳥大仏

核的存在となった。そして、これ以降周辺整備が進捗していくのである。蘇我氏本宗家滅亡後も周辺を含めた大整備事業がおこなわれ、天武朝にそれがほぼ完成したとみられる。

　蘇我氏のためだけに、百済だけとの関係で、この寺院が成立したわけではない。北魏様式の飛鳥大仏や、特異で大規模な伽藍配置などをみるとき、それは明らかである。官寺として、あるいはさまざまな地域とのかかわりを考慮する必要性がある。

　しかし、百済仏教と蘇我氏がその根幹であることを忘れるわけにはいかない。蘇我馬子が、百済の渡来人集団を統率し、法興寺をつくったのである。蘇我氏の権力の象徴を飛鳥の地につくることにより、飛鳥文化を開花させたといえる。まさに、蘇我氏が飛鳥をつくったのである。

石川の宅

蘇我馬子は、敏達・用明・崇峻・推古の四代にわたって、飛鳥を基盤にしながら権勢をふるった。ここでは、その居宅についてみておこう。

まず登場するのが「石川の宅」である。

『日本書紀』敏達天皇十三年（五八四）の条に石川の宅に、仏殿を造ったという記事がある（『元興寺伽藍縁起并流記資財帳』では十二年）。

> 百済から鹿深臣《こうがのおみ》が弥勒石造一軀を将来した。また佐伯連も仏像を将来した。この歳に蘇我馬子宿禰は、その仏像二軀をかかえ、鞍部村主《くらつくりのすぐり》司馬達等《しめだちと》、池辺直《いけべのあたい》氷田《ひた》を遣わして各地から修行者を求めさせた。ようやく播磨国で僧の還俗した者で高句麗の恵便《えべん》という名の者をさがしあて、これを師とした。
>
> （中略）
>
> 馬子は仏の法のままに三人の尼をうやまい、三人の尼を氷田直と達等に託して衣食を供給させた。また仏殿を邸宅の東の方に営み、弥勒の石像を安置し、三人の尼をむかえて大会《たいえ》の設斎《せっさい》をおこなった。
>
> （中略）
>
> また舎利を水に投げ込んだところ、舎利は仏の願いのままに水に浮いたり沈んだりした。このため、馬子宿禰・池辺氷田・司馬達等は仏法を信じて修行を怠らなかった。馬子宿禰は、石川の邸宅に仏殿を造った。仏法のはじめはこれからおこったのである。

そして、つづく十四年に

図61　和田廃寺塔基壇

蘇我馬子宿禰は、塔を大野丘の北に立てて大会の設斎をし、達等が以前に感得した舎利を塔の柱頭におさめた。

と記載される。

仏教公伝後の、著名な寺院の建立記事である。このののち、疫病の流行があり、物部守屋が寺を焼いて、難波の堀江に仏像を捨てたり、馬子だけが仏教崇拝を許され新しく寺を建てたり、といった仏教関連の記事がつづく。

大野丘北の塔、石川宅とも遺跡としては確認できず、確定していない。やはり山田道沿いに想定される。旧来、大野丘の北塔跡と考えられていた場所は、飛鳥時代後半期の寺院（和田廃寺）の塔基壇であることが早くに確認されている（**図61**）。

植山古墳と牧野古墳

ところで、大野の丘は敏達と推古の子である竹田皇子の墓所であり、推古天皇が初葬されたところである。

『日本書紀』では推古が最愛の子である竹田皇子との合葬を願う記事があるものの、所在地についての記載はない。『古事記』では推古陵について「御陵は、大野岡上にあり、後に科長《しなが》の大陵に遷しまつる」と記載されている。竹田皇子の墓は丸山古墳のすぐ東の丘陵上、橿原市五条野町の植山《うえやま》古墳である可能性が高い。

墳丘（南から）

東石室

図62　植山古墳

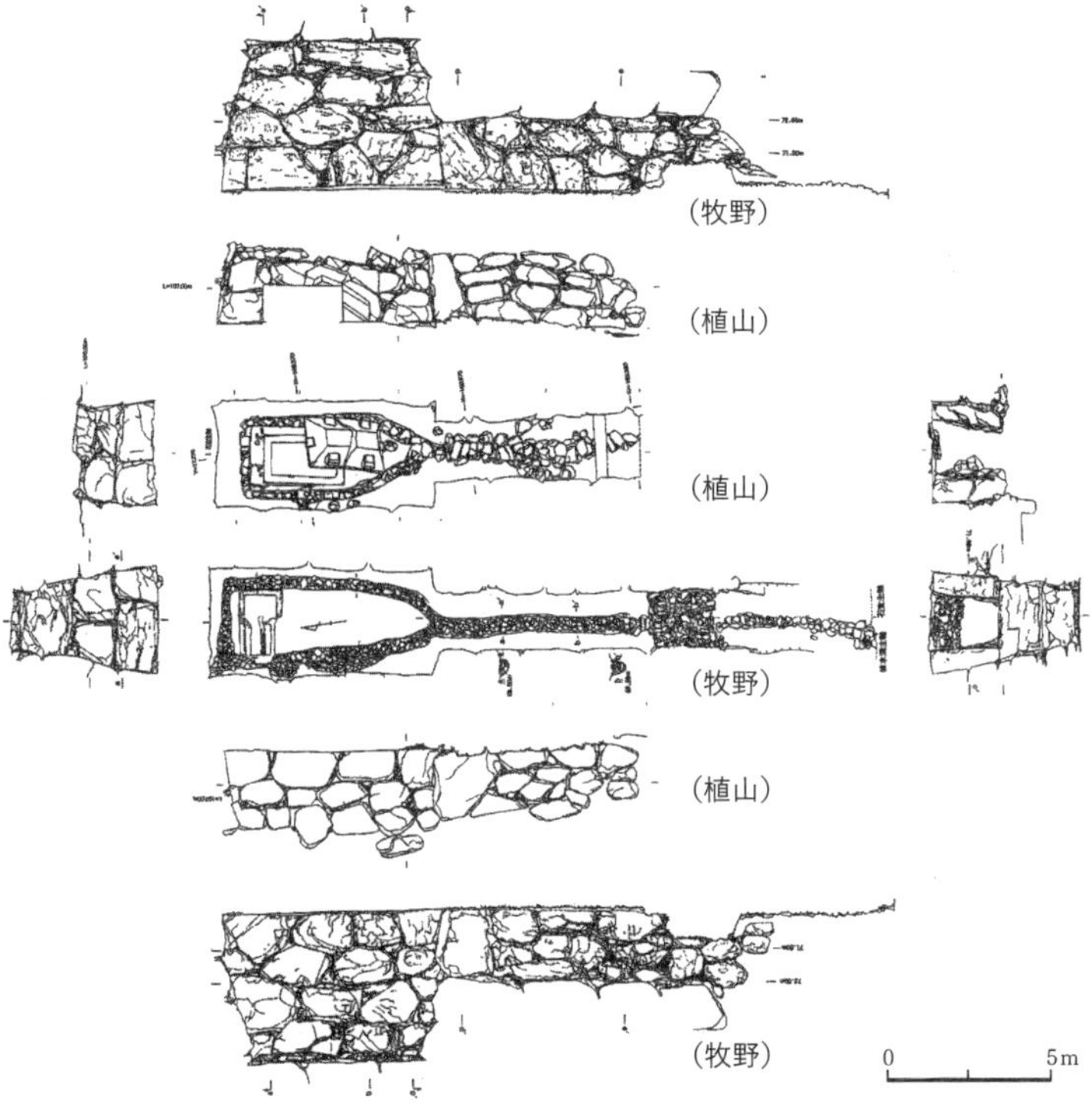

図63　植山古墳（東石室）と牧野古墳の横穴式石室の比較

植山古墳は東西四〇メートル、南北三二メートルの方墳で、東西二つの横穴式石室を埋葬施設とする古墳である。竹田皇子を葬ったと考えられるのは、全長一二・五メートルの東石室である。阿蘇溶結凝灰岩製の刳抜式家形石棺を内蔵する（図62）。金銅製馬具や三輪玉などが出土している。

この横穴式石室と細部まで石の積み方が一致しているのが、牧野《ばくや》古墳の横穴式石室である。牧野古墳の被葬者は、舒明の父である押《おし》坂《さか》彦《ひこ》人《ひとの》大兄《おおえの》皇子《みこ》であると考えられている。押坂彦人大兄皇子墓の所在地については、『日本書紀』に記述はないが、『延喜式』に広瀬郡所在の成相墓と記されている。広瀬郡域で、これに該当する古墳は牧野古墳以外にみあたらない。出土遺物から想定される築造年代（六世紀末葉）、古墳の規模（直径四〇メートルの円墳）、横穴式石室（全長一七・四メートル）、内蔵された二上山凝灰岩製の刳抜式家形石棺などすべてが押坂彦人大兄皇子墓である要件を満たしている。金銅装馬具、金銅製梔子《くちなし》玉、ガラス製玉類、木芯金銅椀、鉄製武器類など豪華な副葬品もそのことを補強する。

牧野古墳と植山古墳の二つの石室の図面を並べると、石の積み方ばかりでなく、石の形、平面形、排水溝の形状まで一致していることに気づく。同じ設計図があったとしか考えられず、石室をつくる職人グループがあったとしたら、まさに同一工房が受注したものだといえる（図63）。

赤坂天王山古墳

さらに、まったく同じとまではいえないものの、きわめて近い構造を示すのが赤坂天王山古墳の横穴式石室である。崇峻陵の可能性が高い。

馬子の命により東漢直駒によって殺された崇峻の陵墓は、『日本書紀』に倉梯《くらはしの》岡《おか》陵とある。宮内庁の治定する場所は、古墳であるかどうかもわからない。赤坂天王山古墳は倉橋近傍の古墳で、古墳の墳形・規模（一辺四二メートルの方墳）、石

図64　赤坂天王山古墳の横穴式石室と家形石棺

室全長（一四・九メートル）、内蔵された刳抜式家形石棺などがその要素を満たす。発掘調査はおこなわれていないが、築造年代は六世紀末葉であろう（図64）。

横穴式石室は玄室天井が高く、三〜四段の石材を積んで前壁・奥壁がゆるやかに持ち送る構造である。最高位の実力者が採用した丸山古墳に後続し、石舞台古墳に先行する主系列の「汎大和型」石室である。馬子に殺された崇峻天皇、物部守屋との争いのなかでは、馬子の側の代表的存在として呪詛の対象になった竹田皇子・押坂彦人大兄皇子が、同じ型式の埋葬施設を採用していると考えられることは、実に興味深い。六世紀末の一時期に、馬子の権勢のもと、数奇な運命をたどった三人は、奈良盆地のなかにそのゆかりの土地を選んで、その墓域を分散させたと考えられる。

植山古墳の東石室が竹田皇子の墓ならば、推古の初葬墓は西石室であると考えられる。石室全長は一三メートル、石室入り口に軸石を受ける台石が残り、石扉を備える特異な構造である。付近の神社では、この古墳の石室の扉石などが踏み石として再利用されている。

推古天皇が亡くなったのは推古三十六年（六二八）、馬子が没してから二年後のことである。

槻曲の家

用明天皇二年（五八七）の条で、物部守屋追討前夜に馬子の家が登場する。「槻曲《つきくま》の家」である。

用明天皇は磐余の河上で新嘗《にいなめ》の儀をしたが、その日に病にかかり宮にかえって群臣に、「自分は仏法に帰依したい。おまえたちはこのことを議するように」と言われた。

物部守屋大連と中臣勝海《かつみ》連は「国神に背いて他神を敬うということがあろうか。このようなことは今まで聞いたことがない」と言った。

これに対し、蘇我馬子宿禰大臣は、「詔に随って天皇をお助けすべきだ。誰がそれ以外の計略を考えよう」と述べた。

（中略）

物部大連は阿都《あと》（大連の別業にあった地名である）に退いて人を集めた。中臣勝海連も自分の家に軍衆を集め、大連を助けようとして太子彦人皇子（押坂彦人大兄皇子）の像と、竹田皇子の像を作って呪った。

（中略）

馬子大臣が、土師八嶋連《はじのやしま》を大伴毗羅夫連《ひらぶ》のもとに遣わし、大連のことばを伝えると、毗羅夫は弓矢と皮楯とを手にとって槻曲の家に駆けつけ、昼も夜もつきっきりで大臣を守護した。

そして、用明が亡くなり、物部追討軍が蜂起する。その軍勢についてはー五六ページで触れたところである。

阿都は、律令制下の河内国渋川郡跡部《あとべ》郷にあたる。大阪府八尾市跡部、春日町一帯に跡部遺跡がある。著名な銅鐸出土地であるが、六世紀代の遺構・遺物も検出されている。物部氏・大伴氏は、いずれも大和ばかりでなく河内にも本拠地があった。

槻曲の所在地は不明である。連想させるのは、稲目の軽の曲殿である。やはり、山田道沿いにあったのだろうか。

図65　島庄遺跡で検出された方形池の堤

飛鳥川傍の家

馬子の宅としてその中心となるのは、「飛鳥川傍《ほとり》の家」である。『日本書紀』推古天皇三十四年（六二六）の条、馬子が亡くなったときにその記述がある。

> 大臣が薨じ、桃原墓に葬った。大臣は稲目宿禰の子で、武勇で策略に長け、政務をすばやく処理する能力をもち、仏法を敬った。飛鳥川のほとりに家をつくり、庭に小さな池を開き、小島を池の中に築いた。そこで人びとは嶋大臣と呼んだ。

明日香村の島庄《しまのしょう》遺跡では、継続的な発掘調査が実施されている。石舞台古墳の西北西で、一辺四二メートルの石組の方形池が確認され、それに東に隣接した場所からその給排水と関連する石組の貯水施設と水を流すための石組溝からなる苑池遺構が検出されている。苑池遺構に重なり、五間×三間の大型建物も検出されている。方形池の年代は、七世紀初頭〜後半期に及んでいて、馬子の時代から草壁皇子の時代の「嶋宮」にかかわるものが重なっていると推定できる。検出された方形池に島はなく、馬子の宅の池である確証は得られていない。

一方、この方形池の南側の場所で、七世紀初頭〜後半頃の掘立柱建物が検出されている。このうち七世紀初頭の建物群は、馬子の飛鳥川傍の家の一角である可能性がある。ただし、中心になるような大型建物は検出されていない。

石舞台古墳

この飛鳥川傍の家との関連性から、「はじめに」で述べたとおり、馬子の墳墓は石舞台古墳と考えられる。石舞台古墳の威容をもってすれば、それを否定する疑念は、にわかに消失する。

『日本書紀』舒明天皇即位前紀には推古天皇没後の皇嗣をめぐって、蘇我氏一族の境部摩理勢が泊瀬王の宅へ逃げこんだあと、蘇我蝦夷に殺される記事がある。このとき、蘇我氏の諸族は皆集まり、嶋大臣の墓をつくるために墓の側に泊まっていた。

境部摩理勢は墓地の宿泊所を打ち壊し、蘇我の田家にひきこもって出仕しなかったので、蝦夷の激しい怒りを買い、泊瀬王の宅へ逃げることになるのである。

巨大な墳墓の造営は周到に準備された。この石舞台古墳の西側では六世紀代の横穴式石室を埋葬施設とする円墳があり、その一部を壊して新たに造成した土地の上に、石舞台古墳が築造されている。

石舞台古墳は、墳丘と周濠斜面に貼石を施した一辺五〇メートルの大型方墳である。かつては、上円下方墳と考えられていたが、近年では二段築成の方墳とみる見解が一般的である。上段（二段目）の盛土が後世の開墾などにより削りとられ、横穴式石室の天井石と側壁の一部の露出した様態から後世の人

図66　石舞台古墳と周辺の古墳群

が石舞台と呼ぶようになったことが命名の所以である。

この古墳の横穴式石室の特徴は何段にも石を積まず、玄室の奥壁は二段、側壁は三段、前壁は一段、羨道は一段の巨石で構成されていることだ。奥壁・前壁はゆるやかに持送りがおこなわれる。石室全長は約一九メートル、玄室長七・五七メートル、同幅三・四八メートル、高さは四・七〇メートルである。一人の権力者のためのこの巨大な空間を体感した方は少なくないはずだ。

発掘調査は一九三三年と一九三五年である。京都大学考古学研究室の浜田耕作教授のもと、末永雅雄が調査にあたった。トロッコによる土砂の運搬がおこなわれ、石室内からは石棺の破片や鉄鏃、須恵器、土師器などが出土し、周濠からも土器が出土している。土器の年代は、七世紀代のものが主体である。巨石をどうやって運んだかという命題のもと、修羅による石材の運搬の実験もおこなわれた。現在、内蔵されていた刳抜式家形石棺の復元模型が堤の上に展示されている。

厩戸皇子と藤ノ木古墳

馬子が亡くなるより五年前の推古天皇二十九年（六二一）の条に、厩戸皇子の薨去記事がある。厩戸豊聡耳皇子命《うまやどとよとみみのみこと》が、斑鳩宮で薨じ、諸王・諸臣および国の百姓が大変悲しんだというその様子が『日本書紀』にくわしく語られる。そして、

この月に上宮太子《かみつみやひつぎのみこ》を磯長陵に葬った。このとき、すでに二十三年に帰国していた高句麗の僧慧慈がそのことを聞いて斎会を催した。慧慈はその業績と威徳を褒め称え、その絆は断ちがたく、一人で

生きていては意味がないとして、自分の死期を予言し、浄土でめぐりあうとしたのである。そして、定めた日にそのまま亡くなり、上宮太子も慧慈も聖であると人びとにいわれた。

馬子のもと、物部守屋追討に立ち上がった厩戸皇子が推古天皇の摂政として、政権を主導した人物であったことはいうまでもない。厩戸皇子の評価については、さらに一書が必要であり、ここで詳細を述べることはできない。しかし、これに先んじておこなわれていた先進的・開明的な馬子の外交方針を飛鳥から離れた場所で、さらに推しすすめたのが厩戸皇子であったといえる。厩戸皇子は、「反飛鳥」の立場にあった。

『日本書紀』用明天皇即位前紀に、用明天皇の第一皇子ではじめは上宮《かみつみや》に住み、後に斑鳩に移ったことが記される。上宮は、用明天皇の磐余池辺双槻宮《いわれいけべふたつき》に対応するものと考えられる。いずれも位置は確定していない。

桜井市上宮《うえのみや》遺跡では、六世紀末〜七世紀代の大型建物と石組の苑池施設が検出され、この上宮に関連するものではないかと注目された。上宮遺跡の苑池施設は、前述の島庄遺跡や、吉野の宮滝遺跡で検出されている苑池施設と共通するものである。磐余からすれば、やや距離があり、確定はできない。

斑鳩が、厩戸皇子の本拠であったことは多言を要しないだろう。斑鳩宮と斑鳩寺（法隆寺）があり、斑鳩と飛鳥を結ぶ筋違道《すじかいみち》（太子道）など、それぞれ詳細については問題が残るが、七世紀初頭の遺構が確認されている。それより前、斑鳩の地に六世紀後半に築造された古墳が、藤ノ木古墳である。

直径四〇メートルの円墳で、埋葬施設は、刳抜式家形石棺を内蔵する横穴式石室である。石室全長は、一三・九メートル、玄室長六・〇メートル、幅二・四メートル、高さ四・五メートルである。奥壁と前壁を垂直に立ち上げる「垂直型」の石室である。垂直型は、物部氏との関連が推測できる天理市ウワナリ塚古墳（墳丘長一一〇メートルの前方後円墳）、平群氏との関連が推測できる平群町烏土塚《うどづか》古墳（墳丘長六〇メートルの前方後円墳）、巨勢氏との関連が推測される御所市の水泥塚穴《みどろつかあな》古墳（直径二〇メートル）などに採用された、最高実力者ではないものの、政権中枢を占めた人物が採用した石室型式である（**一八一ページ図58参照**）。

石棺内外から出土した金銅馬具や金銅冠、帯、飾履、金銀やガラス玉などよる髪飾り、首飾りや足玉、銀製垂飾などの装身具、銅鏡、大刀などは当時の東アジアにおける超一級品であり、大陸や朝鮮半島と強く関連するものである。

用明天皇二年（五八七）に、物部守屋に推戴され、馬子と激しく対立し、ついには馬子に命じられた佐伯連丹経手《にふて》らの兵に囲まれて殺されたという穴穂部皇子《あなほべのみこ》と、同時に殺された宅部皇子《やかべのみこ》が、被葬者として有力である（前園二〇〇六）。しかし、私は、横穴式石室や家形石棺の型式や、出土した須恵器の年代から、築造年代を考えると、それより一段階前、丸山古墳と同時期と考えている。

また、穴穂部皇子の外交手腕で、これほどの副葬品を獲得したかという点もいささか疑問である。藤ノ木古墳の被葬者は、欽明期の外交にかかわった人物とみることができるだろう。厩戸皇子の妃である菩岐岐美郎女《ほききみのいらつめ》の父である膳傾子《かしわでのかたぶこ》は、欽明三十一年（五七〇）の高句麗使節の饗応で越に派遣された人物であるが、用明天皇二年の物部守屋追討軍にも加わっており、先の穴穂部皇子より後に亡くなっている。これもその年代が一致しないが、その祖たる人物であろう。

推古天皇十八年（六一〇）に、新羅の使節をむかえるための飾り馬の長になったのが額田部比羅夫《ひらぶ》、任那の使節をむかえるための飾り馬の長になったのが膳大伴《おおとも》である。阿斗の川辺の宿舎で新羅の使節を休ませたという。それより先に、一〇三ページで述べたとおり、額田部比羅夫らは推古天皇十六年（六〇八）に遣隋使小野妹子とともに来日した裴世清《はいせいせい》を海柘榴市《つばいち》に迎えている。

要するに、膳氏は額田部氏と同様大王を支えた外交集団である。河内湾から大和川を遡上したとき陸揚げ地の拠点である斑鳩を押さえたのが膳氏の祖であって、渡来人集団と強くかかわりながら、その実力を発揮したものと考えられる。この膳氏こそ、藤ノ木古墳の被葬者にふさわしい。

いずれにせよ、厩戸皇子はこの斑鳩の地の、先進的な基盤をうけ、ここに新たな政治拠点を設けることにより、隋へ国書を送り、遣隋使を派遣するなど、あたらしい外交を推進したのである。

厩戸皇子の墓、叡福寺北古墳

厩戸皇子の陵墓（磯長陵）は、現在宮内庁が治定する叡福寺北古墳《えいふくじきた》（直径五四メートルの円墳）である可能性が高い。大阪府南河内郡太子町の叡福寺は、聖徳太子信仰の中核を担う寺であり、伽藍整備がすすんだのは一三世紀、創建は出土瓦などからは一〇～一二世紀頃まで遡る可能性がある。聖徳太子の墓前寺として発展してきた。なお、叡福寺北古墳を厩戸皇子の墓と認めない立場もある。今尾文昭氏は、孝徳陵である可能性を考えた（今尾二〇〇八）。

内部には立ち入ることはできないが、明治十二年（一八七九）の『聖徳太子陵墓実検記』をもとに梅原末治氏が石室の図面を描いている（梅原一九二二）。

それによれば、表面が平滑な切石を玄室に二段、羨道に一段積んだ精美な横穴式石室である（**図67**）。明日香村岩屋山古墳が代表例の、画一的な規格でつくられた岩屋山式石室である。岩屋山古墳と叡福寺

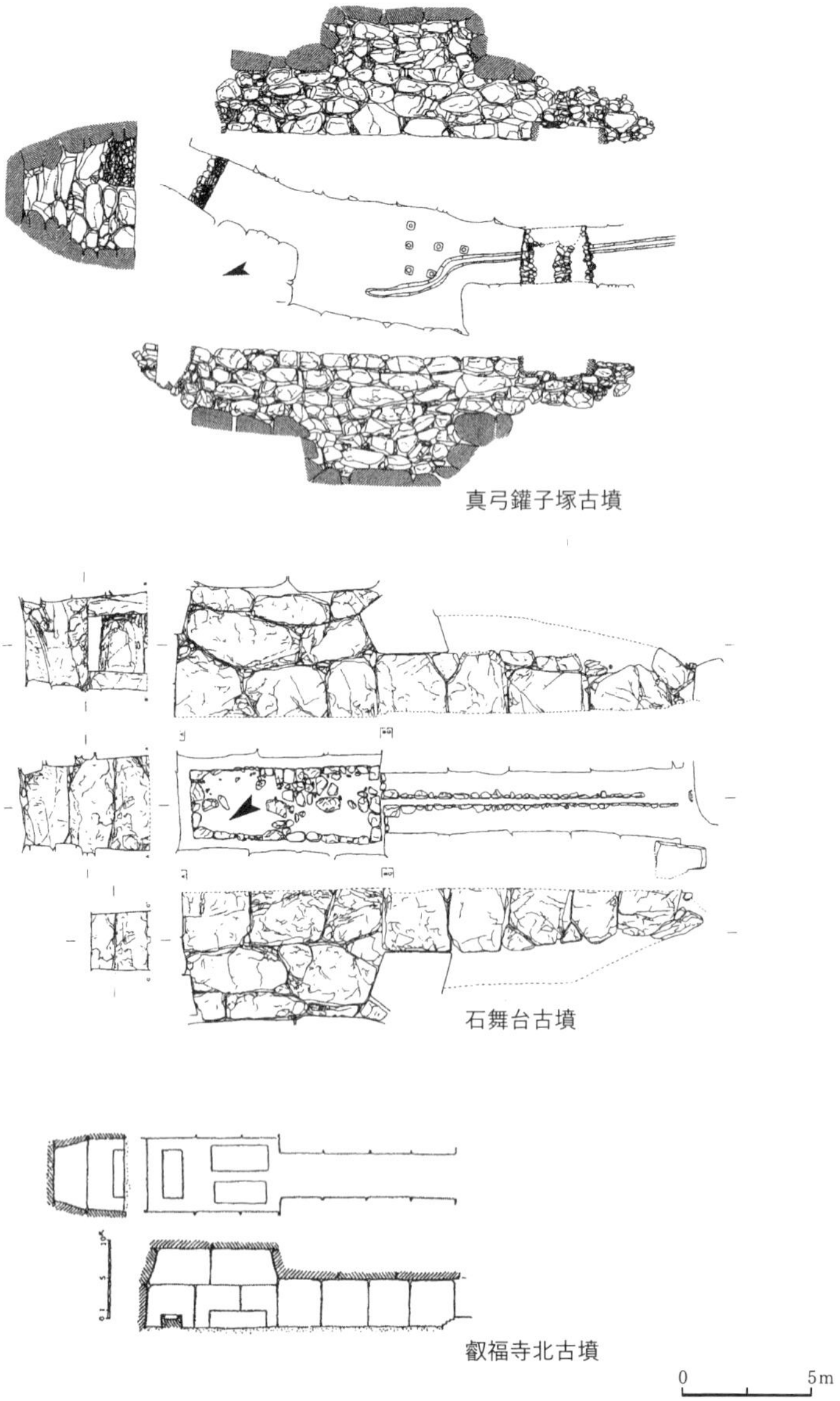

図67　真弓鑵子塚古墳・石舞台古墳・叡福寺北古墳の横穴式石室

北古墳の図面で示されたものと同一設計のものが岩屋山式で、類似構造のものが岩屋山亜式である。

叡福寺北古墳が厩戸皇子の墓である場合、厩戸皇子の死後、しばらくたってから新しく古墳や石室をつくって、そこに葬ったと白石太一郎氏は考えている〔白石二〇〇八〕。馬子が葬られた石舞台古墳の石室にくらべて小さくきれいに整備されたものであり、石舞台古墳の石室と岩屋山式石室との間に時期的差違を認める考え方である。

一方、時期的差違を認める場合でも、石舞台古墳が馬子の生前にいちはやく造営されたものと考え、厩戸皇子の場合は死後に造営されたとみることも可能である。また、ほぼ同時期に築造されているという案もある。この解釈にたつとすれば、厩戸皇子と蘇我氏の性格の違いがその背景にある。

石舞台古墳の造営の意図は、蘇我氏の実力が大王より上位にあったことを、墳丘や石室の上で表現しようとしたものであった。しかし、古墳は前世紀からの遺物である。より開明的で、進歩的な厩戸皇子が採用したのが、こののちのトレンドとなる薄葬であり、岩屋山式石室はその理にかなうものであった。権力の象徴としての古墳の意義が徐々に薄れていく過程をここにみることができる。

蘇我蝦夷・入鹿の居宅

蘇我馬子と物部守屋の妹の間に生まれたのが蝦夷である。蘇我氏は、戦いを挑み、あるいは挑まれた物部氏・藤原氏との間にもそれぞれ姻戚関係を結んだ（図68）。

蝦夷は豊浦大臣と呼ばれたことから、豊浦に居宅を構えたと推定される。

豊浦の居宅と豊浦寺

豊浦寺跡の発掘調査で、六世紀後半代の遺構があり、稲目の居宅である向原の家の可能性があることは前述したとおりである。さらに、ここでは七世紀初頭の掘立柱建物が検出されている。これは、寺院がつくられる前の遺構であり、推古天皇の豊浦宮とかかわるものと考えられている。さらに、この地では、金堂・講堂と推定される礎石建物が南北にならぶ寺院の遺構が確認されている。塔の位置は不明だが、四天王寺式の伽藍配置をとる寺院である可能性が高い。七世紀前半代の瓦が

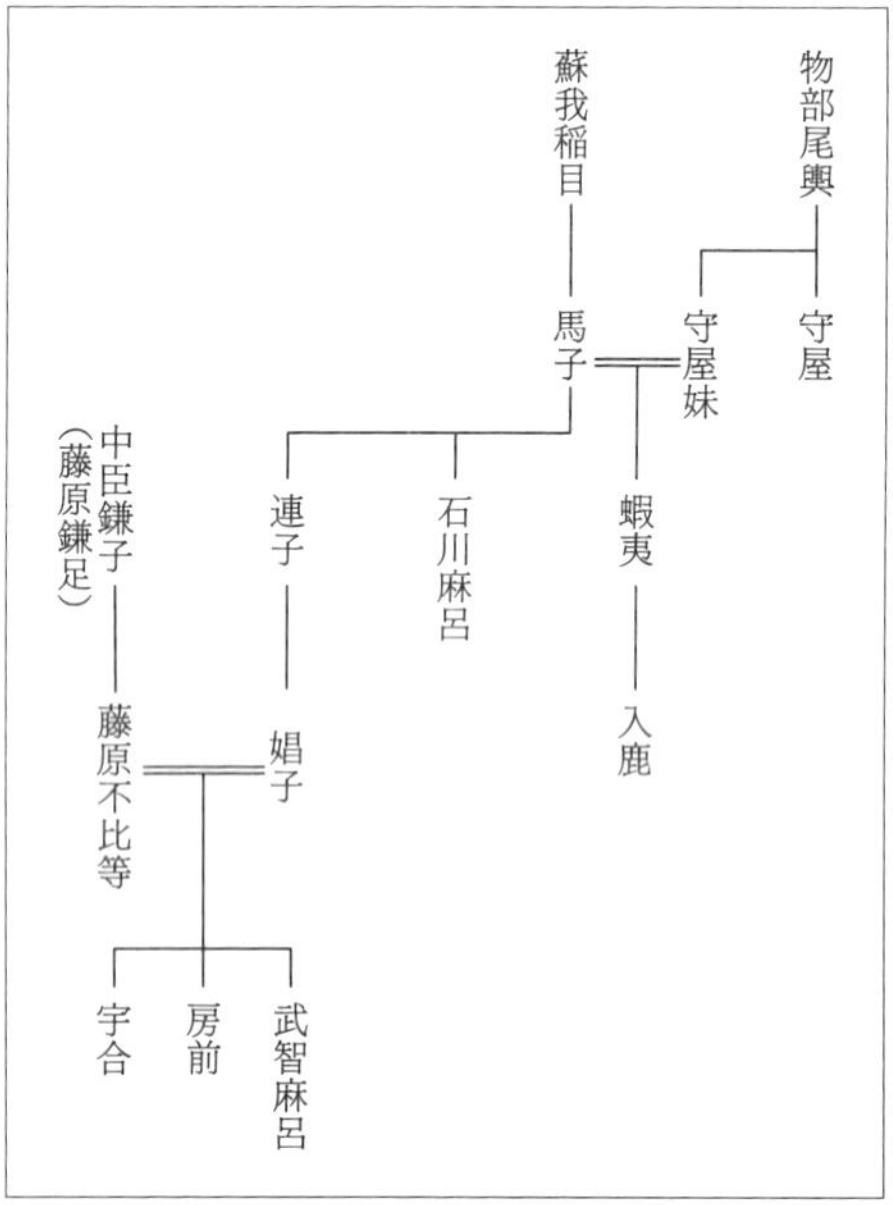

図68　蘇我氏と物部氏・藤原氏の関係

出土していることから、ごく初期の本格的寺院である。奈良時代に石組の雨落溝が整備され、一二世紀に廃絶している。

この寺院の成立経緯と、『元興寺伽藍縁起并流記資財帳』の桜井寺、豊浦宮、豊浦寺にかかわる記述とを結びつけることも可能である。

以下に要約する。

敏達天皇十二年（五八三）には、「牟久原（向原）の御殿」を桜井道場とした。司馬達等《しめだちと》の娘、善信尼とその弟子二人を桜井道場に住まわす。この三人の尼は、崇峻天皇元年（五八八）に百済に留学し、崇峻天皇三年（五九〇）に帰国し、前のように桜井寺（桜井道場）の住持となった。そして、桜井寺の諸堂が整備された。それに遡る用明天皇元年（五八七）に百済から客が訪れ、尼寺と僧寺が隣接することが通例であると説くと、厩戸皇子と蘇我馬子が、その僧寺の場所を決めた。崇峻天皇元年（五八八）に法興寺の現場事務所が開設された。推古天皇元年（五九三）には等由良宮（豊浦宮）を寺とし、桜井寺の機能を移し、等由良

図69　豊浦寺金堂跡

寺（豊浦寺）と名付けた。

これが、豊浦寺である。

ほかに、『聖徳太子伝暦』にも舒明天皇六年（六三四）に豊浦寺の塔の心柱を立てたとある。『万葉集』にも豊浦寺之尼私房で読まれた宴の歌が残されている。

尼寺としての桜井寺（桜井道場）がまず整備され、僧寺として発願されたのが法興寺（飛鳥寺）、豊浦宮のあとに桜井寺が移転したというものであるが、桜井寺の起源は稲目が居宅を喜捨した向原寺である。この桜井寺の問題は残るものの、稲目の向原の宅、推古天皇の豊浦宮、豊浦寺へ変転したと考えられる。蝦夷の居宅も豊浦寺跡の近傍だろう。北側の古宮遺跡を含め、この周辺に居宅を構えたことが想像できる。

ここで強調したいのは、推古天皇の小墾田宮、豊浦宮という大王の支配拠点の近傍に蝦夷が居宅を構えたということである。これらの宮の詳細な構造が発掘調査で確かめられたわけではないが、大型建物を整然と配置するようなはじめての「宮」であった可能性が高く、この後には、飛鳥に宮が継続的に造営されている。飛鳥時代のはじまりである。蘇我氏がこの飛鳥に継続的に居宅を構えたことこそが、その実力を発揮するうえでもっとも重要な点であった。

甘檮岡と畝傍山の家

序章で述べた乙巳の変の伏線として語られるのが、蝦夷・入鹿の甘檮岡《うまかしのおか》と畝傍山東方の家である。

『日本書紀』皇極天皇三年（六四四）の条に、

蘇我大臣蝦夷と子の入鹿臣は、家を甘檮岡に並べ建て、大臣の家を上の宮門《みかど》、入鹿の家を谷の宮門（谷これを「はざま」とよむ）と呼んだ。また、その男女を王子《みこ》と呼んだ。家の外には城柵を造り、門の側に武器庫をつくり、門ごとに水をみたした舟一つと木鉤《とびぐち》数十本とを置いて火災に備え、力の強い男に武器をもたせていつも家を守らせた。大臣は、長直《ながのあたい》に命じて大丹穂山《おおにほのやま》に鉾削寺《ほこぬきのてら》を造らせ、また畝傍山の東にも家を建て、池を掘って砦とし、武器庫を建てて、矢を貯えた。

飛鳥川西岸にあり、頂部から飛鳥寺を東にのぞむことのできる丘陵が、現在国営飛鳥公園の甘樫丘《あまかしのおか》

石垣（北西から）

出土土器

焼土層出土遺物

図70　甘樫丘東麓遺跡

地区として整備されている。この丘陵が史書にいう甘檮岡にあたるかどうかはさだかでない。しかし、もっとも有力な候補地である。

この東麓で、駐車場造成にあたり一九九三年に発掘調査が実施された。それ以降、断続的にこの周辺で発掘調査が実施されている。七世紀前半〜中頃にかけての石垣・掘立柱建物・塀や炉跡などの遺構が検出されており、いまだ全体像は把握できないものの、入鹿の谷の居宅と関連するものと考えられる。

川を挟んで東北に法興寺があり、この丘陵のすぐ北側に豊浦寺がある。『日本書紀』の記事に潤色はあるとしても、まさに飛鳥の中心地である。ここに軍事拠点を設け、内政的に反対勢力に備えたものだとすれば、本拠地飛鳥を守る要塞が、この甘檮丘であったと考えられるのである。

畝傍山東方の家は、遺跡としては確認できていない。橿原考古学研究所が設立される契機となったのが、まさに畝傍山東方にあたる橿原遺跡の発掘調査である。

一九三八年に実施された橿原遺跡の調査は、現在、野球場・陸上競技場となっている県立橿原公苑の場所を中心に、広い範囲で実施されている。橿原遺跡は、重要文化財にも指定されている縄文時代の遺物の出土で著名だが、飛鳥〜平安時代の井戸・建物跡や土器などの遺構・遺物も相当量検出されている。ただし、年代的には飛鳥時代の後半期以降、藤原宮期以降のものである。藤原京、あるいは大和国府との関連性も想定されている。そのなかで、わずかではあるが、豊浦寺式の瓦が出土している。豊浦寺と蘇我氏の関係から、畝傍山東方の家との関連が想起される。

この畝傍山東方の家も、軍事拠点である。また、外交使節をむかえている。

皇極元年（六四二）の条にも畝傍の家が登場する。蘇我蝦夷が、畝傍の家に百済の翹岐《ぎょうき》らを呼び、親しく対談し、良馬一匹と鉄鋌二〇鋌を賜ったという。

これまでの解釈では、畝傍（山東方）の家については、蘇我氏が飛鳥北部から飛鳥中心部へむけて本拠地を移動する過程のなかでとらえられてきた。しかし、これはあくまで、飛鳥中心部から北方にむけ進出したものである。中心部を守るための軍事的要塞を企図したものだと考えられる。馬子の槻曲の家も、物部氏との内戦における軍事的拠点として機能したが、畝傍山東方の家、甘檮丘の家はいずれも蘇我氏のための、そして飛鳥のための、軍事的拠点であったといえよう。

「反飛鳥」の舒明

舒明天皇の百済宮と百済大寺

この蘇我氏の飛鳥から宮を飛鳥の外に遷したのが舒明である。推古没後の皇位継承は、敏達の孫で押坂彦人大兄皇子の子である舒明であった。『日本書紀』の舒明天皇即位前紀における、境部摩理勢・泊瀬王が蝦夷によって殺されたことはすでに述べた。ここでも血なまぐさい権力抗争のすえ、蝦夷により擁立された舒明は、舒明二年（六三〇）に宮を小墾田宮から飛鳥岡の傍《ほとり》の岡本宮に遷す。

岡本宮

舒明天皇の岡本宮と同じ場所には、皇極天皇の重祚した斉明天皇により後飛鳥岡本宮《のちのあすかおかもとのみや》が造営されている。この後飛鳥岡本宮は、発掘調査で確認された明日香村岡の飛鳥宮跡上層遺構（飛鳥宮Ⅲ期）と対応するものだと考えられている。

明日香村役場のすぐ北側一帯に、宮殿の石敷きや井戸などが整備されている。この井戸や石敷きは飛鳥宮跡Ⅲ期の遺構で、斉明天皇の後飛鳥岡本宮の遺構と考えられる（林部二〇〇一）。そして、この井戸や石敷きの下に飛鳥宮跡Ⅱ期の遺構がある。乙巳の変の舞台となった皇極天皇の飛鳥板蓋宮の遺構であると推定されている。飛鳥宮跡Ⅱ～Ⅲ期の遺構はすべて方位を真北に揃えている。

さらに、飛鳥宮跡Ⅱ期の遺構の下層に、飛鳥宮跡Ⅰ期の遺構が検出されている。真北から二〇～二五度西にふれた大型掘立柱建物が検出されており、これこそが舒明天皇の岡本宮の遺構であると考えられる。飛鳥宮Ⅰ期・Ⅱ期の遺構は、Ⅲ期の遺構を保存するために詳細な調査はおこなわれていないため、くわしくはわからない。しかし、Ⅰ期の遺構が真北の方位をとっていないのは、大規模な整地などをせず地形に則して建物を建てているためであり、まだ完全に宮殿としての体裁を整えていなかったことがみてとれる。すぐ北側に真北の方位をとり、屋根瓦をのせた荘厳な伽藍を整えた法興寺（飛鳥寺）が存在していて、その差は歴然としている。

この場所はその後、大王の支配拠点として機能するわけだが、その契機となったという意義はあるものの、きわめて貧弱なものであったといわざるをえない。柱跡には焼け土や多量の炭が入っていて建物が火災にあったことがわかる。舒明天皇八年（六三六）に岡本宮が火災に遭い、舒明天皇は田中宮に宮を遷している。

飛鳥を離れた田中宮・百済宮

田中宮は遺跡としては確認されていない。橿原市田中町がその推定地であり、豊浦寺からは西北約一キロ、特別史跡本薬師寺《もとやくしじ》跡の南側である。飛鳥中心部から北方周縁部への移動である。

そして、舒明天皇十一年（六三九）におこなったのが百済宮《くだらのみや》・百済大寺《くだらのおおでら》造営である。八年には宮の火災につづき日照り、彗星、日食などがあり、十年の大風と大雨、十一年には雲がないのに雷、大風で雨が降り、彗星がみえたという記事がある。そして、

> 秋七月に天皇は詔して、「今年、大宮と大寺をつくらせる」といわれた。
> そこで、百済川のほとりを宮の地とし、西の民は宮をつくり、東の民は寺をつくった。書直県《ふみのあたいあがた》（東漢書直）をそのための大匠とした。

その年末に百済川のほとりに九重塔をたてたという記事があり、十二年四月に厩坂宮《うまやさかのみや》に住んだとある。百済宮に遷るのは十二年冬十月で、十三年冬十月百済宮で亡くなる。「宮の北で殯をし、これを百済大殯という」と記事がつづく。

百済宮・百済大寺の所在地については、諸説があったが、近年、百済大寺を桜井市吉備の吉備池廃寺《きびいけはいじ》とする説が有力になっている。

一九九七年に、農業用の溜池で吉備池の堤防工事にともなう発掘調査があり、寺院の存在がはじめて明らかになった。その後の継続的な調査により、特異な伽藍配置をとる大規模寺院であることが判明した。東に金堂、西に塔、回廊が囲み、中門は金堂の正面に位置する。塔基壇は一辺三〇メートルの正方形で、高さ約二・八メートル。大官大寺の塔に匹敵する規模をもつ。金堂基壇の規模も大規模であり、

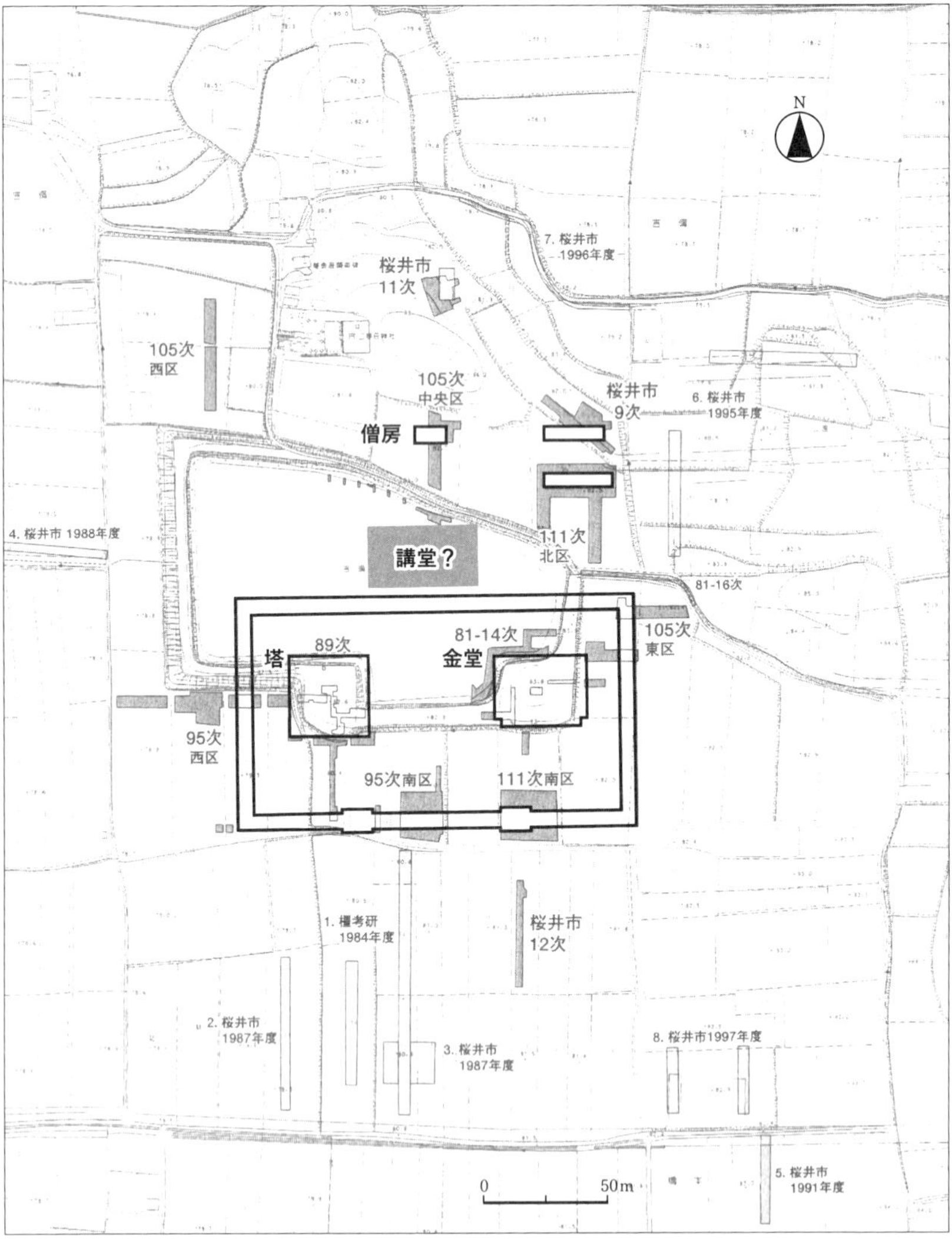

図71　百済大寺の調査地と伽藍配置復元図

百済大寺→高市大寺→大官大寺→大安寺という変遷過程とその規模から、これが百済大寺の遺構であると考えられるのである。

百済宮に相当する遺跡はわからないが、この近傍のはずである。飛鳥からは遠く離れたことに違いはない。『日本書紀』は、飛鳥からの移転を天変地異のためとするが、やはり蘇我氏の飛鳥からの離脱意思の表明であるととれる。舒明もまた「反飛鳥」の立場にあったといえる。

舒明の祖父の敏達は河内の磯長陵、『延喜式』によれば父の押坂彦人大兄皇子は大和の広瀬郡に葬られ、牧野古墳がその可能性が高い。また弟である茅渟王《ちぬのおう》の葬地もまた押坂彦人大兄皇子墓の近くの片岡であり、奈良県香芝市にある平野古墳群が候補地である。蘇我氏の飛鳥から離れた意思の表明である。敏達王家もまた「反飛鳥」の立場にあった。

今来の双墓

小山田古墳は舒明の初葬地か

記・紀にみえる舒明の葬送記事

舒明天皇没後の皇位継承者は、舒明の皇后、皇極である。皇極は舒明の弟である茅渟王の女《むすめ》であり、舒明とは伯父・姪の関係にある。皇極の母は欽明の孫の吉備姫王《きびつひめのおうきみ》である。乙巳の変の主役である中大兄皇子は、舒明と皇極の間に生まれた。

皇極天皇元年（六四二）十二月十三日は舒明の喪葬の儀がおこなわれた日であった。

小徳巨勢臣徳太《しょうとくこせのおみとこだ》が大派皇子《おおまたのみこ》に代わり誄《しのびごと》を申し上げた。次に小徳粟田臣細目《あわたのおみほそめ》が軽皇子（のちの孝徳天皇）に代わって誄を申し上げた。つぎに小徳大伴連馬飼《おおとものむらじうまかい》が大臣に誄を申し上げた。十四日に息長《おきながの》山田公《やまだのきみ》が日嗣《ひつぎ》のことを誄申し上げた。二十日に雷が三度東北の方角で鳴った。九日に雷が二度東に鳴り風雨があった。二十日に息長足日広額天皇《おきながたらしひひろぬか》（舒明天皇）を滑谷岡《なめのはさまのおか》に葬った。同日に皇極が小墾田宮に遷った。

改葬の記事は、翌年の同二年（六四三）九月である。六日に舒明を押坂陵《おしさか》に改葬したあと、十一日に皇極の母、吉備姫王が亡くなり、十七日に喪葬の儀、十九日に吉備姫王を檀弓岡《まゆみのおか》に葬り、三十日に造墓工事が終わったとある。

この吉備姫王の墓について、『延喜式』には「檜隈陵域内」であると記される。宮内庁は、平田梅山古墳南西の猿石が安置された場所をこれに治定しているが、古墳である徴証は認められない。

蝦夷・入鹿の造墓記事は、皇極天皇元年の舒明を滑谷岡に葬り、天皇が小墾田宮に遷ったあとに記載される。ただしくわしい月日はなく、この歳として、蝦夷が葛城高宮で八佾《やつら》の舞を挙行し、それにつづくのが「今来の双墓」の記事である。序章でも述べたが、もう一度記しておこう。

国挙《こぞ》る民、併せて百八十部曲《かきべ》を発して、預《あらかじ》め、双墓《ならびばか》を今来につくり、その一つを大陵《おおみささぎ》と呼び、大臣（蝦夷）の墓とし、その一つを小陵《こみささぎ》と呼び、入鹿臣の墓とした。死後に墓の造営のないように願ってのことである。さらに上宮の乳部《みぶ》の民をことごとく集めて、墓所に使役した。このため、上宮《かみつみやの》大娘姫王《いらつめのみこ》（厩戸皇子の女、春米女王か）は、「蘇我臣は、国政をもっぱらにし、無礼なふるまいが多い。天に二つの太陽がないように、国に二人の君主はいない。どうして勝手に上宮に賜った民をことごとく使役するのか」と憤慨した。こうしたことにより、入鹿臣は人びとの恨みをあつめ、ついには二人ともほろぼされることになった。

この墓の完成記事はないものの、乙巳の変（六四五年）の直後に蝦夷・入鹿を墓に葬ることを許したことが記されている。

六四二～六四五年のうちに、舒明を初葬した滑谷岡、舒明を改葬した押坂陵、吉備姫王の檀弓岡、蝦夷・入鹿の今来の双墓の造墓とその埋葬の記事があるわけだが、このなかでほぼ異論がないのが、舒明の押坂陵である。

舒明陵

舒明の押坂陵は、宮内庁治定の桜井市忍阪《おっさか》所在の段ノ塚古墳であると考えられる。八角墳で、方形基壇をもつ。方形基壇の前面幅は一〇五メートル、八角形墳丘部の対辺長は四二メートルである。宮内庁の調査で、「榛原石《はいばらいし》」（室生《むろう》安山岩）の板石の葺石を上段の八角形墳丘部に積んでいることがわかっている。

それまでの大王が主に方墳を採用していたのに対し、八角墳を採用した嚆矢《こうし》例である。後続するのが、斉明陵の可能性が高い明日香村越の牽牛子《けんごし》塚古墳（八角墳丘部の対辺長三三メートル）、天智陵の可能性が高い京都市山科区の御廟野《ごびょうの》古墳（対辺長四二メートル）、天武・持統陵の可能性が高い明日香村野口《のぐち》の野口王墓《おうのはか》古墳（対辺長三八メートル）、文武陵の可能性が高い明日香村平田の中尾山古墳（第三段の対辺長二一・五メートル）、などの八角墳である。

舒明は大王として八角墳という、これまでにない特異な墳形を採用した。先の厩戸皇子の墓と同様、いちはやく新しい墳形や墓室を大王がとり入れたわけである。

舒明の陵墓が飛鳥から遠く離れた場所であること、それが泊瀬・忍坂といった五〜六世紀の大王が断

八角墳の榛原石露出状況

同上隅角部の状況

図72　段ノ塚古墳

続的に政治拠点をおいた場所を選び、葬地としたという点が重要であり、舒明の飛鳥からの訣別の意思も読みとれる。

吉備姫王墓

吉備姫王墓の有力候補は、カナヅカ古墳である〔和田一九九四〕。先に檜隈陵と推定した平田梅山古墳の東約一〇〇メートルにある一辺約三五メートルの方墳である。古墳は現在宮内庁が坂合陵陪冢として管理しているが、明治二十三年（一八九〇）に石室石材を持ち出した記録が残っており、近年、それをもとに石室復元図が作製された〔西光二〇〇〇〕。玄室長五・四五メートルを測る切石積みの岩屋山式石室である。「檜隈陵」が梅山古墳であり、岩屋山式石室の築造年代が七世紀中葉まで遡るという前提があれば、吉備姫王墓として整合的である。もっとも、先に梅山古墳が堅塩媛の墓としての檜隈陵、厩戸皇子の墓に岩屋山式石室が採用されていると考えたので、それは問題ではない。しかし、亡くなってからわずか十九日で造墓が完成、喪葬の儀からはわずか十三日である。寿墓としてあらかじめつくられていたか、きわめて小規模な古墳であったかのいずれかである。蘇我氏の場合、馬子は死後の造墓、蝦夷・入鹿が寿墓としての造営が書き分けられているので、その点も含めて一考の余地を残している。

皇極の母である吉備姫王の葬地を飛鳥に選んだ理由は何であろうか。皇極は、乙巳の変の舞台となった飛鳥板蓋宮、のちに重祚してからは周知のとおり、白村江の戦いに至るまでの緊迫した国際情勢のなかで、後飛鳥岡本宮・川原宮や、香久山から石上へ至る狂心《たぶれこころ》の溝の造営など、飛鳥とその周辺でも数々の土木事業を実施している。いわば、首都としての飛鳥の守衛に意を注いだ。「親飛鳥」の立場を貫くわけである。

蘇我氏本宗家滅亡後は、舒明王家の系譜が皇位を担う。舒明、あるいはその直系系譜のはじまりであった敏達こそ、皇祖ともいえる存在にあった。敏達・舒明王家が「反飛鳥」を貫くなかで、皇極・斉明の「親飛鳥」の姿勢が、その後の飛鳥時代の後半期における親飛鳥政権の礎となったものと考えられる。その意味で、吉備姫王墓の檀弓岡での造墓は最初の楔《くさび》であった。

姿をあらわした大古墳

二〇一四年の年末に明日香村と橿原市の境界付近、明日香村川原の奈良県立明日香養護学校の敷地内で、石貼りの溝が発掘調査で忽然と姿をあらわした。そして、これまでの調査で、これが一辺七〇メートルほどの方墳の北側の周濠であり、その周濠外堤の斜面と、底部に敷石や貼石、墳丘に「榛原石」の

横穴式石室の痕跡

北側周濠

図73　小山田古墳

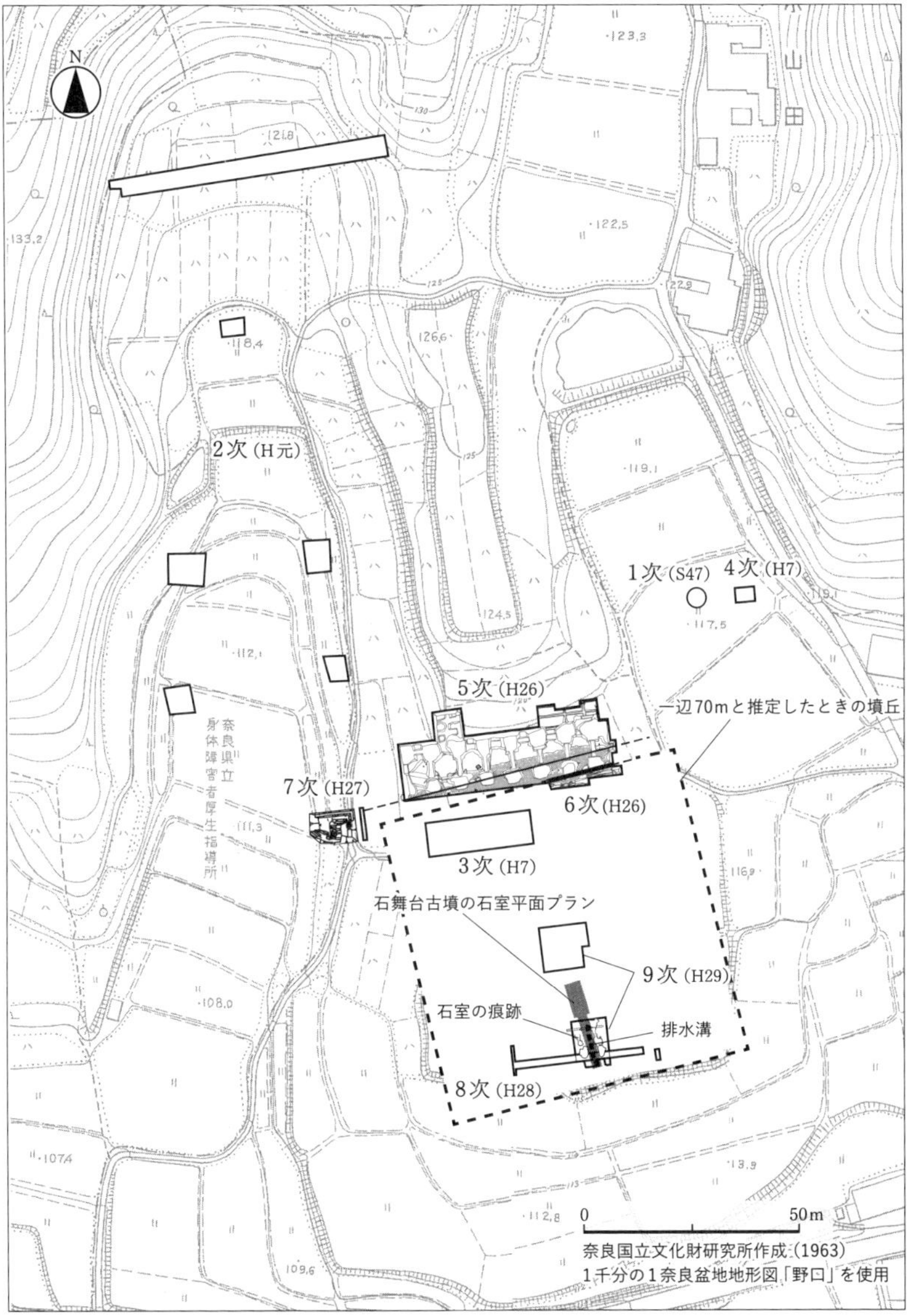

図74　小山田古墳調査地と墳丘の復元

板石を積んだ葺石があることが確定した。小山田古墳《こやまだ》である。

墳丘や埋葬施設は早い段階で、大きな破壊を受けていたが、横穴式石室の石材を抜き取った跡や、排水溝などが確認され、羨道幅が二・六メートル、羨道長が八・七メートル以上、排水溝は一〇・五メートル以上つづくことがわかった。しかし、墳丘の中央部に設定された二〇一七年の九次の調査区においては、玄室の痕跡は確認できなかった。これが、養護学校建設などでその痕跡すら削り取られてしまったのか、それともそこまで玄室が及んでいなかったのかがわからない。よって、二〇一七年現在では石室の規模までは確定できていない。ただし、図74で示すように、石舞台古墳の石室の平面プランを同じ縮尺にして、小山田古墳の墳丘にあわせると、石舞台古墳の石室規模では小さすぎてとうてい釣り合わないことがわかる。

小山田古墳は墳丘規模においても、埋葬施設の規模においても、石舞台古墳を大きくしのぐ。それだけで大王級の墳墓であることは一目瞭然である。古墳の築造年代は、七世紀中葉とされている。

舒明の初葬地か

調査をおこなった奈良県立橿原考古学研究所は舒明の初葬地である滑谷岡である可能性が高いと発表した。滑谷岡の位置はさだかではないが、前述したように舒明陵と考えられる段ノ塚古墳には「榛原石」（室生安山岩）が使用されていて、古墳の外観がそれに類似することも根拠のひとつとして掲げられた。

榛原は奈良県の東部にある地名で、現在の宇陀市榛原にあたる。奈良市の東部、宇陀市や室生村一帯が石材の採取地であり、扁平に割れるという特徴を生かし、七世紀代には古墳の葺石のほか、宇陀市・

桜井市・明日香村などに分布する横穴式磚室墓の壁面に使用された。

そして、この「榛原石」の採取は飛鳥寺造営を契機として、蘇我氏が主導してすすめられたものだという説が提示されている〔長谷川二〇一七〕。つまり、「榛原石」は大王ばかりでなく、蘇我氏もまた古墳に使用したと考えられる。

蝦夷の大陵か

小山田古墳を蝦夷の大陵とする説〔塚口二〇一五、小沢二〇一七、白石二〇一七〕も提示されている。墳丘規模や石室規模からみて、大王の墳墓ではないとすると、蘇我氏の墳墓と考えるほかはない。

舒明とこの地のつながりがさだかでないことからすれば、飛鳥にある小山田古墳を蘇我氏が造営したとみることは、ごく自然な解釈である。また、早い段階に周濠が埋められ、墳丘が破壊されていることも、舒明の初葬墓としてはふさわしくない。蘇我蝦夷または入鹿の墓であれば、墳丘が破壊されていても、それはうなずけるだろう。

序章で述べたとおり、今来の双墓として蝦夷が大陵、入鹿が小陵を築いたという記事そのものが潤色記事である可能性があって、疑いはなお残るが、その規模からみて私もこれを蝦夷の墳墓であると考えたい。

その場合、入鹿の墳墓はどこにあるのだろうか。双墓として造営されたのであれば、谷を挟んですぐ西側の橿原市菖蒲町に所在する菖蒲池《しょうぶいけ》古墳がすぐに想起される。しかし、これが入鹿の墓であるという確証は得られない。

今来の双墓

水泥塚穴古墳と水泥南古墳説

今来の双墓については、江戸時代の『大和志』（一七三四）では、御所市古瀬、巨勢谷の中央部に位置する水泥塚穴古墳《みどろつかあな》（北古墳、直径二〇メートルの円墳）と水泥南古墳（直径三〇メートルの円墳）をあてている（**一四七ページ図48参照**）。両者をあわせ一九六一年に水泥古墳として史跡指定されている。

水泥塚穴古墳の埋葬施設が「垂直型」の横穴式石室であることは一九八ページで述べた。また、一方、水泥南古墳は、二基の刳抜式家形石棺を内蔵する横穴式石室で、羨道側にある追葬された石棺の突起に、蓮華文があることで著名である。蓮華文は、高句麗の壁画古墳に描かれるが、日本列島では、仏教文化が定着してから描かれる文様であり、石棺に描かれたものとしては希有の事例である。横穴式石室は、石棺を入れるのにぎりぎりのスペースしかなく、天井も低い。石室全長は一〇・八メートル、玄室長四・六〇メートル、同幅二・三〇メートル、高さは二・五〇メートルである。古墳の築造年代は、六世紀後半である。「巨勢谷型」石室であり、塚穴古墳とあわせてこののち、巨勢寺を造営する巨勢谷に盤踞した巨勢氏の墳墓である。

築造年代やその地域環境を含め、これらが今来の双墓である蓋然性は低い。

カナヅカ古墳と梅山古墳・岩屋山古墳説

また、小山田古墳が発見される前までは、カナヅカ古墳・梅山古墳（森一九七四・前田二〇〇〇）、カナヅカ古墳・岩屋山古墳（増田一九九一）、五条野宮ヶ原一・二号墳（竹田二〇〇一）を今来の双墓とする説が提起されている。

カナヅカ古墳・梅山古墳説は、両者に築造年代の差があることから双墓とすることはむずかしい。

一方、カナヅカ古墳・岩屋山古墳説は、岩屋山式石室の年代観とかかわり、成立する可能性はある。

岩屋山古墳は、明日香村越にある一辺約四五メートルの方墳である。岩屋山式石室の代表例であり、切石の玄室二段、羨道一段の精美な石室が開口している。石室全長一六・九メートル、玄室長四・九メートル、幅二・七メートル、高さ三メートルである。

『日本書紀』天智六年（六六七）には、小市岡上陵《おちのおかのうえのみささぎ》に斉明天皇と間人《はしひと》皇女（舒明・斉明の女、孝徳の皇后）を合葬し、さらに陵の前に同日、大田皇女（中大兄の女、大海人の妃）を葬ったという記事がみえる。

白石太一郎氏は、かつて岩屋山古墳の墳丘測量図から上段部が八角墳であることを指摘した。そのうえで、斉明陵である可能性を考えた（白石二〇〇〇）。しかし、その後、牽牛子塚古墳の発掘調査がおこなわれ、この古墳が八角墳で、横口式石槨と呼ばれる埋葬施設に部屋が二つあって合葬の様態をなしていること、さらに古墳の前にもう一基の横口式石槨（塚御門《つかみかど》古墳と命名）が検出され、大田皇女の墓である可能性が高まったことなどから、ほぼ斉明陵であることが確定した。こうしたところから、岩屋山古墳が斉明陵である可能性はきわめて低いが、わずかにその可能性は残されている。

図75　岩屋山古墳の横穴式石室

斉明七年（六六一）七月に斉明天皇は百済救援の途上、筑前朝倉宮で亡くなり、亡骸は飛鳥まで運ばれ、十一月に飛鳥川原で殯がおこなわれる。その後天智称制二年（六六三）が白村江の戦いである。斉明没後、間人皇女との合葬までの間に、もし埋葬があったならば、岩屋山古墳が斉明陵であるという説は成立する。岩屋山古墳の築造年代や墳形などは確定していないので、その被葬者像はなかなかみえてこない。

こうしたとき、岩屋山古墳を蝦夷の大陵、カナヅカ古墳を入鹿の小陵とする説もありうる。しかし、両者の距離は離れすぎている。先にみたようにカナヅカ古墳は、檜隈陵の陵域内の吉備姫王墓とみたほうがよいだろう。

五条野宮ヶ原一・二号墳説

橿原市五条野町の五条野宮ヶ原一・二号墳は、小山田古墳のある丘陵から西側約二〇〇メートルで、発掘調査によってその存在が明らかになったものだが、住宅造成にともない、現在は消滅している。菖蒲池古墳の谷を挟んで真西一〇〇メートルの位置に二基の方墳が東西に接して並ぶ。

東側の一号墳は一辺三〇メートルの方墳で、埋葬施設は家形石棺を内蔵する横穴式石室であったが、石材は、ことごとく抜き取られていた。石室全長は約一二メートル、玄室長五・五メートル、同幅二・五〜二・六メートルである。

西側の二号墳は一辺二五メートルの方墳で、一号墳と同じように家形石棺を内蔵する横穴式石室で、石材が抜き取られていたが、全長九メートル以上、玄室長約五・五メートル、同幅二・四メートルである。

双墓の要件を備え、石室構造は不明ながら年代的な問題はなく、一号墳を大陵、二号墳を小陵と推定することもできる。しかし、小山田古墳がすぐ近くで検出された現在では、同時期の比較において、小山田古墳との規模の差違はあまりに大きい。一号墳を蝦夷の大陵とするには、あまりにも小さすぎるのである。

図76　五条野宮ヶ原１号墳（北北西から）

図77　五条野宮ヶ原２号墳（南東から）

菖蒲池古墳説

五条野宮ヶ原一号墳と、小山田古墳との間にある菖蒲池《しょうぶいけ》古墳は、一辺約三〇メートルの方墳である。

埋葬施設は、二基の竜山石製の刳抜式家形石棺を内蔵する横穴式石室である。石室全長約一九メートル、玄室・羨道に大量の土砂が流入している。石棺蓋の棟部、縁辺部に突起がある特異な形状で、類例のないものである。

この古墳ついては年代的にはほぼ合致するものの、蝦夷と入鹿の双墓とするには要件を備えない。小山田古墳を大陵とし、菖蒲池古墳を小陵とするには、規模やその外観があまりにも違う。また、二基の特異なほぼ同規模の石棺の存在をどのように解釈するか、はなはだむずかしい点がある。この二基の石棺をそれぞれ蝦夷、入鹿のものとする説も提起されているが、私はそれにはくみしない。

その場合、入鹿の墓が築造されなかったとする説〔白石二〇一七〕と西側丘陵上に別の古墳が存在したとする説〔小澤二〇一七〕なども提起されている。このように、なお入鹿の墓については確定できない。今後の解明が期待される。

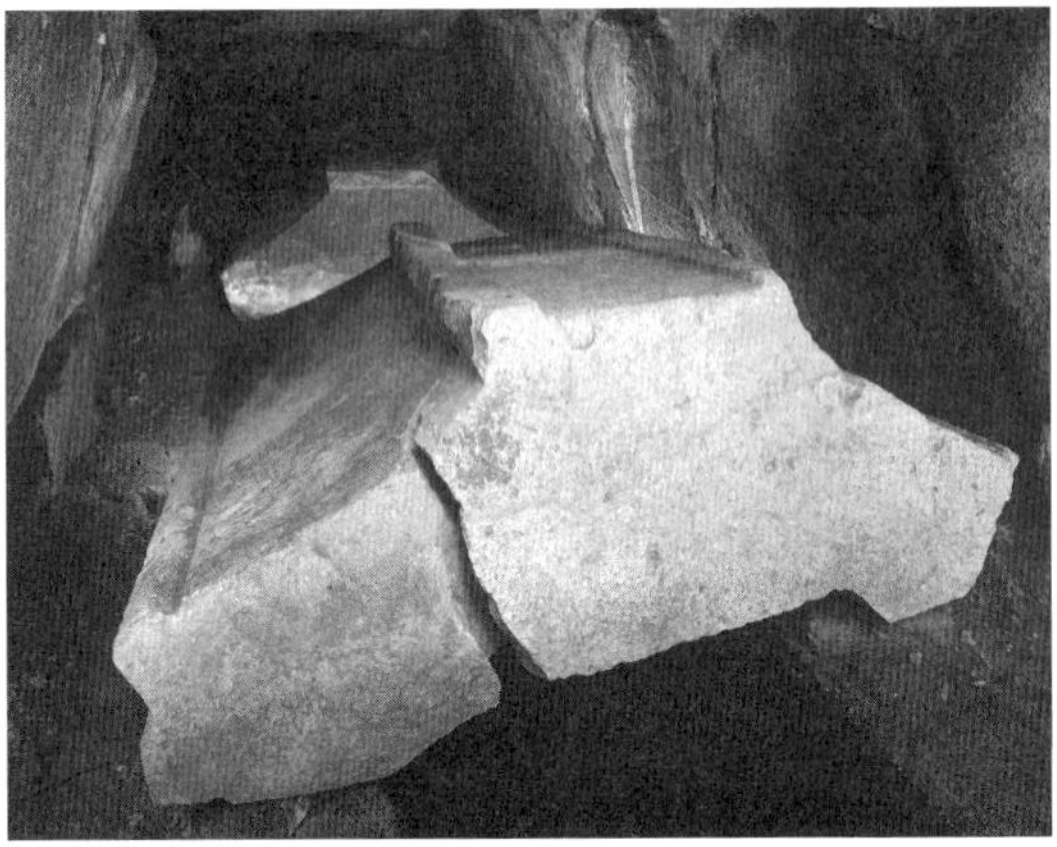

図78　菖蒲池古墳の石棺

ともあれ飛鳥をつくった蘇我氏四代は、飛鳥の地でその幕を閉じたのである。

終章

その後の飛鳥

「日本国」の誕生

飛鳥宮跡の井戸（南から）

有力地域集団と大王

ここまで、五世紀の東アジア情勢をふまえながら、蘇我氏の出自が全羅道地域の馬韓残余勢力に端を発し、その地域から飛鳥にわたってきた渡来人であり、渡来人のリーダーとして技術者集団、生産者集団を統率しながら飛鳥の大規模開発に着手し、外交でも実力を発揮して、政治的に台頭したと考えた。

蘇我氏は飛鳥という一地域を権力基盤にして台頭したのであり、葛城氏をはじめとする古墳時代の有力地域集団が権力を獲得し、その実力を発揮するまでにいたったメカニズムと、まったく同じ過程を経て成長した。

朝鮮半島の先進技術・先進文化を導入して、地域開発を主導し、それによって生み出された地域の豊かな生産力を経済的な背景としながら、地域支配を貫徹することによって政治力を発揮したのである。ただし、台頭の時期は、奈良盆地の有力地域集団のなかではもっとも遅く、それは六世紀まで待たなければならなかった。

それは稲目の登場である。大王との血縁関係もその権力掌握の基層となった。氏族の成立は六世紀であり、こうした血縁原理を基層として権力を獲得し、実力を発揮する集団の先鞭をつけたのもまた蘇我氏である。こうした手法を受け継いだのが、藤原氏であり、天皇の外戚として実力を行使したことは、ここであらためて述べる必要はないだろう。

「おおやまと古墳集団」の台頭

弥生時代の終わり頃から古墳時代のはじめ頃、三世紀において、まず台頭したのが奈良盆地の東南部・中部を権力基盤とした政治勢力である。これを私は伊達宗泰氏の提言〔伊達一九九九〕により「おおやまと古墳集団」と呼ぶ。この勢力が徐々に伸長し、五世紀に倭国の大王として、中国南朝に朝貢するまでにいたった。大王もまた、その端緒は奈良盆地の有力地域集団であったのである。その伸長過程については、別稿で述べる〔坂二〇一八〕。

奈良盆地東南部・中部の有力地域集団（おおやまと古墳集団）につづいて台頭したのが、奈良盆地東北部（和邇）の有力地域集団である。奈良盆地北部・京都府南部の地域集団と奈良盆地東南部・中部の有力地域集団を結合させ、その仲介を担った。さらに、奈良盆地西南部（葛城）や奈良盆地東北部（布留）の有力地域集団も五世紀に台頭し、急速に勢力を伸長した「おおやまと古墳集団」とそれぞれに連携しながらも、時には対峙した。このように五世紀の大王と有力地域集団の関係はきわめて不安定なものであった。

いずれにせよ倭国の政治中枢は、古墳時代にはじまり平城宮から長岡宮に宮が遷る八世紀末にいたるまで、奈良盆地を離れることはほとんどなかった。これは日本列島のほぼ中心という地理的条件に加え、古墳時代において、倭国の大王と奈良盆地の有力地域集団が競いながら、それぞれの支配地域の開発に意を注いだからにほかならない。

大王と有力地域集団の政治力の背景には、奈良盆地の豊かな農業生産と手工業生産のもたらした、大きな経済力があった。それは豊かな水資源と肥沃な大地という自然的条件もさることながら、先進技術をもって土地開発と手工業生産をおしすすめた大王と有力地域集団の強い意志があったからこそである。

こうしたなか、奈良盆地南部の大規模開発は、のちに大伴氏・巨勢氏・蘇我氏として成長した有力地域集団が先鞭をつけた。飛鳥の大規模開発の先鞭をつけたのが、蘇我氏である。山田道沿いの土地開発を端緒としながら、徐々に上流域にその食指をのばしていった。また、檜隈周辺の土地開発に従事しながら、周辺に墳墓を造営した。遺跡でみるなら、山田道下層遺跡、檜前遺跡群、飛鳥寺、島庄遺跡、真弓鑵子塚古墳、石舞台古墳などに象徴される。

飛鳥をつくりあげ、そこに大王を招きいれたうえで、新しい時代を萌芽させたのが蘇我氏であると評価できるであろう。

大王家と蘇我氏

蘇我氏と大王家は血縁関係により強力につながったが、その内部で激しい権力抗争がつづいた。そのなかで稲目・馬子・蝦夷・入鹿の四代は強大な権力を奪取し、飛鳥を中心とする初期の飛鳥時代とその文化を開花させ、各地にはかりしれない影響を与えたのである。

蘇我氏の地位は大臣＝マエツキミであったとされる。群臣のリーダーである。大王に次ぐ地位にすぎなかったとみる見解と、ほぼ同等やそれ以上の地位にあったとみる見解とがある。最近出版された著作では、前者の立場に立つ見解が多いようだ。稲目はともかく、馬子・蝦夷・入鹿三代をそのようにとらえることにはいささか抵抗がある。

『日本書紀』では、推古天皇の時代に内政では冠位十二階、厩戸皇子の憲法十七条、外交では新羅征討、遣隋使の派遣などの記述があり、天皇とそれをとり巻く群臣中心が新しい政治を推進したことが記述されている。これらが実際に実施されたものかどうか、あるいは、その実効性については詳細な検討が必要である。蘇我氏が果たした役割も明確ではない。ただし、推古天皇の内・外政を妨害したという記述は、いっさいみられない。この時代、内政においては仏教興隆と、飛鳥の開発と生産活動、渡来人知識集団・技術者集団の統括、外交においては朝鮮半島、とりわけ百済との関係のなかで、新しい時代をつくりだしたのが蘇我氏であり、群臣のリーダーというだけでは、あまりに過小評価である。

「日本国」誕生

飛鳥を離れる蘇我氏

乙巳の変ののちに即位した孝徳は、大化五年（六四九）、蘇我日向《ひむか》の讒言《ざんげん》により、謀反の疑いによって蘇我倉山田石川麻呂、その長男興志《こごし》ほか妻子八名を山田寺で自害させている。この石川麻呂の自害によって、蘇我氏の枝氏の一部が活動するものの、蘇我氏は飛鳥での政治的権力基盤を失う。石川麻呂の山田寺の建立は、その後は官寺として堂塔の建設がおしすすめられる。

なお、石川麻呂の女、乳娘《ちのいらつめ》は孝徳の妃となっている。また、同じく石川麻呂の女である遠智娘《おちのいらつめ》と姪娘《めいのいらつめ》は中大兄（天智）と婚姻し、遠智娘は持統天皇、大田皇女、健《たける》皇子を産み、姪娘は元明天皇を産んでいる。

石川麻呂とその兄弟である日向、連子、赤兄、果安は、本文中に述べたとおり、河内石川に本拠をおいて活動した。彼らもまた、権力抗争に明け暮れた。

石川麻呂の謀反を讒言した日向は、石川麻呂の財産没収後、筑紫大宰帥に左遷され、表舞台からその姿を消すことになる。

連子は、大臣となり、六六四年（天智三）に没した。その子が安麻呂である。その孫が石川石足《いわたり》、そののちは石川年足《としたり》、石川名足《なたり》とつづく。石川年足の墓誌は、大阪府高槻市で一八二〇年（文政三）に発見された。七六二年（天平宝字六）に平城京で七五歳で亡くなったことがみえる。このあとも、石川氏は連綿と系譜がつづくが、政治の中枢にあったのは奈良時代までである。

赤兄は、六五八年（斉明四）、有間皇子に斉明天皇の三失政を語り、皇子を挑発する。謀反の疑いで、有間皇子は藤白坂（和歌山県海南市？）で殺害されることになる。岩屋山式石室をもつ御坊市の岩内一号墳（一辺一九メートルの方墳）を有間皇子の墓にあてる説が古くからある。赤兄の女である常陸娘《ひたちのいらつめ》は、天智と婚姻し、大津皇子と婚姻した山辺《やまのべ》皇女を産み、大蕤娘《おおぬのいらつめ》は天武と婚姻し、穂積《ほづみ》皇子と紀《き》皇女、田形《たがた》皇女を産んでいる。赤兄は六七一年（天智十）、左大臣になるが壬申の乱で近江軍側について流罪となった。

同じく、果安も六七一年には御史大夫となるが、壬申の乱において、近江軍の将軍となって、犬上川の辺で陣を張るも破れ、頸を刺して亡くなり、赤兄とともに果足の一族も流罪となった。

石川麻呂とその兄弟およびその子孫が政権中枢にあったことは、まぎれもない事実である。しかし、四代の本宗家とは違い、あくまで群臣の立場であって、過大に評価することはできない。自らの本拠である飛鳥を離れたことが結局は、蘇我氏の政治力を弱体化させてしまったのである。

難波から飛鳥へ戻る大王家

大化元年（六四五）十二月に、孝徳天皇は難波長柄豊碕《なにわのながらのとよさき》に宮を遷す。その造営が完成したのは、白雉三年（六五二）である。飛鳥から離れ、本格的で豪壮な宮が完成したものの、翌年すぐに中大兄は飛鳥に戻ってしまう。飛鳥川辺行宮《かわべのあんぐう》である。孝徳も山崎（京都府乙訓郡）に宮をつくったという。

難波長柄豊碕宮は、発掘調査であらわれた前期難波宮の遺構であり、大極殿や朝堂院、左右に八角堂を備えた本格的な宮であったことがわかっている。しかし、序章で述べた大化二年（六四六）の改新の詔は、それがそのとき直ちに施行されたものではない。

飛鳥ではなく、難波で新しい時代がはじまろうとしていた。しかし、それは中断してしまうのである。やはり、時代がもとめたのは飛鳥であった。

孝徳崩御ののちの、重祚した「親飛鳥」派の斉明が飛鳥を復興し、大きく進展させたことは、くわしく述べた。そして、白村江の歴史的敗北ののち、緊迫度を増す国際情勢のなかで、天智六年（六六七）、中大兄が選んだのが近江への遷都であり、その翌年にようやく即位する。

さらに、天智崩御ののちの皇位継承争いから古代最大の内戦である壬申の乱（六七二年）に勝利した大海人は、斉明の岡本宮の南に宮室をつくった。飛鳥浄御原宮である。近江に宮室があったのはわずか四年であり、飛鳥が廃墟となったわけではない。石神遺跡が、倭軍の軍事拠点となり、凱旋した大海人はまず嶋宮に入り、そして、岡本宮に遷った。そして、その南に浄御原宮をつくったのである。

律令国家の誕生

天武天皇もまた、飛鳥に固執した。ここが本当の意味での、天皇が主導した古代国家の出発点であるといってもいい。律令や戸籍、国境の確定など古代国家の歩みがようやくはじまったのであり、天皇号や「日本国」の国号が判然とするのもこのあたりからである。

飛鳥浄御原宮は本文中で述べたとおり、飛鳥宮跡第Ⅲ期の遺構であることがほぼ確定している。前述のとおり明日香村の役場の北側のあたり、公園として整備されている井戸や建物が斉明の後飛鳥岡本宮としたうえで、その南東の役場駐車場付近で大型建物がみつかっており、これが飛鳥浄御原宮の大極殿であると考えられる。ただしこれには異論もあって、公園整備されている場所は後飛鳥岡本宮ではなく、浄御原宮そのものであり、

図79　飛鳥宮跡南東の大型建物復元模型

南東の大型建物は天武十年（六八一）に整備したものとする説（今尾二〇〇八）である。

さらに、南東の大型建物は天武天皇の「新城」構想にともなう浄御原宮の新しい殿舎で、明日香村役場の北側でみつかっている大型建物を最初の浄御原宮の大極殿とする説（重見二〇一四）が提起されるにいたった。その一方で南東の大型建物を浄御原宮の大極殿ではなく朝堂とみる説（鶴見二〇一五）もある。また、これを飛鳥浄御原宮の南庭につくられたという天武天皇の殯宮であるとする説（河上二〇〇八）もある。

山田道の南側は石神遺跡、水落遺跡、法興寺、そして飛鳥宮跡が連続的につづき、ともかく七世紀後半代の飛鳥の狭い空間は、真北に方位を揃えた整然とした石敷きで整備され、宮殿と寺院の殿舎に埋め尽くされた。

蘇我氏のつくった飛鳥が、天皇を中心とした「日本国」の首都としてようやく機能しはじめたのである。しかし、この狭い飛鳥において、殿舎がひしめくような状態は、長くはつづかなかった。あらたにこのすぐ北に、広大な新益京《あらましのみやこ》の造営がはじまることになる。対外戦争と内戦を終え、急速に求心力を高めて、天皇を中心とした律令国家がようやく展開していくことになる。地域開発を主導してきた有力集団は、この権力機構のなかにとり込まれ、蘇我氏やその一族もまた同じ命運をたどったといえるだろう。

おわりに

私はいま、近鉄橿原神宮前駅の西出口から歩いて三分ぐらいのところに住んでいる。駅の東出口からすぐのところが丈六の交差点で、そこから蘇我氏が開発の端緒を開き、拠点をおいた阿倍山田道がはじまる。中学校のときの飛鳥めぐりは、ここからはじめた。そのときはあまり大きな建物はなかった。今は、大きなホテルが建ち、さまざまな店舗が建ち並んでいて、大きくその姿が変わった。

丸山古墳も歩いてすぐのところにある。古代においては軽や檜隈にあたり、飛鳥の範囲内である。蘇我氏の開いた飛鳥の範囲内において、橿原市域内は、丸山古墳・植山古墳・菖蒲池古墳など史跡に指定されている場所を除き、ほとんどが宅地化され、ここ二〇年ほどの間に大きく変貌した。

一方、明日香村域においては、今ものどかな水田風景が広がっている。現在の村境を基準とした法規制のもと、市街化を免れてきたからである。

それでも、やはりその景観は著しく変わった。道路が整備され、多くの自動車が行き交う。また、広大な「歴史公園」が整備され、駐車場や散策用の園路や自転車道もそこかしこにある。自動車ではなく、自転車あるいは徒歩で地下の遺跡を思いながら、古代に思いを馳せることこそ、飛鳥めぐりの醍醐味である。その意味では、あまりに整備された今日のこの風景は、多少残念でもある。贅沢かもしれないが、芝生をはり、低木を植えて、行き届いた管理がなされた公園と、血なまぐさい古代史の主人公たちの権力闘争の間には、大きな乖離を感じてしまう。飛鳥にどこにでもあるような公園は必要ないし、どこにでもあるような観光地になってしまうことには、危機感すらおぼえる。

本書をほぼ書き終えた十一月八〜十日に、二〇〇四年に約一年間研修していた韓国国立文化財研究所の招待を受け、ソウルで発掘二〇年を迎えた風納土城をめぐるシンポジウムに参加した。風納土城の年代観や、その性格をめぐって熱い議論が交わされた。そのなかで、完全に城内が市街化してしまい、調査時にも、そして今も住民との軋轢を生んでいる風納土城において、調査がすすめられた場所の遺跡整備の状況も話題となった。未来マウル地区は市民公園として整備され、陶板の標示板が設けられて竪穴住居の位置などが明示されているとのことであった。一方、慶堂地区の井戸の場所には水道が設置され、井戸枠のオブジェが設けられるといった標示方法をとっており、きわめてわかりにくいというようなことが述べられた。標示方法としては、前者がのぞましいといった内容での発表であった。発掘調査された遺跡をどのように整備するか、それはむずかしいテーマのひとつである。

私は、奈良県立橿原考古学研究所に職を得てから、奈良県内各地の発掘調査に従事してきた。残念ながら飛鳥での大きな調査の機会には恵まれなかったが、奈良県内の古墳時代の集落遺跡や古墳の調査をおこなうなかでさまざまな思索をめぐらしてきた。そこで、古墳被葬者が支配拠点を設け、渡来人集団を主導しながら地域支配を貫徹していること、そして自らの支配領域における活発な生産活動を背景にしながら、その権力を醸成していく過程を考えてきた。本書は奈良盆地西南部における葛城氏の活動と、飛鳥における蘇我氏の活動と文献資料をかさねあわせることによって、そのことを証明しようとしたものである。本文で述べたとおり、本稿では国家形成期の渡来人集団を含めて、渡来人と呼称している。朝鮮半島においても日本列島においても、国家に強い帰属意識をもっていた人びとはむしろ稀であったであろう。国家間交渉というより、地域間交渉や首長相互の交渉のなかで、渡って来た人びとである。

そのうえで、五世紀代に飛鳥に移住した朝鮮半島西南部出身の渡来人集団の主導者が、飛鳥の生産活動と土地開発をおこなって権力を醸成したものと考えた。この考えについては、賛否があろうが、これまでの研究とはちがうひとつの問題提起としてとらえていただきたい。

願わくは、本書が飛鳥めぐりをする方々や、全国各地の古墳や遺跡を訪ねたり、蘇我氏のふるさとと考えた韓国の遺跡や古墳を訪ねたりされる方々のお役に立てば、ありがたい。遺跡や古墳は黙して語らない。そのほとんどが、地中に埋もれている。さまざまなかたちで、古代とは大きく景観を変えているなかで、本書が想像の翼を広げるための一助になれば幸いである。

風納土城のシンポジウムのとき、韓国で研修をおこなっていた京都府立大学の井上直樹氏が聴講に来られた。井上氏は、古代朝鮮史研究の立場から朝鮮半島各地の遺跡をたびたび訪れていられるところから、好太王碑や将軍塚古墳の写真を提供してほしいとお願いしたところ、快諾していただいた。感謝したい。

二〇一七年十二月

坂　靖

引用・参考文献

相原嘉之　二〇一三「飛鳥寺北方域の開発―七世紀前半の小墾田を中心として―」『橿原考古学研究所論集』第一六　八木書店
相原嘉之　二〇一七『古代飛鳥の都市構造』吉川弘文館
網干善教　一九六七「欽明天皇檜隈坂合陵をめぐる二、三の問題」『史泉』第三五・三六合併号
一瀬和夫　二〇一六『百舌鳥・古市古墳群　東アジアのなかの巨大古墳群』同成社
井上主税　二〇一四『朝鮮半島の倭系遺物からみた日朝関係』学生社
井上秀雄　一九七二『古代朝鮮』ＮＨＫブックス一七二　日本放送出版協会
井上光貞　一九六五『日本古代国家の研究』岩波書店
今尾文昭　二〇〇八『律令期陵墓の成立と都城』古代日本の陵墓と古墳２　青木書店
李　炳鎬（イ・ビョンホ）　二〇一二「百済寺院の展開過程と日本の初期寺院」『帝塚山大学考古学研究所研究報告』XIV
梅原末治　一九二一「聖徳太子磯長の御廟」『聖徳太子論纂』平安考古学会
梅原末治・藤田亮策　一九六六『朝鮮古文化綜鑑』第四巻　養徳社（竜湖洞一号墳）
大阪府立近つ飛鳥博物館　二〇〇六「シンポジウム　二上山をめぐる終末期古墳」『大阪府立近つ飛鳥博物館　館報』一〇
小笠原好彦　二〇一七『古代豪族葛城氏と大古墳』吉川弘文館
奥田　尚　二〇一一「平石古墳群の被葬者」『堀田啓一先生喜寿記念献呈論文集』
小澤　毅　二〇〇二「三道の設定と五条野丸山古墳」『文化財論叢Ⅲ』奈良文化財研究所創立五〇周年記念論文集
小澤　毅　二〇一七「小山田古墳の被葬者をめぐって」『三重大史学』一七
加藤謙吉　一九八三『蘇我氏と大和王権』吉川弘文館

加藤謙吉　二〇〇二『大和の豪族と渡来人　葛城・蘇我氏と大伴・物部氏』吉川弘文館
加藤謙吉　二〇一七『渡来氏族の謎』祥伝社
門脇禎二　一九七〇『飛鳥―その古代史と風土―』ＮＨＫブックス　日本放送出版協会
門脇禎二　一九七一「蘇我氏の出自について」『日本のなかの朝鮮文化』第一二号
門脇禎二　一九七七『新版　飛鳥―その古代史と風土―』ＮＨＫブックス　日本放送出版協会
門脇禎二　一九九四『飛鳥古京　古代びとの舞台』吉川弘文館
河上邦彦　一九九五『後・終末期古墳の研究』雄山閣
河上邦彦　二〇〇八「飛鳥京跡に於ける大型建物の性格」『飛鳥京跡Ⅲ―内郭中枢の調査―』奈良県立橿原考古学研究所調査報告第一〇二冊
川西宏幸　二〇〇四『同型鏡とワカタケル』同成社
岸　俊男　一九八八『日本古代文物の研究』塙書房
岸本直文　二〇一一「横穴式石室の型式は被葬者の活躍期を示す」『考古学研究』第五八巻第一号
岸本直文　二〇一三「後・終末期古墳の『治定』問題」『季刊　考古学』第一二四号　特集天皇陵古墳のいま
喜田貞吉　一九七九『古墳墓年代の研究』喜田貞吉著作集第二巻　平凡社
金　洛中（キム・ナクチュン）二〇一六「古墳からみた栄山江流域・百済と倭」『歴博国際シンポジウム　古代日韓交渉の実態予稿集』
権　宅章（クォン・テクジャン）二〇一六「高興野幕古墳からみた五世紀の対外交渉」『日韓文化財論集』Ⅲ　奈良文化財研究所
倉本一宏　二〇一五『蘇我氏―古代豪族の興亡―』中公新書
早乙女雅博監修　二〇〇五『高句麗壁画古墳』共同通信社
西光慎治　二〇〇〇「飛鳥地域の地域史研究（1）欽明天皇檜隈坂合陵・陪冢　カナヅカ古墳の覚書」『明日香村文化財調査研究紀要』創刊号
佐藤長門　二〇一六『蘇我大臣家　倭王権を支えた雄族』日本史リブレット3　山川出版社
佐川正敏　二〇一〇「王興寺と飛鳥寺の伽藍配置・木塔心礎設置・舎利奉安型式の系譜」『古代東アジアの仏教と王

権』
重見　泰　二〇一四「飛鳥浄御原宮と天武天皇の『新城』構想」『飛鳥宮と難波宮・大津宮』奈良県立橿原考古学研究所附属博物館
重見　泰　二〇一七「『今城』の創出と飛鳥の陵墓群―『中尾山』出土の土器群とその性格―」『古代学研究』第二一三号
清水昭博　二〇〇四「瓦の伝来―百済と日本の初期瓦生産の体制の比較―」『橿原考古学研究所紀要　考古学論攷』第二七冊
白石太一郎　一九九九『古墳とヤマト政権』文春新書
白石太一郎　二〇〇〇『古墳と古墳群の研究』塙書房
白石太一郎　二〇〇八「叡福寺古墳の再検討」『橿原考古学研究所論集』第一五　八木書店
白石太一郎　二〇一〇「ふたつの飛鳥の終末期古墳」『ふたつの飛鳥の終末期古墳　河内飛鳥と大和飛鳥』大阪府立近つ飛鳥博物館平成二一年度冬季特別展
白石太一郎　二〇一三「葛城周辺の古墳からみた蘇我氏の本拠地」『大阪府立近つ飛鳥博物館　館報』一七
白石太一郎　二〇一五「明日香村都塚古墳の造営年代」『大阪府立近つ飛鳥博物館　館報』一八
白石太一郎　二〇一七「小山田古墳は蘇我蝦夷の墓だ」『文藝春秋』六月号
申　敬澈（シン・ギョンチョル）　一九九三『伽耶と古代東アジア』新人物往来社
鈴木靖民　一九八一「木満致と蘇我氏―蘇我氏百済人説によせて―」『日本のなかの朝鮮文化』第五一号
高田貫太　二〇一四『古墳時代の日朝関係―新羅・百済・大加耶と倭の交渉史―』吉川弘文館
高田貫太　二〇一七『海のむこうからみた倭国』講談社現代新書
高橋照彦　二〇一二「欽明陵と敏達陵を考える」『天皇陵古墳を考える』学生社
高橋照彦　二〇一三「首長墳の被葬者像」『古墳時代の考古学6　人々の暮らしと社会』同成社
竹田政敬　二〇〇一「五条野古墳群の形成とその被葬者についての憶説」『橿原考古学研究所紀要　考古学論攷』第二四冊
伊達宗泰　一九九九『「おおやまと」の古墳集団』学生社

田中晋作　一九九八「筒形銅器について」『網干善教古稀記念考古学論集』同刊行会
田中俊明　一九九二『大加耶連盟の興亡と「任那」』吉川弘文館
田中史生　二〇〇二「渡来人と王権・地域」『倭国と東アジア』日本の時代史2　吉川弘文館
田中史生　二〇〇五『倭国と渡来人　交錯する「内」と「外」』歴史文化ライブラリー一九九　吉川弘文館
田中史生　二〇一六「文献史学からみた渡来人」『季刊考古学』第一三七号
趙哲済・市川創ほか　二〇一三「上町台地とその周辺低地における地形と古地理変遷の概要」『大阪上町台地の総合的研究』（日本学術振興会科学研究費補助金・基盤研究Ａ研究成果報告書）
塚口義信　一九八四「葛城県と蘇我氏」『続日本紀研究』第二三一・二三二号
塚口義信　二〇一五「小山田遺跡についての若干の憶測」『古代史の海』第八〇号
辻川哲郎　二〇〇七「埴輪生産からみた須恵器工人―『淡輪技法』の解釈と系譜をめぐって―」『考古学研究』第五三巻第四号
辻田淳一郎　二〇一八『同型鏡と倭の五王の時代』同成社
土田純子　二〇一七『東アジアと百済土器』同成社
鶴見泰寿　二〇一五『古代国家形成の舞台　飛鳥宮』シリーズ「遺跡を学ぶ」一〇二　新泉社
寺澤知子　一九八七「新沢千塚古墳群の被葬者集団について」『考古学と地域文化』同志社大学考古学シリーズIII
寺田隆信・井上秀雄編　一九八五『好太王碑探訪記』日本放送出版協会
遠山美都男　二〇一七『蘇我氏と飛鳥　人を歩く』吉川弘文館
直木孝次郎　一九八三「葛城氏とヤマト政権と天皇」『藤澤一夫先生古稀記念　古文化談叢』
納谷守幸　二〇〇三「軒丸瓦製作手法の変遷―飛鳥地域出土の七世紀前半代の資料を中心にして―」『明日香村文化財調査研究紀要』四
西川寿勝　二〇〇九「近つ飛鳥の古墳と寺院」『蘇我氏三代と二つの飛鳥―近つ飛鳥と遠つ飛鳥―』新泉社
西川寿勝　二〇一六「蘇我氏の墓域に関する諸問題」『日本書紀研究』第三一冊　塙書房
仁藤敦史　二〇〇四「ヤマト王権の成立」『日本史講座』一　東京大学出版会
野田嶺志　一九六八「物部氏に関する基礎的考察」『史林』五一巻二号

朴　淳発（パク・スンバル）二〇〇一『漢城百済の誕生』（木下亘・山本孝文訳二〇〇三『百済国家形成過程の研究　漢城百済の考古学』六一書房）
朴　天秀（パク・チョンス）二〇〇七『加耶と倭　韓半島と日本列島の考古学』講談社選書メチエ
長谷川恵理子　二〇一七「飛鳥時代の大型方墳―蘇我本宗家と榛原石―」『日本書紀研究』第三二冊　塙書房
土生田純之　一九九一『日本横穴式石室の系譜』学生社
浜田耕策　二〇〇五「四世紀の日韓関係」第一回日韓歴史共同研究（第一期）第一分科報告書　（財）日韓文化交流基金
花谷　浩　二〇〇九「飛鳥の瓦と百済の瓦」『古代東アジアにおける造瓦技術の変遷と伝播』（日本学術振興会科学研究費補助金・基盤研究Ａ研究成果報告書）
林部　均　二〇〇一『古代宮都形成過程の研究』青木書店
坂　靖　二〇〇九『古墳時代の遺跡学―ヤマト王権の支配構造と埴輪文化―』雄山閣
坂　靖　二〇一〇「葛城の渡来人―豪族の本拠を支えた人々―」『研究紀要』第一五集　（財）由良大和古代文化研究財団
坂　靖　二〇一二「複合工房」『古墳時代の考古学5　時代を支えた生産と技術』同成社
坂　靖　二〇一三「古墳時代中期の遺跡構造と渡来系集団」『古代学研究』第一九九号
坂　靖　二〇一五「奈良盆地の遺跡が語る有力豪族の実像」『古代史研究の最前線　古代豪族』洋泉社
坂　靖　二〇一六『古墳時代の渡来系集団の出自と役割に関する考古学的研究』平成二四〜二七年度科学研究費助成事業報告書
坂　靖　二〇一七「蘇我氏の遺跡学―飛鳥の渡来人―」『古代学研究』第二一二号
坂　靖　二〇一八「奈良盆地の有力地域集団―『おおやまと古墳集団』の伸長―」『国立歴史民俗博物館研究報告』第二一一集
坂靖・青柳泰介　二〇一一『葛城の王都　南郷遺跡群』シリーズ「遺跡を学ぶ」七九　新泉社
樋口隆康　一九七二「武寧王陵出土鏡と七子鏡」『史林』五五巻四号
菱田哲郎　二〇〇七『古代日本国家形成の考古学』京都大学学術出版会

平野邦雄　一九八五『大化前代政治過程の研究』吉川弘文館
平林章仁　一九九五『蘇我氏の実像と葛城氏』白水社
平林章仁　二〇一六『蘇我氏の研究』古代氏族研究叢書⑤　雄山閣
前園実知雄　二〇一六『斑鳩に眠る二人の貴公子　藤ノ木古墳』シリーズ「遺跡を学ぶ」一一三　新泉社
前田晴人　二〇〇〇「蘇我蝦夷・入鹿の『双墓』について」『日本歴史』六三一
前田晴人　二〇一一『蘇我氏とは何か』同成社
増田一裕　一九九一「見瀬丸山古墳の被葬者」『古代学研究』第一二四・一二五号
松代松太郎　一九一五『東松浦郡史』（一九二五年修訂増補、名著出版より一九七三年に復刊）
黛　弘道　一九九五「蘇我氏の出身地」『物部・蘇我氏と古代王権』吉川弘文館
水谷千秋　二〇〇六『謎の豪族　蘇我氏』文春新書
森　浩一　一九五九「古墳出土の鉄鋌について」『古代学研究』第二一・二二号（のち森浩一著作集編集委員会
　二〇一六『森浩一著作集③　渡来文化と生産』新泉社に所収）
森　浩一　一九六五『古墳の発掘』中公新書
森　浩一　一九七四『古墳文化小考』現代教養文庫
森　浩一　二〇一一「河内大塚古墳は敏達陵か」『古代学研究』第一九一号
森　浩一　二〇一三『敗者の古代史』中経出版
山尾幸久　一九八三『日本古代王権形成史論』岩波書店
山田良三　二〇〇〇「筒形銅器の再考察」『橿原考古学研究所紀要　考古学論攷』第二三冊
吉井秀夫　二〇一〇『古代朝鮮墳墓にみる国家形成』京都大学学術出版会
吉村武彦　二〇一五『蘇我氏の古代』岩波新書
米田敏幸　二〇一五「物部氏と蘇我氏―丁未の乱をめぐる遺跡と古墳―」『「河内学」の世界』大阪経済法科大学
和田　萃　一九九四「渡来人と日本文化」『岩波講座　日本通史』第三巻
和田　萃　一九九五『日本古代の儀礼と祭祀・信仰』上　塙書房

発掘調査報告書・報告文・図録

明日香村教育委員会　二〇〇八『明日香村遺跡調査概報　平成一八年度』
明日香村教育委員会　二〇一〇『真弓鑵子塚古墳発掘調査報告書』
明日香村教育委員会　二〇一一『明日香村遺跡調査概報　平成二一年度』
明日香村教育委員会　二〇一三『牽牛子塚古墳発掘調査報告書―飛鳥の刳り貫き式横口式石槨墳の調査―』
明日香村教育委員会・関西大学考古学研究室　二〇一六『都塚古墳発掘調査報告書』
大阪府教育委員会　二〇一〇『蔀屋北遺跡Ⅰ』
大阪府立近つ飛鳥博物館　二〇一〇『平成二一年度冬季特別展　ふたつの飛鳥の終末期古墳　河内飛鳥と大和飛鳥』
橿原市教育委員会　二〇〇一『橿原市埋蔵文化財概報　平成一二年度』
柏原市教育委員会　一九九六『高井田山古墳』
宮内庁書陵部　一九九四「畝傍陵墓参考地石室内現況調査報告」『書陵部紀要』第四五号
宮内庁書陵部　一九九五「舒明天皇押坂内陵の墳丘遺構」『書陵部紀要』第四六号
宮内庁書陵部陵墓課　二〇一七『宇和那辺陵墓参考地旧陪冢ろ号（大和6号墳）―出土遺物整理報告―』
広陵町教育委員会　一九八七『牧野古墳』
高取町教育委員会　二〇〇六『寺崎白壁塚古墳発掘調査報告書』
高取町教育委員会　二〇一二『与楽カンジョ古墳・与楽鑵子塚古墳発掘調査報告書』
奈良県立橿原考古学研究所　一九七八『奈良県古墳発掘調査集報Ⅱ』
奈良県立橿原考古学研究所　一九九六『南郷遺跡群Ⅰ』
奈良県立橿原考古学研究所　二〇〇三『中町西遺跡』
奈良県立橿原考古学研究所附属博物館　二〇一五『春季特別展　継体大王とヤマト』
奈良国立文化財研究所飛鳥資料館　一九八一『飛鳥時代の古墳』同朋舎
奈良文化財研究所　二〇一五『吉備池廃寺発掘調査報告―百済大寺の調査―』
歴史に憩う橿原市博物館　二〇一四『新沢千塚　平成二六年度夏季企画展』

韓国報告書・図録（表題を日本語に訳して掲載）
圓光大學校博物館　二〇〇一『群山余方里古墳群發掘調査報告書　西海岸高速道路（舒川―群山間）建設區間内文化遺蹟』
韓國文化財保護財団　一九九八『慶山林堂遺蹟ⅤＤ―Ⅱ地区古墳群』
漢城百濟博物館　二〇一二『漢城百濟博物館』
漢城百濟博物館　二〇一三『百濟、馬韓とひとつになる』
慶北大學校博物館　二〇一〇『大邱漆谷生活遺蹟Ⅱ』
慶南考古學研究所　二〇〇七『金海鳳凰洞遺蹟―金海韓屋生活體驗造成敷地内遺蹟發掘調査報告書―』
公州大學校博物館　一九九四『汾江・楮石里古墳群』
國立慶州博物館　一九九五『冷水里古墳』
國立公州博物館　二〇〇九『武寧王陵Ⅰ　新報告書』
國立中央博物館　二〇〇一『楽浪』
國立文化財研究所　二〇〇一『羅州新村里九号墳』
國立文化財研究所　二〇一四『風納土城XVI』
崔完奎・李永徳　二〇〇一『百済古墳群益山笠店里―一九九八年度調査―』
崇實大學校博物館　二〇〇四『馬霞里古墳群』
忠清文化財研究院　二〇一三『唐津城山里遺蹟（3―1地点）2巻―原三国～百濟時代―』
釜山大學校博物館　一九八三『東萊福泉洞古墳群』
釜山大學校博物館　一九九八『金海鳳凰臺遺蹟』
釜山大學校博物館　二〇〇六『傳金海加耶宮墟址』

蘇我氏関連年表

	履中二	蘇我満智、平群木菟宿禰、物部莒弗大連、円大使主とともに国事を執る。	日本書紀
	雄略	蘇我麻智、秦氏や東西の文氏に命じ三蔵の記録をとる。	古語拾遺
	雄略九	蘇我韓子を紀小弓、大伴談、小鹿火宿禰らともに新羅へ派遣。	日本書紀
五三六	宣化元	蘇我稲目を大臣に任じる。大伴金村、物部麁鹿火を大連に再任。	日本書紀
五三八	（欽明七） 宣化三	百済の聖明王が仏像、経論、僧を献じる。	上宮聖徳法王帝説
五五二	欽明一三	同右。稲目、群臣と仏像礼拝の可否について論争。	日本書紀
五五六	欽明一七	稲目を遣わし、児島屯倉・韓人（百済）大身狭屯倉・高麗人小身狭屯倉を設置する。	日本書紀
五七〇	欽明三一	稲目没。	日本書紀
五七一	欽明三二	四月　欽明天皇崩御。 五月　河内古市で殯す。 九月　檜隈坂合陵に葬る。	日本書紀

五七二	敏達元	四月　敏達天皇即位。物部守屋を大連に再任。蘇我馬子を大臣に任じる。 五月　馬子、天皇に命じられ相楽館に在留していた高句麗の使人からの烏の羽根に書かれた上表文を王辰爾に読み解かせる。	日本書紀
五八四	敏達一三	馬子、百済からの弥勒石仏ほか二体を得る。播磨国にいた高句麗の僧恵便や司馬達等の女善信尼ら三名の尼を迎え、仏殿を邸宅の東に安置し、法要を営む。また、石川の邸宅に仏殿をつくる。	日本書紀
五八五	敏達一四	二月　馬子、塔を大野丘の北にたて、司馬達等が以前に獲得していた舎利を塔の心礎におさめる。 三月　物部守屋が仏像、仏殿を焼き、仏像を難波の堀江に棄てる。善信尼ら三名の尼を召喚。 六月　馬子が天皇に奏上し、善信尼らを召還。新たに精舎をつくり、供養する。 八月　敏達崩御。殯宮を広瀬にたてる。馬子・守屋が誄をするが、お互いにその姿を罵倒する。 九月　用明天皇即位。馬子、大臣に再任。	日本書紀
五八六	用明元	五月　穴穂部皇子、物部守屋に命じて三輪君逆を斬殺する。	日本書紀
五八七	用明二	四月　用明天皇、病のため仏教に帰依せんことを群臣にはかる。守屋は、これに反対し、馬子と対立。守屋側についた中臣勝海は、竹田皇子と押坂彦人大兄皇子の像をつくり呪詛。大伴毗羅夫は、馬子の槻曲の家を弓矢・皮盾で守護。 六月　馬子、推古を奉じ、佐伯連丹経手らに命じて穴穂部皇子・宅部皇子を殺させる。 七月　馬子、皇族・群臣に呼びかけ物部守屋を滅ぼす。厩戸皇子の四天王寺、馬子の法興寺の寺地を定める。 八月　崇峻天皇即位。馬子、大臣に再任。	日本書紀

五八八	崇峻元	百済から仏舎利が献上され、僧、寺工、鑪盤博士、瓦博士、画工などが来朝する。蘇我馬子が発願し、飛鳥衣縫造の祖樹葉の家を壊し、法興寺を建てる。この地を飛鳥真神原と名付ける。	日本書紀
五九〇	崇峻三	三月　崇峻元年に百済へ渡った善信尼ら、帰国し、桜井寺に住む。 一〇月　山に入り、法興寺の材をとる。	日本書紀
五九一	崇峻四	四月　敏達天皇を磯長陵に葬る。	日本書紀
五九二	崇峻五	一〇月　馬子、崇峻天皇の暗殺を計画する。法興寺の仏堂・回廊を建てる。 一一月　馬子、東漢直駒に命じて崇峻天皇を暗殺する。同日、天皇を倉梯岡陵に葬る。馬子、蘇我河上娘と姦通したことを理由に、東漢直駒を殺す。	日本書紀
五九三	推古元	一月　法興寺の塔の心礎に舎利をおく。心柱を建てる。 九月　用明天皇を河内磯長陵に改葬する。	日本書紀
五九四	推古二	二月　推古天皇、厩戸皇子と蘇我馬子に三宝の興隆を命じる。	日本書紀
五九六	推古四	一一月　法興寺竣工。馬子の子善徳を寺司とする。慧慈・慧聡二名の僧を住まわす。	日本書紀
六〇五	推古一三	四月　鞍作鳥に命じて銅・繍の丈六仏各一体を造る。	日本書紀
六〇六	推古一四	四月　銅・繍の丈六仏が完成する。法興寺の金堂の戸より高い仏像を、鞍作鳥が戸を壊さず巧みに堂の中に入れた。同日に設斎。	日本書紀
六一二	推古二〇	二月　堅塩媛を檜隈大陵に改葬する。同日、軽の衢で誄をする。	日本書紀
六一四	推古二二	八月　馬子、病に臥す。馬子のために男女一千人出家する。	日本書紀

六二〇	推古二八	一〇月　檜隈陵に砂礫を葺く。域外に土を積んで山をつくり、氏ごとに柱をたてる。倭漢坂上直がもっとも高く、時の人は大柱直と呼んだ。厩戸皇子と馬子が合議し、「天皇記」「国記」「臣連伴造国造百八十部幷公民等本記」を記す。	日本書紀
六二一	推古二九	二月　厩戸皇子、斑鳩宮で薨去。磯長陵に葬る。	日本書紀
六二四	推古三二	一〇月　馬子、葛城県は本居であるとしてその割譲を要求。推古天皇はこれを拒否。	日本書紀
六二六	推古三四	五月　馬子、薨ず。桃原墓に葬る。	日本書紀
六二八	推古三六	三月　推古天皇崩御。南庭で殯する。 九月　天皇の喪礼を起こす。殯宮で誄をする。遺詔により竹田皇子の陵に葬る。後継をめぐり、蘇我蝦夷は、田村皇子を擁立。山背大兄皇子を推す境部摩理勢を殺害。この前に、馬子の墓をつくるために、蘇我氏一族が集って墓周辺に廬をつくっていたが、境部摩理勢は自分の廬をこわし、蘇我の田家（別宅）に、引きこもり、出仕しなかった。そののち、斑鳩へ行き、泊瀬王の宅にかくまわれる。	日本書紀
六二九	舒明元	一月　舒明天皇即位。	日本書紀
六三四	舒明六	豊浦寺塔建立。	聖徳太子伝暦
六三九	舒明一一	七月　百済大宮、百済大寺の造営。 一二月　百済川の側に九重の塔を建つ。	日本書紀
六四〇	舒明一二	一〇月　百済宮に遷る。	日本書紀

六四一	舒明一三	一〇月　舒明天皇、百済宮で崩御。宮の北で殯する。これを百済の大殯という。 蘇我倉山田石川麻呂、山田寺の造営開始。	日本書紀 上宮聖徳法王帝説
六四二	皇極元	一月　皇極天皇即位。蝦夷、大臣に再任。蝦夷の子である入鹿が国政の実権を握る。 四月　蘇我蝦夷、畝傍の家に百済の翹岐を呼び、親しく対談して良馬一匹、鉄鋌二〇鋌を賜う。 一二月　舒明天皇の喪をおこし、誄をする。滑谷岡に葬る。蝦夷、葛城高宮に祖廟を建て、八佾の舞を挙行する。今来に双墓を造営し、大陵を蝦夷、小陵を入鹿の墓とした。	日本書紀
六四三	皇極二	九月　舒明天皇を押坂陵に葬る。皇極天皇の母、吉備姫王が亡くなり、檀弓岡に葬る。 一〇月　蝦夷、病気で出仕せず。私に紫冠を入鹿に授けて、大臣の位に擬する。入鹿、山背大兄王を廃し、古人大兄皇子を天皇に立てようと謀る。 一一月　入鹿、巨勢徳太・土師沙婆を遣わし、山背大兄王を襲う。山背大兄王、山中に逃れ、古人大兄皇子の進言で死を免れる。その後、斑鳩寺に入り子弟、妃妾とともに自害する。入鹿の所業に蝦夷が怒る。	日本書紀
		山田寺金堂の完成。	上宮聖徳法王帝説
六四四	皇極三	三月　フクロウ、蝦夷の大津の家の倉に子を産む。 六月　剣池の蓮のなかに、一つの茎に二本の花房があるのをみつけ、蘇我氏の繁栄の吉祥だとし、金の墨で書いて法興寺の丈六仏に献上する。 一一月　蘇我蝦夷・入鹿、家を甘檮岡に並べてたて、蝦夷の家を上の宮門、入鹿の家を谷の宮門と呼んだ。	日本書紀

六四五	皇極四（大化元）	六月　中大兄皇子・中臣鎌子、飛鳥板蓋宮で佐伯連子麻呂らとともに蘇我入鹿を斬殺。蝦夷、「天皇記」・「国記」・珍宝を焼く。蝦夷・入鹿を墓に葬る。孝徳天皇の即位。中大兄を皇太子とする。阿倍内麻呂を左大臣、蘇我倉山田石川麻呂を右大臣にする。 九月　古人大兄皇子、蘇我田口臣川堀ら群臣と兵をおこすが、中大兄皇子に殺される。 一二月　都を難波長柄豊碕宮に遷す。	日本書紀
六四九	大化五	三月　蘇我日向の讒言により、蘇我倉山田石川麻呂、謀反の疑いをかけられ、山田寺金堂で妻子八人とともに自害。石川麻呂の資材を没収し、讒言をした蘇我日向を筑紫大宰帥に左遷。	日本書紀
六五二	白雉三	九月　難波長柄豊碕宮が完成。	日本書紀
六五三	白雉四	中大兄皇子、大和に宮を遷すことを進言するが、天皇は拒否。中大兄、間人皇后をたて、飛鳥河辺行宮に遷る。孝徳天皇、山崎に宮を造る。	日本書紀
六五四	白雉五	一〇月　孝徳天皇崩御。 一二月大坂磯長陵に葬る。	日本書紀
六五五	斉明元	一月　皇極天皇重祚（斉明）。	日本書紀
六五八	斉明四	一一月　蘇我赤兄、有馬皇子に斉明天皇の三失政を語り、皇子を挑発する。謀反の疑いで、有馬皇子は藤白坂（和歌山県海南市）で殺害される。	日本書紀
六六一	斉明七	一月　百済滅亡をうけ、救援のため伊予の熟田津の石湯行宮に遷る。 五月　朝倉橘広庭宮（福岡県朝倉郡）に遷る。 七月　斉明天皇、朝倉宮で崩御。中大兄皇子が称制。 九月　中大兄皇子、長津宮に御し、織冠を百済の王子豊璋に授ける。 一一月　飛鳥の川原で斉明天皇の殯をする。	日本書紀

六六三	天智二	八月　白村江の戦いで、唐・新羅軍に大敗。豊璋は、高句麗に逃亡。	日本書紀
六六四	天智三	五月　大臣の蘇我連子死去。	日本書紀
六六七	天智六	二月　斉明天皇と間人皇女を小市岡上陵に合葬。大田皇女を陵の前に葬る。 三月　都を近江に遷す。	日本書紀
六六八	天智七	一月　天智天皇即位。	日本書紀
六七一	天智一〇	一月　大友皇子が太政大臣になり、蘇我赤兄が左大臣、中臣金が右大臣、蘇我果安らが御史大夫となる。 一二月　天智天皇崩御。	日本書紀
六七二	天武元	壬申の乱。 七月　近江軍の蘇我果安、不破の倭軍にあたるため、犬上川の辺で陣をはるも破れ、頸を刺して死す。 八月　近江軍の群臣を処刑。蘇我赤兄と子孫、蘇我果安の子孫らを流罪に処す。 九月　大海人皇子、嶋宮から飛鳥岡本宮に遷る。宮室を岡本宮の南につくる。冬に遷り、これを飛鳥浄御原宮という。	日本書紀
六七三	天武二	二月　天武天皇飛鳥浄御原宮で即位する。	日本書紀

資料1　朝鮮半島で出土した埴輪

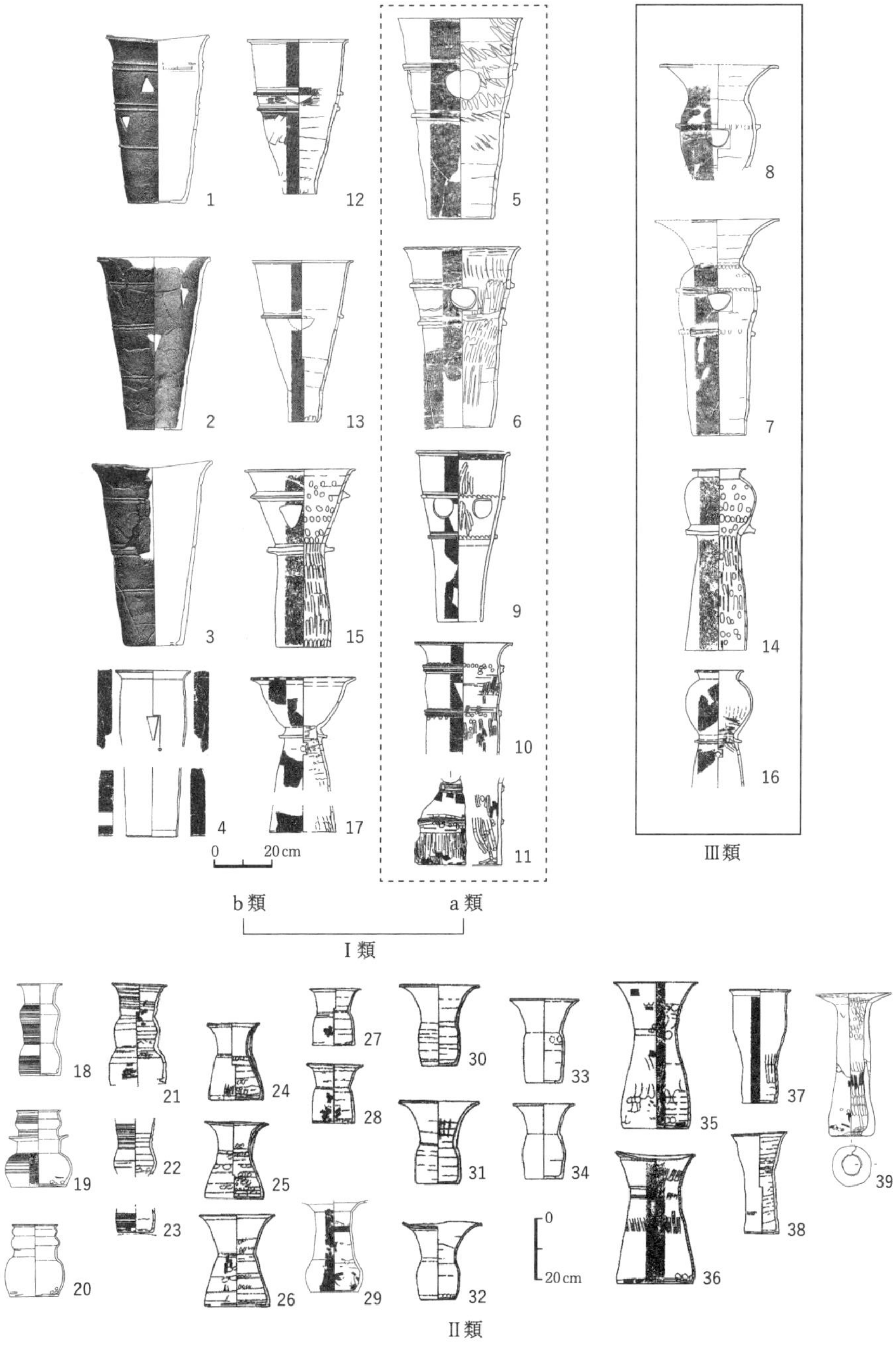

● Ⅰ類（円筒系）、Ⅲ類（壺＋円筒系）

資料1　朝鮮半島で出土した埴輪

番号	遺跡名	所在地	出土状態	Ⅲ類	図番号
1	沃野里方台形古墳	霊岩郡始終面沃野里	方形墳（南北30ｍ×東西26.3ｍ）の周溝内に転落	×	1～3
2	旺村里１号墳	高敞郡海里面旺村里	円形墳（直径15ｍ内外）の周溝内	広口短頸壺（在地系）	
3	新村里９号墳	羅州市潘南面新村里	方墳（30.5×27.5ｍ）のテラス部に樹立、墳丘拡張時に埋没	広口短頸壺（在地系）14	14・15
4	徳山里９号墳	羅州市潘南面徳山里	円墳（径15ｍ）周濠から出土	広口短頸壺（在地系）16	16・17
5	伏岩里遺跡16号竪穴	羅州市多侍面伏岩里	７号墳近傍の落ち込み内（12×6.4ｍ）内	×	
6	亀基村・徳谷遺跡３号住居址	羅州市旺谷面徳山里山	方形竪穴住居址の柱穴内	×	
7	チャラボン古墳	霊岩郡始終面泰澗里	前方後円墳（全長35.6ｍ）の周濠内に転落	×	12・13
8	明花洞古墳	光州広域市光山区明花洞	前方後円墳（全長33ｍ）墳丘裾（テラス）に樹立	×	9
9	月桂洞１号墳	光州広域市光山区月桂洞長丘村	前方後円墳（全長45.3ｍ）周濠内に転落	朝顔形７	５～７
10	月桂洞２号墳	光州広域市光山区月桂洞長丘村	前方後円墳（全長34.5ｍ）周濠内に転落	朝顔形	8
11	白巌里古墳	和順郡綾州面白巌里	円墳（径19ｍ）表面採集	×	
12	松鶴洞１Ｂ号墳	固城市松鶴洞	円墳３基連接のうちの１基（径20ｍ）の周濠	×	4
13	長木古墳	巨済市長木面膿巣里山	円墳（18ｍ）墳丘裾部に樹立	×	
14	風納土城慶堂地区206号遺構	ソウル市松披区風納洞	漢城期井戸上面の廃棄土坑	?	
15	老迪遺跡２号住居址	咸平郡咸平邑大洞面柳川里	住居址の竈から出土	×	10・11
16	金山里方台形古墳	咸平郡咸平邑大洞面金山里	方形墳（40～45m）墳丘トレンチから出土	?	
17	長鼓山古墳（竹岩里古墳）	咸平郡咸平邑孫佛面竹岩里	前方後円墳（全長66ｍ）から表面採集	?	
18	道月里遺跡	光陽市光陽邑道月里	円墳から破片１点出土	?	
19	高節里古墳	務安郡務安邑高節里	方形墳（一辺38ｍ）から表面採集	?	
20	香嶝遺跡16号・24号住居址	光州広域市南区杏岩洞・良瓜洞	住居址内	?	
21	杏林遺跡	光州広域市南区良瓜洞	葺石墳周溝と道路石列、導水施設周辺	?	
22	七岩里古墳	高敞郡孔音面七岩里	前方後円墳（全長56ｍ）石室内	?	
23	鳳徳里１号墳	高敞郡雅山面鳳徳里	方形墳（72×50ｍ）石室内	?	
24	長鼓峰古墳	海南郡北日面方山里山1008-1	前方後円墳（全長77ｍ）の試掘調査による採集	?	

● II類（底部有孔壺系）

番号	遺跡名	所在地	出土状態	図番号
1	築洞２号墳	群山市秀松洞築洞マウル	方墳（長辺24ｍ×短辺18ｍ）の周溝から出土	21〜23
2	築洞３号墳	群山市秀松洞築洞マウル	２号墳に先行する異形墳丘？の周溝内から出土	24〜26
3	鶏南遺跡Ｃ地区墳丘墓	群山市臨陂面鷲山里	方形の墳丘墓（24×19ｍ）の周濠内に配置	18〜20
4	伝界火島	伝・扶安郡界火面界火里	国立扶餘博物館館蔵品	30・31
5	伏岩里２号墳	羅州市多侍面伏岩里	梯形墳（20.5×14.2ｍ）の周濠から出土、墳裾付近に配置	33・34
6	伏岩里遺跡５区域８号墳	羅州市多侍面伏岩里	梯形墳（38.4×17.7ｍ）の周濠内	39
7	河南洞遺跡９号溝	光州広域市光山区山亭洞	逆Ｌ字形の溝（総延長138ｍ　幅2.13〜5.20ｍ・深さ0.55〜2.44ｍ）から土器とともに間隔をおきながら多数出土。	37・38
8	チュンナン古墳	咸平郡咸平邑津良里チュンナン	方墳（一辺30ｍ）周濠内から出土	35・36
9	新興洞遺跡５号古墳	咸平郡咸平邑鶴橋面月山里	東西2.7ｍ×南北1.7ｍ周溝の溝内から２点	29
10	蓼谷里蒜山遺跡９号・14号住居址	順天市住岩面蓼谷里	住居址内から出土	
11	長燈遺跡４号墳	羅州市老安面安山里	異形墳丘（30×18.5ｍ）の周濠から出土、墳裾付近に配置	27・28
12	培材大学所蔵品	出土地不明	培材大学校博物館館蔵品（購入資料）	32

資料2　朝鮮半島の前方後円墳

番号	古墳名	所在地	規模			内部施設	外部施設
			後円径	前方幅	全長	埋葬施設	
1	七岩里古墳	高敞郡孔音面七岩里山22番地龍洞マウル東側	32.8	34.5	56.0	横穴式石室	葺石・埴輪
2	月桂（渓）古墳（1号墳）	霊光郡法聖面月山里月桂	21.0	15.0	39.0	?	北東部に濠の痕跡
3	長鼓山古墳（竹岩里古墳）	咸平郡咸平邑孫佛面竹岩里山333-4番地	36.0	36.0	66.0	?	埴輪
4	瓢（杓）山1号墳	咸平郡鶴橋面馬山里瓢（杓）山	46.0	25.0	26.0	横穴式石室	周濠
5	新徳古墳（1号墳）	咸平郡月也面例徳里新徳山176-8、月桂山19-4番地	30.0	25.0	51.0	横穴式石室（木棺）	周濠・葺石
6	明花洞（花洞）古墳	光州広域市光山区明花洞170-5番地	18.0	24.0	33.0	横穴式石室	周濠・埴輪
7	月桂洞1号墳	光州広域市光山区月桂洞長丘村	25.8	31.4	45.3	横穴式石室（箱式石棺・木棺）	周濠・埴輪・木製品
8	月桂洞2号墳	光州広域市光山区月桂洞長丘村	20.5	22.0	34.5	横穴式石室	周濠・埴輪
9	チャラボン古墳	霊巌郡始終面泰澗里774番地	23.3	7.4	35.6	竪穴系横口式石室	周濠・埴輪・木製品
10	龍頭里（マルムドム）古墳	海南郡三山面昌里578番地	15.3	17.5	41.3	竪穴系横口式石室	周濠・葺石
11	長鼓峯（新芳）古墳	海南郡北日面方山里山1008-1番地	44.0	38.0	77.0	横穴式石室	埴輪
12	榮波里古墳	康津郡康津邑榮波里	38.0	27.0	67.0	?	
参考	新興古墳	羅州市多侍面佳興里430-1一円			30.0	竪穴系横口式石室	周濠
参考	月田古墳	漂陽郡古西面聲月里月田	18.0	15.0	38.0	?	葺石?
参考	月城山1号墳	漂陽郡水北面古城里月城山	14.0	12.0	24.0	?	石材散乱
参考	七岩里2号墳	高敞郡孔音面七岩里山74番地	28.3	24.5	52.8	?	?

●写真提供・所蔵

奈良県立橿原考古学研究所：1章扉・図52・65・66・69・73／井上直樹：図5・8／石上神宮：図9／柏原市立歴史資料館：図15／奈良県立橿原考古学研究所附属博物館：図18（南郷遺跡群出土土器、名柄遺跡出土土器〈御所市教育委員会所蔵〉）・22（咸安系土器）・45・79／啓明大学校ヘンソ博物館：図23／TNM Image Archives：図24／韓国・国立公州博物館：図27／隅田八幡神社：図28／韓国・国立扶餘文化財研究所：図29／韓国・国立文化財研究所：図32／奈良文化財研究所：図37・54・60（飛鳥寺所蔵）・61・70／明日香村教育委員会：図40・57・59／高取町教育委員会：図41／大阪府教育委員会：図42／宮内庁書陵部：図55・72／橿原市教育委員会：図62・76・77・78／桜井市教育委員会：図64

●図版出典（改変）

巻頭地図：国土地理院電子地形図（タイル）2万5千分の1／図3・47：国土地理情報をカシミール3Dで作製（河内湖、海岸線は趙ほか２０１３を参照）／図7：早乙女監修２００５／図11：韓国・国立文化財研究所２０１４ 図3を改変／図13：崔完奎・李永徳２００１、崇實大学校博物館２００４、公州大学校博物館１９９４／図14：柏原市教育委員会１９９６／図17：橿原市教育委員会／図20：宮内庁書陵部陵墓課２０１７・釜山大学校博物館１９８３／図21：各報告書による／図26：韓国・国立公州博物館２００９／図39：各報告書による／図43：大阪府立近つ飛鳥博物館／図51：奈良県立橿原考古学研究所１９９６／図53：清水２００４、花谷２００９を再構成／図63：橿原市教育委員会２００１、広陵町教育委員会１９８７を再構成／図67：明日香村教育委員会２０１０、明日香村教育委員会・関西大学考古学研究室２０１６、梅原１９２１／図71：奈良文化財研究所２０１５ ＰＬＡＮ１

●資料出典（韓国文献は、表題を日本語に訳して掲載）

資料1

【沃野里方台形古墳】国立羅州文化財研究所２０１２『霊巌沃野里方台形古墳第1号墳発掘調査報告書』

【旺村里1号墳】（財）全州文化遺産研究院２０１４『茂長・金坪間局地道凹面・舗装工事区間内文化遺跡発掘調査略式報告書』

【新村里9号墳】尹根一・金洛中ほか２００１『新村里9号墳』国立文化財研究所／金洛中（中條英樹訳）２００２「新村里9号墳の円筒形土器」『季刊 考古学79号』

【徳山里9号墳】林永珍・趙鎭先・徐賢珠・宋恭善２００２『羅州徳山里古墳群』全南大学校博物館・羅州市

【伏岩里遺跡】国立羅州文化財研究所２０１０『羅州伏岩里遺跡Ⅰ 1～3次発掘調査報告書』

【徳谷遺跡】全南文化財研究院２０１４『羅州未来一般産業団地開発作業敷地内（4区域）遺跡精密発掘調査略式報告書（羅州亀基村遺跡）』

【チャラボン古墳】霊巌郡・（財）大韓文化財研究院２０１５『霊巌泰澗里チャラボン古墳』

【明花洞古墳】朴仲煥１９９６『光州明花洞古墳』国立光州博物館学術叢書第29冊 国立光州博物館・光州広域市／太田博之１９９９「韓国明花洞古墳と円筒形土器」『ＡＳＩＡＮ ＬＥＴＴＥＲ』第5号／国立光州博物館２０１２『光州明花洞古墳』

【月桂洞1・2号墳】林永珍１９９４「光州月桂洞の長鼓墳2基」『韓国考古学報31 故三佛金元龍先生追悼輯』（橋本博文訳１９９５『古文化談叢』第34集）／林永珍・趙鎭先・徐賢珠２００３『光州月桂洞長鼓墳』全南大学校博物館・韓国土地公社・光州広域市

【白巖里古墳】殷和秀・崔相宗・尹孝男２００４「和順白巖里古墳地表調査」『海南龍日里龍雲古墳』国立光州博物館学術叢書第52冊 国立光州博物館・海南郡

【松鶴洞1号墳】沈奉謹２００５『固城松鶴洞古墳群』古蹟調査報告書第37冊 東亜大学校博物館

【長木古墳】河承哲ほか２００６『巨済長木古墳』慶南発展研究院歴史文化セン

ター調査研究報告書第40冊　慶南発展研究院歴史文化センター

【風納土城】権五榮２００２「風納土城出土外来遺物についての検討」『百済研究第36輯』忠南大学校百済研究所／権五榮・韓志仙ほか２０１５『風納土城XⅦ―慶堂地区２０６号遺構についての報告―』漢城百済博物館・韓神大学校博物館

【老迪遺跡】李暎澈・李恩政２００５『老迪遺跡―虎徳・花洞・旧箕山遺跡―』湖南文化財研究院学術調査報告第50冊　湖南文化財研究院・益山地方国土管理庁

【金山里方台形古墳】文安植ほか２０１５『咸平金山里方台形古墳』財団法人全南文化芸術財団　全南文化財研究所

【長鼓山古墳】全南大学校博物館・咸平郡２００６『咸平の古墳』

【道月里遺跡】鄭一・宋惠英２０１０『光陽道月里遺跡Ⅱ』（財）全南文化財研究院・韓国鉄道施設公団湖南地域本部

【高節里遺跡】崔成洛ほか２００２『務安高節里古墳』木浦大学校博物館・益山地方国土管理庁

【香嶝遺跡】金建洙ほか２０００『光州香嶝遺跡』湖南文化財研究院試掘調査報告第1冊　湖南文化財研究院・都市公社

【杏林遺跡】光州広域市・大韓文化財研究院２０１３『光州良瓜洞杏林遺跡Ⅰ・Ⅱ』

【七岩里古墳】李暎澈・林智娜２０１７『高敞七巖里古墳』（財）大韓文化財研究院

【鳳徳里1号墳】高敞郡・円光大学校馬韓・百済文化研究所２０１２『高敞鳳徳里1号墳―石室甕棺―』

【長鼓峯古墳】殷和宗・崔相宗２００１『海南方山里長鼓峰古墳試掘調査古墳報告書』国立光州博物館学術叢書第38冊　国立光州博物館・海南郡

【築洞古墳】李暎澈・宋恭善・崔恩美２００６『群山築洞遺跡』湖南文化財研究院学術調査報告第77冊

【鶏南遺跡】（財）全州文化遺産研究院・韓国農漁村公社群山支社２０１５『臨陂農工団地造成事業敷地内群山鶩山里鶏南遺跡―1地域―』

【伝界火島】林永珍２００３「墳周土器の起源と変遷」『湖南考古学報第17輯』（大竹弘之訳２００４『古代学研究１６４号』）／国立扶餘博物館２００４『百済の文物交流』

【伏岩里古墳群】林永珍・趙鎮先・徐賢珠１９９９『伏岩里古墳群』全南大学校博物館・羅州市／国立羅州文化財研究所２０１０『羅州　伏岩里遺跡Ⅰ　1～3次発掘調査報告書』

【河南洞遺跡】李暎澈・朴泰洪・郭明淑２００８『光州河南洞遺跡Ⅰ』湖南文化財研究院学術調査報告第１０１冊　湖南文化財研究院・光州広域市土地開発公社

【チュンナン遺跡】崔成洛ほか２００２『咸平チュンナン遺跡Ⅱ―墳墓―』木浦大学校博物館学術叢書第99冊　木浦大学校博物館・韓国道路公社

【新興洞遺跡】李暎澈・柳香美ほか２０１０『咸平新興洞遺跡Ⅰ』咸平郡・（財）大韓文化遺産研究センター

【蒜山遺跡】順天市・（財）大韓文化財研究院２０１３『順天蓼谷里蒜山遺跡』

【長燈遺跡】李暎澈・金永熙・劉香美２００７『羅州長燈遺跡』務安～光州間高速道路建設工事内文化遺跡発掘調査報告書Ⅴ　湖南文化財研究・韓国道路公社

【培材大学所蔵品】大竹弘之２００３「韓国全羅南道の円筒形土器Ⅱ―韓国培材大学校博物館所蔵の円筒形土器の紹介と前稿の補訂―」『考古学に学ぶⅡ』同志社大学考古学シリーズⅦ

資料2

【七岩里古墳】李暎澈・林智娜２０１７『高敞七巖里古墳』（財）大韓文化財研究院

【月桂古墳】成洛俊１９９６「霊光月渓古墳」（岡内三眞訳『韓国の前方後円形墳―早稲田大学韓国考古学学術調査研修報告』雄山閣出版）／李暎澈ほか２０１１「２０１０未発掘前方後円墳」『韓半島の前方後円墳』大韓文化遺産研究センター

【長鼓山古墳】林永珍・趙鎮先２０００『全南地域古墳測量報告書』全羅南道・全南大学校博物館（『全南古代文化遺産保存及び活用計画』2）

【瓢山1号墳】成洛俊１９９３「全南地方長鼓形古墳の築造企画について」『歴史学研究』12（大竹弘之訳１９９６『古代学研究』１３４号）／李暎澈ほか

２０１１「２０１０未発掘前方後円墳」『韓半島の前方後円墳』大韓文化遺産研究センター

【新徳1号墳】成洛俊１９９２「咸平礼徳里新徳古墳緊急収拾調査略報」『第35回全国歴史学大会発表要旨』歴史学会（太田博之訳１９９６『韓国の前方後円形墳—早稲田大学韓国考古学学術調査研修報告』雄山閣出版）／成洛俊ほか１９９５『咸平新徳古墳調査概報』国立光州博物館　全羅南道・咸平郡

【明花洞古墳】朴仲煥１９９６『光州明花洞古墳』国立光州博物館学術叢書第29冊　国立光州博物館・光州広域市／太田博之１９９９「韓国明花洞古墳と円筒形土器」『ＡＳＩＡＮ　ＬＥＴＴＥＲ』第５号／国立光州博物館２０１２『光州明花洞古墳』

【月桂洞1・2号墳】林永珍１９９４「光州月桂洞の長鼓墳2基」『韓国考古学報31　故三佛金元龍先生追悼輯』（橋本博文訳１９９５『古文化談叢』第34集）／林永珍・趙鎭先・徐覧珠２００３『光州月桂洞長鼓墳』全南大学校博物館・韓国土地公社・光州広域市

【チャラボン古墳】霊巖郡・（財）大韓文化財研究院２０１５『霊巖郡泰澗里チャラボン古墳』

【長鼓峯古墳】姜仁求１９８７『韓国の前方後円墳　舞妃山と長鼓山測量調査報告書』韓国精神文化研究院調査研究報告87—1（のち２００１『韓半島の前方後円墳論集１９８３—２０００』トンパンメディア）

【龍頭里古墳】国立光州博物館２０１１『龍頭里古墳』国立光州博物館学術叢書題63冊　国立光州博物館・海南郡

組版・装幀　菊地幸子

著者紹介

坂　靖（ばん・やすし）

1961年生まれ。同志社大学大学院文学研究科修了、博士（文化史学）。

奈良県立橿原考古学研究所企画学芸部長。

主な著作 『古墳時代の遺跡学―ヤマト王権の支配構造と埴輪文化』（雄山閣）、シリーズ「遺跡を学ぶ」079『葛城の王都　南郷遺跡群』（共著、新泉社）、『ヤマト王権の古代学―「おおやまと」の王から倭国の王へ』（新泉社）

蘇我氏の古代学　飛鳥の渡来人

2018年5月15日　第1版第1刷発行
2020年5月 8日　第1版第2刷発行

著者　坂　靖

発行　新泉社
東京都文京区本郷2－5－12
TEL 03(3815)1662 ／ FAX 03(3815)1422

印刷・製本　萩原印刷

ISBN978-4-7877-1806-8　C1021

シリーズ「遺跡を学ぶ」　A5判並製／九六頁

032 斑鳩に眠る二人の貴公子　藤ノ木古墳
前園実知雄 著／一五〇〇円＋税

079 葛城の王都　南郷遺跡群
坂　靖・青柳泰介 著／一五〇〇円＋税

085 奇偉荘厳の白鳳寺院　山田寺
箱崎和久 著／一五〇〇円＋税

102 古代国家形成の舞台　飛鳥宮
鶴見泰寿 著／一六〇〇円＋税

蘇我三代と二つの飛鳥　近つ飛鳥と遠つ飛鳥
西川寿勝・相原嘉之・西光慎治 著／A5判並製／二五六頁／二三〇〇円＋税

森浩一著作集　第1巻～第5巻
森浩一著作集編集委員会 編／四六判上製／各巻三二〇頁前後／各巻二八〇〇円＋税

第1巻　古墳時代を考える
第2巻　和泉黄金塚古墳と銅鏡
第3巻　渡来文化と生産
第4巻　倭人伝と考古学
第5巻　天皇陵への疑惑